2010年教育部人文社科青年项目"传统市场与电子市场并存下的供应链产能运作与风险防范研究"（项目编号：10YJC630121）资助

李培勤 著

供应链线上线下的产能运作与风险防范

复旦大学出版社

目　　录

第一章　研究现状 ………………………………………………… 1
　1.1　传统企业进军线上市场概述 ……………………………… 1
　1.2　线上线下市场并存下的传统企业产能现状研究 ………… 10
　1.3　供应链线上线下市场冲突与融合的现状 ………………… 14
　1.4　研究目的和意义 …………………………………………… 20

第二章　研究的理论背景与基础 …………………………………… 22
　2.1　电子商务的"渠道说"与"市场说" …………………… 22
　2.2　研究对象的定位 …………………………………………… 25
　2.3　线上线下市场并存下的消费者行为特征 ………………… 25
　2.4　线上线下市场促销策略与消费者行为的互动研究 ……… 27
　2.5　其他理论基础 ……………………………………………… 33
　2.6　本章结语 …………………………………………………… 36

第三章　线上线下竞争与优化的基本模型
　　　　——不考虑促销因素 …………………………………… 38
　3.1　模型一：零售商 r 次主导——不考虑促销努力因素 …… 38
　3.2　模型二：线上制造商 M_2 次主导——不考虑促销因素 … 54
　3.3　本章结语：线上线下市场竞争与冲突的解决方向 ……… 64

第四章　线上线下竞争优化基本模型的模拟分析
　　　　——不考虑促销因素 …………………………………… 68
　4.1　模型一的数值模拟分析 …………………………………… 68
　4.2　模型二的数值模拟分析 …………………………………… 71

4.3 模型一与模型二的渠道扩散效应比较 …………………… 77
4.4 模型一与模型二的产品差异化效应比较 ………………… 79
4.5 本章结语：线上线下渠道融合加速 ……………………… 81

第五章 线上线下竞争优化的拓展模型
——考虑促销因素 ………………………………… 84
5.1 线上线下竞争趋向激化 …………………………………… 84
5.2 模型三：零售商 r 次主导——考虑促销因素的拓展
模型 ………………………………………………………… 90
5.3 模型四：线上制造商 M_2 次主导——考虑促销因素的
拓展模型 …………………………………………………… 107
5.4 考虑促销因素前后模型变量的比较分析 ………………… 120
5.5 本章结语："线上制造商"将成为线上线下竞争主流 …… 125

第六章 线上线下竞争优化拓展模型的模拟分析
——考虑促销因素 ………………………………… 127
6.1 模型三的基本数值模拟分析 ……………………………… 127
6.2 模型四的基本数值模拟分析 ……………………………… 131
6.3 模型三的渠道促销效应模拟分析 ………………………… 135
6.4 模型四的渠道促销效应模拟分析 ………………………… 139
6.5 模型三的品牌促销效应模拟分析 ………………………… 143
6.6 模型四的品牌促销效应模拟分析 ………………………… 147
6.7 模型三的促销效应交互影响模拟分析 …………………… 152
6.8 模型四的促销效应交互影响模拟分析 …………………… 164
6.9 本章结语：供应链失调的根本原因 ……………………… 173

第七章 产能优化与风险防范策略的数值分析
——产能过剩、产能不足与缺货研究 …………… 174
7.1 模型三下产能优化与风险防范的数值分析 ……………… 174

7.2 模型四下的产能优化与风险防范的数值分析 ………… 185
7.3 产能风险防范的案例分析 ………… 201
7.4 本章结语：体验经济是传统零售商的出路之一 ………… 205
7.5 本章附录 ………… 209

第八章 结语 ………… 226
8.1 从政策法律层面化解行业产能过剩 ………… 226
8.2 基于相关政策法律化解产能闲置及利用率不足 ………… 228
8.3 基于全渠道理念推动行业产能长期优化 ………… 229

参考文献 ………… 230

第一章　研究现状

1.1　传统企业进军线上市场概述

1.1.1　线上市场的现状与本质

目前,较之于我国线下实体经济的全球化红利消失、人口红利递减、部分制造企业半停产、企业间拖欠货款情形普遍等困境,线上市场则异军突起,2012年已经基本实现了与线下实体经济的深度融合。国内消费者的数字化消费趋势增长迅猛,在1号店购买水果、零食等,从淘宝网购买鞋服等,在京东商城购买家电数码产品,及在当当网购买书籍等消费习惯已经成型,线上市场购物已经成为一种消费常态。传统企业进军线上市场已经成为不可避免的趋势。据中国互联网络信息中心(CNNIC)《2012年中国网络购物市场研究报告》显示,"截至2012年12月底,我国网络购物用户规模为2.42亿,网民使用网络购物的比例提升至42.9%,2012年我国网络购物市场交易金额达到12 594亿元,较2011年增长66.5%"。报告进一步显示,2012年我国线上市场用户的网购频次显著提升,半年内的网购次数平均达到18次,较2011年增加3.5次,电子商务正成为推动实体经济的新引擎。2012年"双十一"当天,"淘宝"与"天猫"完成了191亿元的交易额,昭示出电子商务运营模式已经从渠道逐步渗透到生产制造,甚至生活方式等相关领域。进一步地,据天猫官方公布的最新数据显示,2013年11月11日,天猫的网购成交额达到350.19亿,比2012年"双十一"的成交额增长了83%。"双十一"推动了消费者购买时间和空间的转移,"一些消费者把前半个月、后半个月,甚至年货都买好了"。

改革开放三十年来,中国大量制造业已形成以外贸为主的生存模式,近些年由于欧美经济下滑,许多中国制造企业意欲转投内贸市场,然而大多数还没有适应,能实现"内贸＋外贸""两条腿走路"模式的企业仅占少数。从线上市场入手转向内贸市场正成为多数外贸企业的转型必选。相关统计数据显示,出于种种因素限制,多数传统企业近几年才开始涉足线上市场业务,属于新生力量,约40%以上的传统企业,专门从事电子商务的人员多为3—10人。传统企业进军线上市场具有独特优势。譬如,资金充足、投资相对理性;多处于产业集中地区、资源丰富,便于展开自产自销的线上市场经营策略;传统企业货源充足,且在质量、价格、服务等方面均具有明显优势;具有品牌竞争力强、供应链实战经验丰富、实体门店管理水平高、对消费者心理把握准确度高等优势。

对线下市场而言,线上市场的蓬勃发展带来了新的机遇与挑战。部分消费者从线下市场转移到线上市场,消费者的消费习惯与心理亦随着电子商务、手机购物等的蓬勃发展逐步改变,线上市场的网购群体增长迅速。然而,从本质上来讲,线上市场与线下市场没有差异,线上线下共同享有消费者市场,且此消费者市场与旧有的消费者市场在消费者总量上相同,发生改变的是消费者购买方式与心理等,而线上市场层出不穷的促销新花样,又进一步扩大了这种差异。

在国外电商排名的Top 10中,仅Amazon与Ebay为纯电商企业,其余均来自传统企业,如图1-1所示。然而,中国电商排名的Top 10中,却几乎全是纯电商企业。传统企业在线上市场开拓步伐较慢的原因有重视程度不够、运营策略水土不服等,中国传统企业转战线上市场的步伐已经落后于纯电商企业,其进军线上市场的经验教训里,"没有找到合适的电子商务人才"、"市场定位不清晰"、"产品定位不清晰"等分别排序前三。如何从产品品牌、定价等方面体现出线上线下的差异化,解决线上线下的冲突;如何从意识层面加以重视,合理控制线上线下市场的投入与产出比例,及广告费用投入比例等,均为传统企业面临的难题。以家电行业为例,据奥维咨询《2013年度家电市场整体及细分品类研究报告》显示,2013年家电市场整体规模将达到1.2万亿元,其中线上市场占比由去年的3.6%提升到6.0%。《报告》还披露,以迅猛态势发展的家电电商市场规模约为700亿元,其中大家电占比提升迅速达到了45.7%,厨房电器占比为33.6%,生活电器占比为20.7%。未来家电的新模式,必将融合线上线下市场的优势特点,对接线下实体店中未被充分利用闲置资源,提高利用效率和消费体验感等,带来价值的提升。电子商务发展越"红火",对传统企业的冲击也越大,传统企业必须转换思维,谋求新的出路和战略转型。

企业名称	2011排名	2010排名	2009排名
Amazon.com Inc.	1	1	1
Staples Inc.	2	2	2
Apple Inc.	3	3	4
Walmart.com	4	6	6
Dell Inc.	5	4	3
Office Depot Inc.	6	5	5
Liberty Interactive Corp.	7	8	11
Sears Holdings Corp.	8	7	8
Netflix Inc.	9	13	14
CDW Corp.	10	10	9
Best Buy Co.	11	11	10
OfficeMax Inc.	12	9	7
Newegg Inc.	13	12	12
Macy's Inc.	14	17	20
W.W. Grainger Inc.	15	15	19

图 1-1 2009—2011 年美国 B2C 电子商务企业 TOP 15 排名

1.1.2 进军线上市场的途径与趋势

随着移动 3G 网络渗透率的提升、智能手机的普及,中国移动互联

网也进入高速发展阶段,移动购物市场交易规模增速亦十分迅猛,故传统企业电商化势在必行。具体原因包括以下几点:

首先,从消费者行为来分析,消费者购买习惯正持续向线上市场购买转变,消费者群体向线上市场消费快速转型,这在青年人群及都市白领群体中尤为突出。

其次,网络零售企业崛起对传统企业形成挑战。一大批网络品牌如七格格、麦包包、裂帛、花笙记、伊米妮等,均拥有原创的品牌服装设计师,在淘宝网售卖自己设计的原创服饰,逐渐积累起品牌效应,成为"淘品牌"的典范代表。"淘品牌"挤掉了传统企业相当大的市场份额,挑战其在实体市场的统治地位。

最后,部分传统品牌企业转战线上市场,对线下市场份额进一步形成冲击,如海尔、TCL等传统企业纷纷展开线上直销。在部分传统品牌企业展开线上直销模式后,传统企业依赖实体终端卖场的优势将进一步丧失。

此外,线上市场繁荣带来的店铺租金低、门店成本压缩等低碳消费模式,加之快捷方便的购买模式,正愈来愈深入消费者内心且获得认同,传统企业的线下市场生存空间由此被进一步挤压。下面的相关数据更给出有力佐证:

据《经济参考报》2013年11月12日最新报道,2013年11月11日天猫支付宝的成交金额达350.19亿元,再创电商单日销售纪录,"双十一"电商销售火爆的情形已成为线上市场发展迅猛的典型缩影。艾瑞咨询最新研究报告披露,2013年前三季度,国内电子商务市场交易规模分别达到2.2万亿、2.4万亿和2.5万亿,较去年同期分别增长25.4%、23.1%和22.5%。据此艾瑞咨询认为,我国电子商务整体正趋向成熟发展期,未来仍将保持较快增速。同时,中国连锁经营协会零售企业经营报告显示,2012年中国零售类企业销售规模1.87万亿元,同比增长10.8%,增速为历年最低,且远低于同期电子商务交易规模超30%的增速。线上市场零售业分流严重,对线下实体店已产生较大影响,相关数据显示,实体店扩张速度明显下降。2012年连锁百强企业新开店速度仅为8%,达到十年来最低值。而在 2013 年上半年,线下企业多维持较低的可比增长,甚或负增长。

此外,艾瑞咨询分析指出,目前网络购物有向三四线城市渗透的趋势。"随着三四线城市互联网渗透率的提升,电商业务正逐步向三四线城市渗透,并培养三四线城市网民的网购消费习惯"。线上市场的飞速发展带动了第三方支付、物流、大数据、云计算等行业同步高速发展。2012 年我国社会物流总额超过 170 万亿元,其中超过 30% 的交易额来自电商网站。预计 2013 年社会物流总额将达到 220 万亿,其中来自线上市场的交易额将占到 40%,且据国家发改委研究预测,与物流业相关的仓储、邮政、铁路公路货运等行业在未来 3 年内将获得超过 15% 的高增长。

因此,中国的传统企业进军线上市场是必须和必然的选择。中国最大的电烤箱制造商之一——"长帝"为传统企业转型成功的典型代表。在几年前当出口订单下滑时,长帝就开始了企业转型升级的战略,包括从电烤箱制造商全面转向家庭烘焙服务提供商,销售渠道从线下市场逐步搬迁到电商平台,利用微博、论坛进行社交媒体营销等。目前长帝在线上市场领域已经实现了网络平台全覆盖,专门组建电子商务团队,以线上消费者的需求为导向开发产品、制定价格等。长帝成功实现转型,即将靠卖烤箱产品盈利转型为靠卖烘焙服务及培训获利。长帝的成功转型印证了"竞争战略之父"——哈佛商学院教授迈克尔·波特的观点,即为了获取竞争优势,制造企业往往以加工制造为起点,逐步延伸至研发、营销等服务领域,实现其价值链从"制造"向"服务"为中心的转变。

关于传统企业进军线上市场的途径,目前说法不一。一种观点认为基于社会化分工的差异,中国的传统制造企业在零售运营能力方面欠缺优势,其强项是产品研发与渠道管理,线上市场内的传统制造商参与更多的是 B2B 而非 B2C,因此传统制造商应该采取"电商代运营"策略,即外包给线上市场的专业代运营服务公司来运作。这种观点可以被图 1-2 印证,图 1-2 是国外十大电子商务网站建设商家排名,其功能是专业为客户设计并管理线上直销门店。具体而言,传统企业进军线上市场的途径有以下几个方面：

图 1-2 国外十大电子商务网站建设商家排名

（图片来源：http://www.top10ecommercesitebuilders.com）

第一，依托强势传统零售商的线上商城进军线上市场。由于美国企业的 IT 技术完善且成熟，系统整体功能强大，故美国的电商企业 TOP 10 中，多数为传统实体店与线上门店并存的模式。相较之下，中国电子商务企业 TOP 10 排名中，绝大多数是依靠资本力量快速崛起的纯电商企业，且面临供应商货源不充分、品牌知名度不高等问题，较少能做到与品牌制造商直接合作，多采取让品牌代理商或者经销商作为供货合作伙伴。

因此，相对于纯电商企业，强势传统零售商触网更能凸显其供应链优势。强势传统零售商已经意识到电子商务的迫切性和重要性，正加紧转型加入线上市场份额的争夺战，甚或打通线上和线下以实现

Online-to-Offline(O2O,下文有详解)的营销模式。譬如,上海的徐家汇线上市场商城,集中整合了国内外一千多家品牌,有85%左右的传统知名品牌从未进入过线上市场。在保持原有产业供应链优势的同时,加强线上市场的互联网运营经验,是强势传统零售商争夺线上市场份额必须要重视的。而对于传统制造商来讲,依靠与强势传统零售商的已有积累,通过加入其线上商城实现线上销售,扩大品牌的线上知名度,进而为传统制造商展开线上直销作好铺垫。

第二,自建线上直销平台。在商品配送管理、定价策略或品牌营销策略等领域,线上市场的渠道管理特点与线下市场的差别均很大。故虽然传统企业多拥有成熟的线下销售系统,管理水平也相对较高,然而对线上市场的运营还较陌生。比如服装品牌李宁进军线上市场的理念为,借鉴线下市场与经销商合作的成熟经验,在线上市场设立官方旗舰店,同时授权给专业化的线上市场渠道商,将官方旗舰店作为线上市场销售模式的标杆,重点宣传公司的品牌理念,又充分利用专业化线上渠道商的优势,达到降低线上销售风险、迅速占领市场的目的。

并且,传统企业在线下市场的旧有销售渠道特点是链式结构,即产品整批发货,通过"制造企业——经销商——分销商——零售商"的供应链结构被送至终端消费市场;消费者信息如偏好、价格、需求变化等则反方向传递给制造企业,制造企业的供应链结构中只有数目有限的经销商和物流企业。线上消费者直接在网上下订单,且订单数量小,而消费者地理位置又非常分散,这极大考验了制造业的单件分拣与配送能力,尤其是当订单数量升至万、十万级别后,系统整体物流能力将面临巨大考验。因此,传统企业进军线上市场还需要升级仓储功能为仓储系统自动分拣(借助RFID电子射频识别技术实现),实现子仓库与母仓库产品信息共享等。

第三,采取O2O(Online-to-Offline)模式。关于O2O模式的概念,目前国内尚没有统一的定义,赵天唯、盖营(2013)认为是"用线上营销和线上购买带动线下经营和线下消费",以及"是在网络上完成订单、离开网络到实体店消费的一种新兴模式,这种模式对于服务型尤其是体验型的产品以及服务是最佳的网络营销渠道之一"。概括来说，O2O 内涵在于将线上线下的优势整合起来，线上集中提供各类产品服务信息，供消费者筛选等决策，然后可以在线上下单线下购买；或者消费者先在线下体验，再在线上下单购买等。又如，百度百科对 O2O 模式的代表性团购网站"街库网"的定义为"街库网是一个全新的 O2O 商务社区化综合平台。主要以会员线上订单支付，线下实体店体验消费，并依托二维码识别技术应用于所有地面联盟商家，锁定消费终端，打通消费通路。最大化地实现信息和实物之间、线上和线下之间、实体店与实体店之间的无缝衔接，创建一个全新的、共赢的商业模式"。O2O 与 B2C、C2C 的根本区别在于，B2C、C2C 采用在线支付方式，购买的商品通过快递等物流公司送至消费者手中；O2O 模式虽采用在线支付方式，然其核心在于先在线下体验再作线上购买决策，或将线上购买的产品带到线下实体店进一步体验等，O2O 模式本质上不排斥任何一种购买、消费方式。

在国外零售及服务类行业里，普通网购消费者主要集中在居住工作地附近进行 O2O 消费，如美国连锁超市 Pick in Save 的购物小票背后常年有各类促销及广告信息，包括网站购买优惠、理发、Culver's 汉堡快餐店优惠券等，且线下实体店多在该 Pick in Save 店附近，成功将促销、宣传、优惠、线上消费等功能整合到一起，供所有去该 Pick in Save 超市的消费者选择使用。O2O 消费的咖啡店、修理部、酒水吧、健身中心、餐厅、加油站、洗衣店和理发店等众多实体店多在日常消费地附近。O2O 模式多要求企业线下资源丰富、覆盖地域广泛，以保证消费者就近消费，并且可以得到比较完善的售后服务，在不同地区拥有加盟、直营、特许等多种模式。O2O 模式的竞争优势非常突出，尤其在地广人稀又信息高度发达、线上消费习惯非常成熟的国家或地区，如美国连锁零售商 Boston Store、Macy's、Banana Republic 等，其 O2O 模式的线下体验线上下单、线上购买线下退换等功能已经十分成熟。

O2O 模式作为线上线下市场深度融合的体现，目前在国内外制造企业中并不多见。O2O 模式思路比较清晰且具有代表性的，国内出口企业"长帝"是其一。受 2008 年金融危机的影响,"长帝"出口订单下滑,转而尝试国内市场,然线下市场进展不顺,故 2010 年"长帝"明确转型电子商务,实施 O2O 模式。线上市场上,"长帝"致力打造出一个电商网络,除了进驻京东、淘宝商城、易购、1 号店、国美线上商城等大型电商平台进行直销外,还拥有 200 多家网络经销商展开线上分销。线下市场上,"长帝"拟布局线下社区烘焙体验店,包括烘焙材料超市和烘焙教室,提供专业师傅现场培训消费者等,并建立一个以交流烘焙乐趣/烘焙文化为核心主题的网站"烘焙街"。"长帝"最终目标是在线上平台拥有多种店铺业态,打造出一个彻底的电商品牌,实现从销售烤箱、烘焙工具与模具套餐到烘焙教材等系列产品与服务。"长帝"总经理黄志刚称,"长帝要转型,提供全方位的家庭烘焙服务,即从电烤箱到烘焙工具(模具、材料),到社区烘焙体验,再到在线分享"。

第四,投资并购。投资并购是企业快速进入新型领域和渠道的重要手段,对传统企业实施电商战略有借鉴意义。传统企业在实施收购时应充分考量收购对象对自身的价值、收购成本、收购后的融合与整合等多重因素,确保发挥出"1+1>2"的收购效应。据亿邦动力网 2013 年初发文,电商并购案例将会增多,"小电商合并以增强竞争力,传统企业与线上企业的并购以弥补各自不足。并且,传统企业与电商的并购未来会增多"。关于传统企业能否成功并购电商企业,文章认为并购动机最重要,"每一个并购案例,最困难的要素就是动机,对于收购方而言,必须要清楚知道为什么要去收购,对于被收购方而言,也要知道从这个收购中要获得什么。大部分的并购案例,包括国美和库巴,更多的问题是资金流问题,在资金流不充足的情况下,没有办法维持长期生存,就要寻找买方,这样国美就正好可以通过库巴进入网上销售"。文章还表示,一般的并购案例中,只有不到 20% 是由于前期价格没有谈好而失败,超过 80% 是在后期整合上没有产生效果,最终不得不宣告失败。

从下面的报道可以进一步看出传统企业进军线上市场的惯有途径。据《中国商报》2013 年 10 月 31 日报道,国内零售商巨头之一"大润发"正采取以财务投资方式进军电子商务,与台湾资深电商运营团队

Unitox 投资合作,由专业电商团队、专业公司独立运营,在其供应商大会上,推出志在五年内挑战天猫、京东、亚马逊等电商前辈,要跻身国内电商前三甲的"飞牛网","飞牛网"全部采取自营模式,预计一年后商品种类达到 100 万种,并采取逐步击破都会型城市的业务拓展策略。如其位于青浦的四万平方米仓库将只为上海客户服务,并不辐射至浙江和江苏。随后将陆续向广州、沈阳等城市推进。电商关键的物流配送上,飞牛网采用外包给口碑最佳的顺丰快递,但亦有自建物流的计划。对于 O2O 模式也在研究中,还没有找到清晰的答案解决线上线下的冲突与融合问题,暂时不会试行。

1.2 线上线下市场并存下的传统企业产能现状研究

1.2.1 行业产能过剩

国内关于产能过剩的文献研究众多。周炼石(2007)指出中国产能过剩的根源是,局部行业投资过度,地方政府的竭力推动,及宏观调控体系的不足等;从政策性缺陷来看,在于政策目标与工具不协调,缺乏调控各种经济成分的公共政策工具,集权与分权政策使用不当,产业结构政策过度分权化等因素。

韩国高等(2011)总结出产能过剩的含义,"产能过剩的界定,可以从宏观、微观以及行业层面上理解。在宏观上,产能过剩主要是指由于受到社会总需求的限制,经济活动没有达到正常限度的产出水平,从而使资源未得到充分利用,生产能力(或称产能产出)在一定程度上出现了闲置。在微观上,产能过剩是指实际产出低于生产能力达到一定程度时而形成生产能力过剩。在行业层面上,产能过剩是指在一定时期内,某行业的实际产出在一定程度上低于该行业的生产能力"。并选取产能利用率作为产能过剩的判断指标,产能利用率"为实际产出与设计生产能力的比值,反映了企业的生产资源是否能够真正得到有效利用"。韩国高等(2011)采取成本函数法,利用面板模型的广义矩估计方法(GMM)测度出我国重工业和轻工业28个行业在1999—2008年的产能利用水平,分析出制造业行业发展的波动特征,然后利用实证分析证明了固定资产投资是产能过剩的直接原因,并针对宏观调控政策对抑制固定资产投资收效甚微的现象,指出我国产能过剩的深层次原因为:经济增长方式不合理、由于利益驱动导致的投资潮涌现象、地方政府对微观经济主体的不当干预导致企业投资行为的扭曲等。

周劲、付保宗(2011)进一步分析了我国部分工业领域中不同程度的产能过剩,认为"周期性"与"非周期性"产能过剩并存,且与发达国家相比我国产能过剩的发生频度更高。轻工业领域的"结构性产能过剩"特征较为明显,重化工业领域中的"体制性产能过剩"特征较为突出,部分新兴产业则体现出"结构性和体制性产能过剩"并存等特征。

李静、杨海生(2011)则探讨了产能过剩形成的微观机制。认为影响产能过剩的原因有:市场条件的不确定性、企业对于行业内企业数目不确知以及存在沉没成本。在市场信息充分、企业预期的竞争者数目确定时,沉没成本的影响占据主导地位;在市场噪声较多、企业预期的竞争者数目不确定性较大时,沉没成本的影响逐步弱化,当预期的竞争者数目不确定性大到一定程度时,企业由于盲目会失去对市场的理性判断而涌入市场,预期不确定性的影响激增。研究得出结论,"产能过剩并不是市场失灵或体制缺陷单一作用的结果,两者在产能过剩形成过程中均发挥了重要的影响;当前的部分产能调整政策由于限制了企业进入市场的时机,从而可能刺激企业盲目过度进入同一市场;目前我国低水平重复建设的主要根源是企业在R&D过程中的囚徒困境博弈,而这一博弈结构同样受市场和政府的双重影响"。

以上为关于产能过剩的经济学相关文献研究,解释了产能过剩的定义、产生原因及解决对策等。从分类上来说,产能过剩还可以分为以下几类:

第一,产能绝对过剩。引起产能绝对过剩的原因之一,在于行业厂商供给不理性。如近几年智能手机行业发展迅速,已出现了市场蜂拥引发的产能绝对过剩隐忧。2013年9月以来,先后有超声电子、欧菲光、胜利精密等三家企业声称"进入或扩充触摸屏产业化项目",该三家企业的触摸屏客户包括联想、三星、中兴、华为等大客户。具体公告信息如下：2013年9月14日，超声电子公告称，"公司触摸屏项目将通过在现有厂区预留场地上新建厂房和配套设施，购置专用制造装备，形成年产25万平方米电容式触摸屏生产能力。按照计划，该项目将于今年10月完成建筑工程建设，并在2014年4月正式投产"。2013年9月12日欧菲光公告，"公司决定使用募集资金分别对全资子公司南昌欧菲光科技有限公司和南昌欧菲光显示技术有限公司进行增资1.03亿元和3亿元，分别用于中小尺寸电容屏建设项目和中大尺寸电容屏项目。欧菲光表示，达产后，年产中小尺寸和中大尺寸电容屏的产能分别为4 000万片和300万片"。2013年9月6日，以生产金属结构件和塑料结构件为主的胜利精密，也启动总金额不超过15亿元的定增方案，"其中用于舒城胜利产业园建设项目、苏州中大尺寸触摸屏产业化建设项目资金分别为9.85亿元和2.65亿元，项目建设周期分别为两年和一年。该两个项目达产后将分别形成具备年产14.1—15.6寸触摸屏800万套、21.5—27寸触摸屏200万套的生产能力，和年产480万套中大尺寸触摸屏的能力"。

第二，产能相对过剩。如行业周期性、产品季节性、地域性等因素所导致的短期性过剩。以鞋服类快消品行业为例，据《东南早报》2013年1月7日报道，"泉州坐拥纺织服装和鞋业两条千亿产业链，仅晋江就有鞋类企业3 000多家，年产鞋10亿双，运动鞋、旅游鞋产量更是占全国40%、全球20%。石狮也是中国纺织服装名城。品牌扎堆和企业的迅速扩张，是我市经济增长的强大引擎。然而，目前本土鞋服企业正遭遇前所未有的挑战——库存。专家分析指出，产品同质化、价位接近，行业增长受到渠道增长极限的制约以及通胀、购买力下滑等因素，导致库存。另一个原因则是鞋服品牌的扩张速度超出市场的增长速度。更令人揪心的是，库存压力已经在行业中形成传导效应。一线品牌的积压不但影响到下游代工企业的订单，也导致二三线品牌的需求减少，使它们的库存相应增多"。又据2013年阿里巴巴服装频道披露，"目前纺织服装行业上市公司已公布去年年报的公司中库存合计570亿，这和京东商城去年一年的总销售额大致持平"，2012年鞋服行业的高库存现象已经吸引了如当当网、淘宝、京东、凡客等各类线上市场平台蜂拥而至。鞋服行业周期性过剩带来的高库存尾货，以其低廉的价格、潜在的巨额利润吸引了各类线上商家加入争夺，如"唯品会"的限时特卖模式。线上市场成为周期性相对过剩产能的理想倾销地，并在一定程度上影响了线上线下市场的整体竞争格局，引发行业重新洗牌。不过尾货市场的质量次、法律监管空白、假货充斥等问题，线上市场也面临同样的困扰。

1.2.2　行业产能不足

影响行业产能不足的因素较多，包括产能长期不足与短期不足两个方面，目前此类文献研究较少。产能长期不足的原因包括行业自身处于成长初期或发展期，多是新兴行业或新技术引进带来的二次行业振兴。行业产能短期不足的原因，通常跟行业供应链出现问题相关，如原材料短缺、零部件质量问题、供应链成员企业破产倒闭等。此外，产能短期不足有时是一种人为假象，如常见的"饥饿营销"策略，又或者由于代工/进出口等全球化企业的经营策略差异，制定出不同国家的不同产能，或者部分国家出现产能不足状态，比如我国某些进口汽车价格高昂、需要排队很久等情形。

1.2.3　行业产能优化

当行业产能处于绝对过剩时，采取拓展新的销售渠道如进军线上市场的策略，无法从根本上解决问题。线上市场对行业短期性过剩尤其是地域性过剩，是一个极好的选择，是释放过剩产能的理想场所，尤其在物流服务比较成熟的今天，而线下市场的产能短期过剩也演化成了线上线下市场并存下的产能优化问题。

当行业产能处于绝对不足时，线上市场的加入会使得终端需求市场的竞争更趋激烈，促使行业市场依从市场规律抉择，制造商们将会扩大产能。当行业产能处于相对不足，比如行业供应链上，由于质量问题出现原材料或零配件供给缺口很大时，短期内将出现原材料价格明显上涨，且出货周期延长等问题，供应链相关成员企业的利润均受到影响。随着供应链应急策略的实施,这些问题将会逐渐不再。

当行业产能相对过剩或不足时,影响产能优化的因素仍有众多。如《第一财经日报》2013年7月12日报道,钢铁行业里山钢、日钢的重组拉锯战,加大了钢铁产能优化难题,按照最初的重组设想,山东省内钢铁企业应该由20余家缩减到5至6家,省内多数企业应投入山钢集团的怀抱,核心是完成山钢集团对日照钢铁的重组。2008年11月5日,双方签订了重组意向书,山东省政府曾设想到2013年山钢集团要实质性重组日照钢铁。然而如今计划并未有实质进展,由于双方经营方式、盈利能力等的差异以及产权分配等一系列棘手问题,短期难以有实质突破。其他影响因素还包括落后产能淘汰难度大等因素。

本书致力于研究线上线下市场互融背景下供应链的产能优化问题。关于"产能"的含义,结合前述的文献研究成果,本书将其分两层:第一层,周劲(2007)曾从市场供求关系的角度定义了产能过剩,是指供给和需求不平衡的总量上概念,即生产能力大于需求而形成的生产能力过剩。基于此,为了从模型构建、数值分析角度寻找线上线下市场并存下的供应链产能优化策略,本书将"产能"定义为"满足线上线下市场消费者需求的需求量",制造商的"最优产能"即为制造商的最优生产量,对应为其终端消费者的最优需求量。基于此探讨线上市场的加入对线下市场释放过剩产能的作用,线上市场产品价格、线下市场产品零售价格、批发价格等变量作用下,制造商引入线上市场直销前后,其最优产能策略的变化。本书关于"短期产能优化"的研究,均基于第一层产能含义。第二层,伴随着线上线下市场需求特点的变化,长期而言制造商会逐步调整生产能力,来应对线上线下市场需求、竞争对手、经济形势等的变化。厂房面积、机器设备、工人数量等代表的制造商生产能力,即为第二层"产能"的含义。本书在短期产能过剩、短期产能不足、长期产能优化等方面的探讨,均是基于第二层产能含义展开研究的。

1.3 供应链线上线下市场冲突与融合的现状

线上市场优势突出,如通过推出官方网店打击非正规、渠道不明的品牌产品,维护自身品牌形象;线上销售信息收集完整、及时且针对性强,能记录消费者行为及偏好等。因此,虽然目前我国线上市场存在诸多不良竞争,如渠道战、价格战、物流战、品牌战、售后服务战等,然而随着主流消费人群已经演化为数字化的年轻消费群体,传统企业必须全面接受并拥抱电商。

1.3.1 线上线下市场冲突的文献研究

在文献研究方面,围绕线上线下的市场冲突及协同效应研究,国外起步较早。Collinger(1998)、Bannnon(2000)较早探讨了线上市场的双刃剑效应,开展线上直销使得传统制造商获取更多收益,而取消传统零售商渠道将丧失原有资源如市场覆盖率等。继而,Brynjolfossn E, etc. (2000)采取实证方法分析了线上直销 CD 和图书等产品约 8 500 个价格数据,发现较之于线下市场,线上直销具有价格调整成本低等优势,然而价格波动幅度更大。Charles S. (2002)则构建了线上线下协同作用的概念框架,分析了协同根源如共享基础设施、市场与消费者等,线上线下协同能够避免渠道冲突,获取潜在的共同利益。Seifert, etc. (2004)进而从风险角度出发,探讨线上市场需求与价格的相关度对决策优化的影响,适度从线上市场采购会显著提升企业利润,然而利润波动风险随之增大。进一步地,Kevin Zhu(2004)研究发现存在一种常识误区,信息共享并非对所有成员企业都有利,竞争模式与信息结构的差异将使得企业进入线上市场的积极性完全不同。

近年来,相关研究更关注线上线下的市场互补和优势差异问题。Eric Overby, Sandy Jap(2009)基于产品质量不确定性分析线上线下市场的分工,通过采集二手车市场数据研究得到,质量不确定性低且相对稀缺的二手车通常在线上市场交易,线下市场多进行质量不确定性高及相对充裕的二手车交易,而线上市场会成为高质量不确定性二手车的折扣销售渠道。

在围绕线上市场对传统供应链竞争优化的冲击方面,国外文献研究起步也较早,且数目众多。如关于供应链竞争问题,Chiang, etc. (2003)研究了线上市场给传统市场供需带来的竞争与冲突,强势制造商借助线上直销能实现双重边际化效应的降低,并间接推动传统零售商的销售收入,供需双方收益均能获得帕累托改进。Park & Keh(2003)与 Cattani K, etc. (2006)进一步深入研究了线上线下市场融合下,双重角色制造商与传统零售商间的竞争与冲突,前者的关注焦点是不同博弈结构下的优化决策,后者则关注三种定价策略下的优化决策差异,两者均认为线上线下市场的融合能实现供需双方收益的帕累托改进。关于线上市场影响下的供应链协调优化问题,Lee & Whang(2002)及 Choi, etc. (2004)侧重研究线上市场的二级市场功能问题,前者假定一期剩余的库存可以在二期销往线上市场,探讨由此引发分配效应及供应链协调策略;后者借助均值方差工具研究二级市场下的最优回购契约设计,二级市场对供应链利润的贡献大小,取决于线上市场的运营成本和需求规模大小。Tsay & Agrawal(2004)则基于传统零售商提升零售服务水平的前提研究了线上线下市场的博弈互动规律,认为供需双方完全能够通过契约设计来改善关系,实现供应链协调。进一步地,Wu 和 Kleindorfer(2003,2005)先后研究了基于线上线下市场融合的供应链期权契约协调问题,探讨期权契约对供应链优化决策的功效。在此基础上,Haim Mendelson, etc. (2007)继续考虑了线上线下市场融合下基于信息更新的"一对多"供应链三阶段动态博弈进程,认为批发价格契约能给供应链优化带来积极效应,且均衡会带来价格降低、供应链整体收益增大等好处。

1.3.2 线上线下促销策略与消费者行为的文献研究

基于线上线下市场并存下的消费者行为研究,国外文献十分丰富,且多采取数据采样等实证方法进行研究。例如,针对线上线下消费者的满意度与忠诚度研究,Yooncheong Cho, etc. (2002)较早地发现较之于线下消费,线上消费者对抱怨产生的成本或收益更为敏感,且线下消费者讨价还价能力更强,而线上消费者对送货延迟更容易抱怨。Venkatesh Shankar, etc. (2003)则探讨旅游服务业线上线下消费者满意及忠诚度的差异化问题,发现线上消费者的忠诚度更高,其满意度与忠诚度的相关度也高于线下。Peter J. Danaher, etc. (2003)更为关注线上线下消费者的品牌忠诚度差异问题,研究认为较之于线下购买,线上购买高市场占有率产品的品牌忠诚度更高,而低市场占有率产品的品牌忠诚度会更低。随后,Scott A. N., Dhruv G, Venkatesh Shankar, etc.(2006)综合研究了线上线下多渠道的客户管理问题,通过对渠道数据整合、消费者行为等的深入分析,认为多渠道融合能提升消费者忠诚度。

近几年相关研究深入到"线上浏览与线下购买"等消费者策略化行为方面。Viswanath Venkatesh, Ritu Agarwal(2006)认为网站自身特征是决定线上消费者能否由浏览变为购买的关键因素之一,根据消费者个性特征及产品特性归纳出五项指标,得出消费者从线上浏览变为线上购买的关键条件。Peter C. Verhoef, etc.(2007)继续探讨,认为对已有渠道控制能力弱将导致消费者转移到其他渠道购买,加强线上渠道的服务水平、提升对线上消费者的控制能力等将有助于降低策略型购买行为的发生,而线上线下渠道的融合运作也是一种可行策略。Chris Forman, etc.(2009)更借助假设检验及回归方程分析等方法,针对线上购买不便性与线上购买便利性间的成本权衡问题进行系统研究,连续10个月采集全美1 497个区域的消费额,比较分析图书产品的线下店铺拓展前后对区域内消费者线上购买行为的影响。研究显示线下店铺的拓展会导致区域内线上主流产品的消费量下滑,策略化的消费者行为表现为将线下消费作为线上购买的有效替补,不过线下店铺的进入会降低消费者对线上折扣优惠的敏感度。

线上线下市场融合下的消费者策略型行为特点,深刻影响了已有的供应链竞争与优化规律,国外相关文献的研究深度继续拓展。如Maximilian Teltzrow, etc.(2003)较早总结了较之于纯线上零售商,线上线下业务并存的零售商(以下简称"线上线下型"零售商)具有多方优势,如吸引消费者注意力、物流配送及支付等,实现线上访客到线下实体店寻求特殊服务、线上下单线下取货、线上购买线下退换等服务。实证研究进一步得出,纯线上零售商的消费者有97%选择线上支付快递送货;"线上线下型"零售商的多数消费者选择线上体验而线下付款取货。Ofek, etc.(2011)则基于消费者效用理论研究两个"线上线下型"

零售商的最优定价决策,结果显示当零售商之间差异不大且竞争非常激烈时,开辟线上市场将迫使零售商提升线下实体店服务水平,且零售商的总利润降低。具体而言,围绕消费者的策略化行为研究如下:

第一,线上购买线下返还。从产品返还来看,Maximilian Teltzrow,etc.(2003)发现线上支付快递送货的消费者多采取邮寄方式退换产品,更多消费者喜欢到线下实体店返还产品。超过 2/3 的大型零售商都有线上购买线下返还的政策。Ofek,etc.(2011)也考虑到线上市场存在消费者体验不足的缺陷而导致产品返还率较高,特别引入了产品与消费者偏好的匹配程度,产品被消费者返还的概率,及零售商对被返还产品的再处理成本等变量,变量的波动左右了零售商的最优定价决策。Jeffrey D. Shulman,etc.(2011)则基于消费者体验偏差导致的退换商品现象,深入到包括线上线下市场在内的产品返还及再存储费的均衡定价研究里,发现消费者对商品合适度的不确定性、对产品选择不当等因素都会导致再存储费增大。

第二,线上浏览线下购买。Aron M. Levin,etc.(2003)基于产品类别及购物阶段的差异,设计权重模型来研究线上线下消费者偏好的差异,认为线上线下市场间存在互补及协同效应。进一步地,Aron M. Levin,etc.(2005)继续致力于找出选择线上或线下购买产品的关键特征,发现当大规模采购或快速消费是关键性因素时,线上购买是优选选择;当员工服务或感知体验是关键性因素时,线下购买是优化选择。Ofek,etc.(2011)还特别研究了线下购买交通成本高时的消费者行为,线上浏览线下购买将为其带来极大的成本降低。发现较之于两家都只开展线下渠道,仅一家零售商开辟线上浏览渠道时会获取更大利润,另一家会遭受损失。在开辟线上浏览渠道成本较低时,双方是典型的"囚徒困境"格局,即双方都选择开辟线上浏览渠道,然而利润较之于不开辟都减少。

国内的相关文献积累也很丰富,可以分为如下几类:

(1) 线上线下市场融合下的消费者行为研究。刘晓峰、黄沛(2009)考虑策略型消费者行为对企业动态定价策略的影响,发现依据高价值和低价值两类消费者构成,厂商企业可以通过控制库存数量和价格来加大消费者买不到产品的风险系数,从而减少消费者的等待行为。李国鑫、李一军、陈易思(2010)则从虚拟社区成员线下互动关系对线上知识分享行为的影响角度,关注了线上线下消费者行为互动规律研究。进一步地,胡海清、许垒(2011)基于淘宝网交易数据进行实证研究,认为采购成本正向影响购买行为,信息丰富度是影响消费者行为的显著因素,而不同电子商务模式对购买行为的影响不突出。

(2) 线上线下消费者行为策略化下的供应链运作与优化研究。此类文献通常仅将线下零售商的促销努力水平作为考虑因素,如晏妮娜、黄小原、刘兵(2007)引入服务—价格敏感需求条件得出协调优化策略,认为制造商是否开拓电子市场,取决于网上直销对传统市场是形成替代效应还是互补效应。李培勤(2010,2011)基于零售商的促销努力水平,先后探讨了线上线下市场存在品牌促销及渠道促销等努力下的"二对一"(一个纯线上制造商、一个"线上线下型"制造商及其传统线下零售商)供应链的博弈动态及线下零售商退出市场竞争的边界条件等。

关于线上线下并存下考虑促销行为的供应链运作研究相对较少,通常仅考虑零售商的销售努力因素,如 Tsay & Agrawal(2004)等。促销行为对供应链运作影响的研究文献多集中在传统市场领域,涵盖了供应链促销竞争、供应链合作促销问题及长期促销下的供应链优化等方面。重点代表文献有:Harish Krishnan, etc. (2004)将"共享促销成本"策略设计进回购契约内,发现其能克服单纯的回购契约无法实现供应链协调之缺陷。Salma Karray(2007)则探讨了"二对二"供应链上的四种博弈结构,结果发现,制造商参与广告促销均优于不参与,参与程度随品牌竞争增强而提高,随空间竞争减弱而提高,并找到供应链合作促销的帕累托改进条件。Maxim Sinitsyn(2008)将顾客群分为忠诚型和转移型,研究了强弱势制造商间的价格促销竞争问题。构建需求函数比较四种均衡结果,并分析了降价促销策略的有效性。进一步地,Tony Haitao Cui, etc. (2008)研究了"一对二"供应链上的歧视性价格促销模型,构建需求函数并探讨多期价格促销竞争策略后发现,采取歧视性价格促销方式能使制造商和强势零售商获益更多,而弱势零售商利益会受损。

国内文献研究方面,线上线下市场需求下考虑促销因素的供应链优化文献亦不多。此类文献通常仅将零售商的促销努力水平作为考虑因素,如黄小原、刘兵(2007),及李培勤(2010,2011)考虑零售商的促销努力水平影响下,线上线下市场背景下两种供应链结构("一对二"和"二对二")下的动态博弈均衡问题,寻找到最优决策的变化规律。此外,传统市场领域内考虑促销行为的供应链运作协调研究文献较多。譬如,张伟、陈敬东(2010)基于报童模型发现收益共享契约可以实现在零售商促销水平影响需求下的供应链完美协调,等等。这里不再赘述。

1.4 研究目的和意义

第一,从理论高度推动了线上线下市场需求与促销行为的互动规律研究,探索新形势下传统制造企业的产能优化规律。线上市场需求增长迅猛,"鼠标+水泥"的线上线下融合模式渐成主流消费趋势,加之金融危机的诱因、全球经济的再度回暖、电子商务高效便利的特点等多重因素促使电子市场成为行业新宠,企业用户及个人消费类需求呈现出规模性递增的迁移趋势,由传统市场大量流入电子市场。各类促销行为进一步放大了线上线下市场之间的互补、替代及扩充市场容量等功能。传统市场的促销行为会影响电子市场需求,电子市场的促销行为亦作用于传统市场。且线上线下市场的促销行为会产生交互叠加效应,积极效应得以叠加,消极效应不容忽视。"团购"、"秒杀"等电子市场独特的促销方式与传统促销行为相互交织,左右需求群体的迁徙方向,影响行业需求规模的增减,增加线上线下市场需求的风险变数,强化了供应链成员间的利益冲突。原有的均衡状态被打破,未知的优化方案待出笼,供应链上利润面临重新洗牌,电子市场兴旺引发了更为复杂的竞争态势,基于此探索出传统制造业产能优化的新规律。

第二,从实践层面为供应链企业提升促销行为影响下的产能运作优化管理提供决策指导。线上线下市场的竞争优势不一,前者体现在信息量丰富、搜寻成本低且价格相对低廉等,后者则为消费者体验丰富、产品选购出错率低等。线上线下市场融合能够产生正向协同效应,以克服线上产品体验差、物流配送效率低而线下消费成本较高的问题。电子市场不仅放大了传统市场的需求空间,更成为传统市场的劲敌。电子市场不仅放大了传统市场的需求空间,更成为传统市场的劲敌。制造商角色亦复杂化,在保持传统市场的同时,还可以或在电子市场展开网上直销,或者供货给网上零售商。这三种策略的交互令制造商角色变得复杂,可以是传统及网上零售商的供应商,又可以是它们的竞争对手。进一步地,促销行为交互更增加了传统制造商供应链运作及产能决策的难度,如产能过剩和不足情形如何决策,长期产能优化策略如何制定等。本研究对供应链企业间利益博弈及运作优化决策的实践指导意义凸显,应用价值突出。

  本书的主要创新点包括如下几点:首先,将"产能"概念分层为"短期产能"与"长期产能",结合经济学的"短期生产成本曲线"与"长期生产成本曲线"理论,寻找"短期产能"的定量最优化策略及线上线下促销行为的影响等,并找出"长期产能"最优化的具体方案。其次,线上线下市场并存下,将促销行为分类为"线上市场品牌促销行为"、"线上市场渠道促销行为"、"线下市场传统零售商促销努力"三项,并探索多种促销行为交互效应及对供应链成员的需求、收益、定价、产能优化等变量规律的影响。再次,基于博弈论构建起线上线下市场并存下的传统制造商产能运作优化模型,重点借助数值模拟分析品牌促销、渠道促销等变量对产能运作优化变量的影响,尤其深入探讨了短期产能过剩、短期产能不足即缺货等风险情形,并给出相应的防范策略。

第二章 研究的理论背景与基础

2.1 电子商务的"渠道说"与"市场说"

持电子商务"渠道说"的观点,认为营销渠道的实质,是产品通过一定的中间商环节,从制造商流转到最终消费者,直接(或间接)完成商品所有权的转移活动。"一整套相互依存的组织"即包括"制造商、中间商、零售商、消费者"等,需要完成四项重要的商务功能要素即信息流、资金流、商流和物流等活动。具体来讲,信息流包括买卖双方的技术咨询与磋商活动,产品价格的询价、报价、讨价还价等谈判活动,法律上的要约及签订合同事项,财务上的票据凭证传递等。资金流则是依据协议,买方完成资金到卖方的给付过程。商流是交易双方完成产品所有权转移的过程。物流是完成产品在空间上从卖方到买方转移的过程。而营销渠道的实质即为合理组织与配置资源以完成上述"四流"活动。电子商务作为一种新型的线上市场营销渠道,可以克服线下市场营销渠道的缺点,如制造商到消费者间价值链条太长、供应链上批发与零售环节过多、多重叠加导致商品的交易成本太高而效率太低等。电子商务实现了企业与消费者之间的瞬时双向交流,将营销渠道"四流"中的"信息流、资金流、商流"等三流在线上市场平台上实现,并使交易中的"四流"有机融合,以提高渠道运营的效率、降低运营成本。电子商务具有无形、数字化的虚拟营销渠道特征,而线下市场传统商务是实体营销渠道,双方没有本质区别。

持电子商务"市场说"的观点则认为电子商务已经具备"市场"内涵的各项特征。电子商务具有"市场"的"场所"特征,是"商品交换的空间或领域";具有"活动"特征,可以"交易、拍卖、集市、流通、分配"等;具有"机制"特征,"价格协调着买卖双方的决策,市场则体现出中间人的作用,将消费者需求偏好与企业的技术等约束协调起来";具有"组织"特征,"存在适宜的低费用度量技术和标准,集中大量买者与卖者,众多成员间存在竞争,交易主体拥有排他性的财产权利,国家提供作为公共产品的有效法律,人们拥有公平合法的交换概念";具有"制度"特征,是"制约交换的一种规则,是组织化、制度化的交换";具有"结构"特征,是"由市场参与者间相互作用而再生产出来的结构组成";具有"关系"特征,"使用价值和交换价值的关系,商品和货币的关系,买者和卖者的关系,生产者和消费者的关系"等。而在实践运作中,多数企业已经在实践中认可了电子商务既是"渠道"又是"市场"的观点。相关例证如下:

例证一:据报道,罗莱家纺事业部总经理邵国云 2010 年在某演讲中的观点为,"电子商务既是市场也是销售渠道"。如果仅仅将电子商务视为一个渠道,将会出现目标消费者冲突的问题,罗莱家纺品牌的最核心人群是 35—45 岁的人群,而线上市场 80%以上的人群年龄介于25—30 岁之间,如果仅仅将电子商务看成是一个渠道,罗莱家纺品牌与消费者群体之间会出现落差,因此罗莱家纺针对电子商务实施品牌战略调整,视电子商务为新型市场,推出新品牌以适合于 25—30 岁的消费者人群。另一方面,罗莱家纺母品牌亦会将电子商务视为一个渠道去经营,以挖掘潜在的母品牌消费者。

例证二:没有想到的市场。某成熟的传统大型香料厂商于 2006 年初试电子商务时,在一家专业网站上发布了部分产品信息。当年,就有一家海外企业下订单"酮类香料 20 吨"。企业经营者很不解,因为该"香料虽然科技含量高,利润可观,但在全球香料行业中的用量很少,过去几年都只卖出过几百公斤,他们从来没有接过这么大的单子"。后来知道买家是一家制药企业而不是香料加工企业。交易完成后,该企业经营者悟道:"这条信息真是价值百万,不仅仅是实际收益,更为我们捅破了市场需求的那层'窗户纸',要不是网络,我们还不知道什么时候才能明白,原来某些产品还有很多使用价值是我们所不了解的"。

例证三:市场反应速度比赛。杂志《Business 2.0》曾经给出结论,

"应用网络的企业比不利用网络的企业产品更新速度快3倍,企业的盈利能力高4倍",该结论是建立在对全美3 000家企业调查基础上的。譬如,富达钟表集团在线下市场从参加展会看样到开模生产,最快纪录是3个月,然而其通过线上市场平台中国制造网(www.made-in-china.com)上发现客户并根据意见进行修改产品设计,直至产品适应欧洲市场,整个过程减至45天。企业通过电子商务在线上市场快速获得信息,可以比对手更早拿到订单,或者比对手更先找到市场。

例证四:后电子商务时代下的新型电子渠道商。如今,线上市场上已经诞生了以专营渠道为生的电子渠道业者。其将拥有的用户流量资源量转卖给电子商务经营商家,获得自己应得的收入。收入形态包括:CPM(依广告曝光)、CPC(依广告点击)、CPS(销售后提成)等。国外如美国的电子渠道商cj.com,采取策略吸引中小型网站提供出广告版位,同时又吸引各类有广告需求的商家投放广告,网站作为中间人中间收取广告费后,将收入以某种比例,依照CPM、CPC或CPS等方式再分成给中小型网站。只要经营某个领域的电子商务网站数量足够多,领域足够大,利润够高就会出现独立的、垂直网络渠道商。另,根据是否接触终端用户可以分为直接接触的网络渠道商与非直接接触类,例如cj.com就属于非接触终端用户的网络渠道商。

例证五:"全方位渠道购物"(Omnichannel Shopping)。据2012年3月30日市场调研机构eMarketer公布,美国消费者越来越注重全方位渠道购物方式,即在网站、实体商店、移动设备和社交媒体等渠道之间提供无缝的、流畅的、全方位的体验与消费。相关数据显示,45%的消费者计划整合网络、实体商店和移动渠道,消费者心理及行为正发生深刻改变以成为全方位、全渠道购物者,零售业必须适应这种趋势。全渠道战略致力于实现各个渠道之间的高度协同,达到消费者的无缝体验,而非单一渠道的最优。从供应链角度来讲,即实现供应链库存为全渠道顾客服务,所有库存为所有顾客共享,线上线下市场不同形态的商家可以互卖商品,比如线下市场各大实体店、线上商店、移动商店、物流中心仓库等。进一步地,实现全渠道策略需要建立起"互联网商圈"的观念,以消费者需求链为核心培养互联网零售精神等。

最后,用淘宝网创始人马云的观点总结,"电商行业互联网环境下的电商本质,实际上电商已经成为实实在在的实体经济,是互联网信息技术和传统实体经济结合的一种新经济模式,这种模式能够有效整合当下资源,降低企业发展成本,提高社会整体效率"。

2.2 研究对象的定位

后文的模型构建中,有三个主要研究对象:强势的传统制造商及其线下市场的传统零售商,新型的纯线上弱势制造商,前两者均在传统线下市场具有一定的知名度,拥有相对稳定的消费群体,而"新型纯线上弱势制造商"以淘宝网平台上的"前店后厂"型网商最具有代表性。"前店后厂"原来是指港澳、珠江三角洲地区独特的经济合作模式。"前店"指港澳地区,利用海外贸易的窗口优势,通过接受海外订单来制造和开发,控制产品质量并展开市场推广及对外销售等;"后厂"指珠江三角洲地区,珠江三角洲地区利用劳动力、土地等优势,对港澳地区的订单进行产品加工、制造和装配等工作。"前店后厂"式淘宝网商则是指一些中小企业,多处于创业初期甚至为家庭作坊式企业,在淘宝网平台成立线上店铺,线下市场几乎不开设实体店,此类纯线上制造商充分利用了电子商务平台全天候、跨地域、低成本和高便利的特点,在线上市场宣传和展示产品,并接受网购消费者的订单;在线下市场则组织生产加工,由于利益分享者最少,中间环节最短,而交易方式又准确快捷,故满足了众多网购买家的需求。纯线上弱势制造商的特点相对独特,如生产经营规模较小,资金有限,员工人数较少;产品线"少而专",品牌知名度整体不高;多处于创业阶段,市场份额微小;凭借"后厂"支撑,网店的消费者信任度较高等。

2.3 线上线下市场并存下的消费者行为特征

消费者是直接消费产品或服务的个人或团体。消费者为满足生产生活的需要而对商品和服务进行消耗的过程即为消费。线上消费者与线下消费者的特征日益呈现出分化趋势，具体比较如下：

（1）人口统计特征差异。线上消费者呈现出年轻化、受教育程度高等特点，在服装鞋帽、通信、图书等行业体现突出，甚至快消类零食行业如1号店等也成为都市白领的首选。此类线上消费者使用互联网频率很高，购物自信且闲暇时间相对较少，对购物便利性要求较高。从性别上来说，线上消费者中女性占更大比例。相对而言，线下市场消费者的群体特征呈现出年龄偏大、受教育程度相对低、闲暇时间较充裕等。

而且，线上消费者的特征正在进一步分化，中低收入年轻消费群体更多选择了线上消费。据2013年中国电子商务研究中心最新数据统计，"71.9%的网购用户年龄在18—30岁之间；80%的网购用户月收入低于5 000元，网购的便利性、价格实惠、产品种类丰富等特征已经吸引更多中低收入人群的喜爱"，且在节奏快、压力大的都市消费者群体里线上消费更为常态化。近年我国线上市场的规模发展迅速，线上消费者群体的年龄段正逐步扩大，有数据显示上海中老年线上消费者有17.4%。而线上消费者的性别特征上，根据中国电子商务研究中心截至2012年上半年的数据显示，男性线上消费者正成为服务类网购产品的消费大军。调查还发现天津男性偏爱线上购买自助餐，天津自助餐线上消费者数量排名全国第八位。而淘宝生活风向标还显示，男性最爱线上购买电影票，北京的男性占比14.2%，沈阳的男性占比27.8%，大连的男性占比30.8%，哈尔滨的男性占比33.3%。

（2）消费心理与消费习惯差异。Tayor & Tod(1996)研究得出，长时间使用互联网、高频率的在线访问等均会影响到消费者的购物意愿与行为。生活节奏的加快、消费者购物的高便利性要求、线上消费者可支配时间充裕、物流快递业日趋成熟完善等时代背景下，线上消费已从满足消费者购物需求升级为一种享受乐趣。并且，线上消费者行为可以突破传统限制，不再只被动购买现有商品，更可以向线上商家提出个性化要求，商家获取信息后再满足其独特的消费愿望。

整体而言，网络购物具有产品丰富、时空分离、付款方便等特点，网购消费者的个性化消费心理特征越来越突出。在屏蔽掉各类嘈杂的环境和影响下，消费者可以在线上市场货比三家，且选择范围不受地域及其他条件约束,能更理性规范自己的消费行为,消费者心理更为成熟。相比之下,线下消费者受制于交通成本、时间、精力等因素左右,消费习惯比较固定,且消费心理也比较感性、单一。

(3) 消费者主动性与学习能力差异。网络购物是线上消费者积极行动的结果,没有促销员"填鸭式"的销售策略进攻,线上消费者能够根据需要,主动搜索相关产品并实施购买决策;线下消费者的主动性相对较弱,其消费者行为容易受外界各类因素左右。此外,无论是搜寻信息、购买商品或者寻找相关网络服务,线上消费者都要求具备一定的计算机与网络学习能力,而如今产品更新换代速度快、快消特点突出、电子商务发展速度快等,进一步强化了对线上消费者学习能力的要求。相比之下,线下消费者的学习能力要求则相对小一些,其商品比较、搜寻信息的范围均大大缩小,线下消费者更侧重的是实体店购物的享受体验。

2.4 线上线下市场促销策略与消费者行为的互动研究

2.4.1 线上市场促销策略对消费者心理的影响

相对于线下市场,线上市场的各类促销策略对消费者心理具有独特的影响。

第一,线上市场广告促销。其特点为传播范围广,无时间限制,每周七天 24 小时不间断在互联网平台面向全球发布信息;信息传播相对不具有强迫性,线上市场广告侧重于按需搜索,消费者可以通过自由搜索集中所需资讯;受众数量能精确统计,权威的访客流量统计系统能够精确统计出受众浏览相关广告的时间、地域分布等规律。此外,线上市场各类广告还具有灵活变更、与消费者交互性强、投入少、成本低等特点。相对于线下市场广告,其突出缺点是对特定消费群体的信息有效传递能力较弱等。

第二,线上市场折扣促销。线下市场的折扣降价通常会给消费者以产品质量不高的心理感受,然而线上市场的促销折扣等方式则不一定引发消费者对质量的负面联想,甚或能强化消费者的购买意愿,并引发消费者的冲动性购买行为。关于冲动性购买,学术界多认为是一种带有感官享受情结的经历,其精髓在于消费者在冲动性购买中可能经历的认知及情感反应,即当消费者感觉到突然、强烈、迅速而不可抗拒的驱动力迫使他(她)去购买某商品时,即发生了冲动性购买行为。在执行该行为时,快乐与不快乐的感觉可能并存并引发了情绪上的冲突,从而有忽略购买结果的倾向。在出现促销或者折扣如限时、限量及突发性折扣时,最容易引发消费者的冲动性购买行为。

2.4.2　传统企业线上与线下促销的区别

首先,与消费者的接触方式改变。线下市场上从产品、服务、促销载体及促销人员等,均为实地接触;而线上市场上,产品、服务、需求信息等均为非实地接触,可变性强且突破了地域限制。

其次,促销的时间特性改变。线下市场的实时促销通常有时间限制,如上下班时间、电视及广播的广告时间段等,而线上市场的无地域、无时间等特性使得其促销方式更广泛。而且,线上市场的广告、促销券等直接传送到电脑等移动设备终端,极大降低了线上企业的促销成本,更凸显出了线上促销的时间特性优势,随时随地保持在线状态更能适应消费者的多样化需求。

第三,信息交流方式改变。线下市场促销的缺点,有环境嘈杂、促销人员诱导引起的消费者情绪负面性(厌倦、购物欲望消失、购买后感觉上当)等问题,线上市场促销则克服了这类缺陷。先进的多媒体信息技术为线上市场的产品销售提供了近乎现场交易的形式,同时又让消费者可以根据喜好随时随地选择购物环境(安静场所、休息时间、一人或多人一起买),这种双向、快捷、无需面对面接触的线上消费特点,给予了消费者充分的决策时间。

因此,线上市场促销方式应该在吸收传统线下促销的设计思想和技巧基础上,充分发挥线上市场的各种优势,实现其推广功能(将企业的品牌、产品、服务等传递给直接或潜在的线上消费者)、引导功能(引导消费者认识产品的品牌优势及独特性等)、反馈功能(通过线上互动平台或者电子邮件等收集线上消费者的各类意见,并反馈给企业),诱发和创造线上消费者需求(如限时折扣、秒杀等促销方式)等。

2.4.3 线上市场促销的类型

具体来讲,线上市场折扣促销有以下几种方式:

数量折扣,即线上消费者的购买量越大,获得的价格折扣幅度就越大。这种促销手段目的是通过批量优惠来激励顾客扩大购买数量,实现"薄利多销",如淘宝"买三送一"活动等。

现付折扣,即若线上消费者在指定日期前支付账单,则会得到一个现金折扣优惠,提高企业的资金回笼速度,这种折扣方式能极大降低商家的风险。

交易式折扣让利,即以旧换新,消费者购买新产品时,将自己用旧的产品卖给厂商作为新产品的部分价格抵销。例如买新车时将旧车卖给车商。

差别调价,即根据顾客类别、产品形式、销售地点、销售时间等情形进行价格调整。譬如美国 Boston Store 连锁商场会不定期进行此类促销活动,即某天前 200 位客户来实体店购物,会赠送 20 美金的优惠券。

其他线上市场促销方式还有:赠品促销,多出现在新产品试用、产品更新、对抗竞争品牌、开辟新市场等情形下,利用赠品促销可以达到比较好的促销效果;抽奖促销,以获得超出参加活动成本的奖品为手段进行的促销,多附加在调查、产品销售、扩大用户群、推广某项活动等;积分促销,尤其是线上市场的积分活动很容易借助信息系统实现,操作简便、可信度高。

从线上企业引导消费者的方式来看,线上市场的促销方式可以分为拉销、推销和链销三种。拉销是线上企业采取网站推广策略如浏览产品网页、提供精美广告等,实现网页图片动态、个性化,并使得网站设计能体现出企业文化和品牌特色等,吸引大量的线上访问者,将潜在消费者转变为实际消费者。推销是企业主动采取措施,如有奖调查问卷、发送电子邮件介绍产品、服务及促销等信息,使得消费者不断了解、认识企业的产品和服务,达到促使其产生购买欲望的目的。链销则是企业首先向一小部分消费者提供优质商品,然后让其通过在线好评、在各类社交网站发表自己满意度和认可感等,实现口碑传递功能,保证线上消费者的满意度保持增大,是企业开展线上链销的前提。

2.4.4　线上市场促销类型之渠道促销

线上市场带来了营销渠道的新革命,集线上交易、促销、渠道、消费者互动及服务、信息收集等于一体,中间渠道被弱化,分销过程被缩短,交易环节被简化。从成本角度来看,线上渠道营销降低了成本费用。对生产商来说,简化的线上营销渠道大大减少了分销环节,而网络商品交易中心作为线上市场的间接分销渠道,具有强大的信息传递功能,中间商的数目被减至一个,完全克服了线下分销渠道的渠道长、中间商多、成本高等缺点。对消费者来说,线上市场商品价格的公开性使得线上商品价格会朝着较低价格的方向发展。

从线上渠道的演化趋势来看,互联网的存在极大促进了市场的解构与再重构,一方面促使部分线下中间商转型为线上中间商,另一方面也催生出新型的线上中间商,主要有几种类型:

(1) 行业在线分销商,此类线上中间商的专业性通常很强,行业知名度较高,对制造商及特有的行业客户吸引力很大,如慧聪 IT 商务网等。

(2) 线上虚拟零售店,多为专业性中间商,它们直接销售产品给消费者,有自己的货物清单直接从制造商处进货,折扣销售给消费者。

(3) 线上虚拟商业街,即一个网站内连接两个及以上的商业站点,网站依靠提供站点租赁实现虚拟商业街的运营,此类网站多定位于特定的企业及线上零售商,如上海拟推广的"老字号店"网上虚拟商业街等。

(4) 线上虚拟市场,依靠其庞大的数据库及与数目众多的网站超级链接,构建起虚拟市场,在站点内进行展示和销售,实现消费者在虚拟市场上的任意选择和购买,站点提供者收取一定的管理费用,如中国粮食贸易网等。

线下线上市场的促销策略本质相同,原理互通,将线下市场的促销策略移植到线上市场,即为通常所说的网络移植,是完全可行的。线上市场促销包括两层内容,即促销主题与促销方式,前者的促销理由如资金回笼、周年庆等,后者如打折、买一送一等方式。

传统的线下渠道促销,多是针对渠道(即经销商)的促销。通常的渠道促销策略有三个方向:销售型促销与市场型促销有机结合;结合新品推广进行促销;结合库存进行促销。以第一种促销策略方向为例,销售型促销以完成销售额为唯一目的,以渠道奖励为唯一手段,以增大经销商库存为最终结果,短期行为明显。市场型促销则以完成销售额为最终目的,以市场的管理工作、广告投入、培训导购、终端建设、市场研究等为手段,以市场等的良性健康发展为结果,侧重于长期效果建设。实际运作中多根据市场变化来选择合适的渠道促销策略,抑或两种策略兼顾,在设计渠道促销策略时就将两种促销策略捆绑在一起。

针对渠道经销商的销售型促销策略有:台阶返利,即在熟练掌握了所有经销商的综合实力之后,制造商对各级经销商制定合理、具有吸引力的渠道奖励额度梯级;限期发货奖励,如建材、家电等多数行业经销商均偏好月底付款要求发货,制造商通过设置限期如越早完成月度任务、奖励额度越高等措施,实现发货奖励;福利促销,即将经销商福利与其任务完成率挂钩,排名靠前的作为优胜者可以参加制造商组织的培训、旅游等福利;实物返利,体现为经销商进货时,获得一定比例的实物赠送;模糊返利,为在经销商进货时,给予现金或实物返利的承诺,在到达某个期限如一季度或一年度时,再公布具体的返利形式及比例等。其他的渠道促销策略还包括销售竞赛、滞货/新货配额等。相对而言,市场型促销策略的方法则很多,如以抽奖、发放礼品、降价等方式为代表的消费者促销;奖励经销商终端建设投入的市场支持奖金,及经销商终端的后期维护投入;针对产品的特性、厂家的经营理念等,对经销商进行产品方面的培训支持工作,制造商在渠道运作中扮演驱动者的角色;市场推广活动支持如展会等。

把握渠道促销策略需要掌握四方面的基本原则,即产品差异化原则、客户差异化原则、市场差异化原则、时间差异化原则。关于产品差异化原则,需要将促销重点放在产品的导入期与衰退期,前者是为了尽快实现新品的渠道有效覆盖率与终端成交率,后者则在于促进库存结构的优化,扫清新品上市的障碍,快速回笼资金。故应该重点产品重点支持,集中渠道的资金、人力等资源重点推广明星产品、新品等,而流量型产品与防火墙型产品(竞争对手难以模仿的产品)则不是渠道促销的重点。客户差异化原则遵循二八原则的规律,采取重点客户重点支持的方式,将客户进行区分,把握住20%客户所带来的企业80%销售额。市场差异化原则应体现出对重点市场重点对待,资源在不同市场的倾斜度有差异。时间差异化原则需要结合产品的淡旺季,合理分配渠道促销的各项资源,以月为单位来区分的较多。

2.4.5 线上市场促销类型之品牌促销

制造商亟待改变传统营销观念,充分发挥品牌促销功能。品牌促销的最高境界应该是,在价格、赠品以及各种促销形式等沟通工具基础上,实现与消费者的深度沟通,促进消费者对品牌的理解与关注,进而建立起消费者的品牌忠诚,如麦当劳的史努比内涵。制造商需要针对品牌促销建立起一套科学高效的促销系统,全方位考虑竞争对手的品牌促销战略、促销与消费者有效沟通的关系等,使得促销成为一个独立的营销系统。制造商在进行品牌促销系统的建设与规划时,应让所有的促销形式与促销组合均传递出同一个信息,即促销定位要明确统一,与企业品牌的核心价值观一致,从而实现消费者在享受促销利益时其品牌忠诚度亦有提升,促进企业的品牌建设。

常见的线上市场品牌促销方式有四种模式:

第一,体验营销。线上市场可以提供多种形式消费者体验的对接点。如浏览体验,表现在网站内容设计的方便,排版美观,网站与消费者互动良好等,实现消费者对网站的情感体验,从而对品牌有理性和感性认识;感官体验,充分发挥线上市场能够传递多媒体信息的优势,通过向消费者传递视觉、听觉等加深对品牌的认知,达到激发兴趣并增加品牌价值等目的。交互体验,通过网站论坛、留言板等形式,为消费者提供反馈平台,提高消费者积极性,促进消费者与品牌之间的双向交流与传播。信任体验,网站平台的权威性、产品质量等信息的准确性、产品排名等均会影响消费者对品牌的信任程度。

第二,社区营销。据 Jupiter Re-search 的调查显示:77%的线上消费者会参考其他用户对产品的评价,而这些消费者群体往往对网站也拥有更高的忠诚度;超过 90%的大公司相信,用户推荐在影响用户是否购买的决定性因素中非常重要。参与程度高、互动性强、主题特定、具有心理归属感的网络社区更有利于企业向消费者传达品牌信息,而消费者之间的口碑传播力量更使得品牌的传播效果呈现出几何级数的增长态势。网络社区的主要形式包括:

关系型社区,该类社区的网络用户具有某种天然性关联,能在网络上聚集并建立共同的网络社区,如高校论坛、住宅小区论坛等,实现产品品牌在同质人群中快速传播;兴趣型社区,在某方面有共同兴趣的用户在网络上聚合形成,如大众车友俱乐部、摄影爱好者社区等;幻想型社区,多是一些虚拟社区如"第二人生"等,与网络游戏有一定程度的相似;交易型社区,多出现在交易型网站(如当当网)上,卖家与买家、买家与买家等形成的多形式交流互动。

第三,病毒式营销。即企业以网络短片、网络活动或电子邮件的方式在网络社群发动的营销传播活动,本质是让用户主动谈论品牌实现信息传递,让信息像病毒一样传播和扩散,通过快速复制的方式传向千百万受众。

第四,数据库营销。互联网为数据库营销插上了一双"网络的翅膀",方便信息采集及数据的动态更新,有利于消费者主动参与,改善消费者关系,增加品牌魅力。

此外,还有其他品牌促销方式,如优衣库的游戏促销等。

2.5 其他理论基础

第一,博弈论。包括博弈方(player)、行动(action/move)、策略(strategy)、信息(information)、收益(payoff)、均衡(equilibrium)、次序(order)、结果(outcome)八大要素。结果是博弈分析者感兴趣的所有

要素组合,如均衡策略组合、均衡得益组合等。博弈论就是系统研究可以用上述方法定义的各种博弈问题,寻求在各博弈方具有充分或有限理性(full or bounded rationality)、能力的条件下,合理的策略选择和合理选择策略时博弈的结果,并分析这些结果的经济意义、效率意义的理论和方法。博弈有以下几种分类:

根据某个博弈中博弈方的数量,可以分为"单人博弈"、"双人博弈"和"多人博弈"等,本书的主要研究对象有三个,故为三人博弈形式。三人博弈较之双人博弈,更凸显以自身收益最大化为目标的彼此独立决策,其博弈策略与收益的相互依存关系也更为复杂,任一博弈方的决策及引发的供应链成员间反应也比双人博弈中更为复杂。

根据某个博弈中博弈方行动的先后次序,可以分为"静态博弈"(Static Games)和"动态博弈"(Dynamic Games)。在"静态博弈"中,博弈方同时采取行动,抑或虽然博弈方行动有先后顺序,但只要后行动的不知先行动的人采取的何种行动,也视为是同时行动。而在"动态博弈"中,博弈方的行动有先后顺序,且后行动的人能够观察到先行动者所选择的行动。本书为博弈三方的动态博弈形式。

根据某个博弈中每个博弈方的策略数量,可以分为"有限博弈"(Finite Games)和"无限博弈"(Infinite Games)。即若该博弈中每个博弈方的策略数都是有限的,称为"有限博弈"。若该博弈中至少有一个或者多个博弈方的策略有无限多个,则称为"无限博弈"。本书为有限博弈形态。

根据博弈方掌握其他博弈方信息的完备程度,可以分为"完全信息博弈"(Games with complete information)与"不完全信息博弈"(Games with incomplete information)。"完全信息博弈"为某个博弈进程中,每一个博弈方对其他博弈方的特征、策略空间及收益等都完全了解,否则即为"不完全信息博弈"。后者所有博弈方的目标为追求自己的期望收益最大化。本书为完全信息博弈形态。

根据某个博弈中所有博弈方的收益总和,可以分为"零和博弈"(Zero-sum Games)和"非零和博弈"(Non-zero-sum Games)。"零和博弈"意味着博弈各方在激烈竞争下,一方获得收益必然意味着另一方收益减损,博弈各方的收益和损失相加总和永远为"零",各博弈方不存在合作的可能。"非零和博弈"意味着博弈中各方的收益或损失的总和不为"零",可以进一步分为"常和博弈"(Constant-sum Games)和"变和博弈"(Variable-sum Games)。"常和博弈"意味着博弈中各方收益之和是一个非零的常数。而"变和博弈"则是指随着各博弈方选择策略的不同,各方得益总和也不同。本书的三人完全信息动态博弈形式,侧重探讨线上市场促销水平对博弈结果的影响,涵盖零和博弈、变和博弈两种形式。

根据博弈方之间是否存在合作,可以分为"合作博弈"(Cooperative Games)和"非合作博弈"(Non-cooperative Games)。"合作博弈"是指博弈进程中存在一个对各博弈方都具有约束力的协议,各博弈方在协议范围内进行博弈。而如果各博弈方无法通过谈判达成一个有约束力的协议以限制各博弈方的行为,则该博弈属于"非合作博弈"。本书为非合作博弈形态。

第二,协调优化理论。协调源于系统研究,协调的目的是通过某种方法来组织或调控所研究的系统,使之从无序转换为有序,达到协同状态。协调是供应链运作管理中的一个关键概念。"供应链"概念包括多个独立的决策者,且决策者多独立作出对自身最优的分散化决策,多个决策者分散化决策的最终结果对于整个供应链来说很少能实现最优。只有当这些决策者达成某种程度的协调时才可能使供应链整体最优。关于协调的定义,有几种具有代表性的解释:

Cachon认为如果供应链系统整体的最优决策行为也带来了各决策个体的纳什均衡状态,即没有任何成员有意愿偏离这个均衡,那么此时供应链达到协调。

Romamo(2003)定义供应链协调机制是供应链合作成员之间的决策、通讯和交互等模式,以帮助计划、控制和调整闭环供应链中所涉及的物料、零部件、服务、信息、资金、人员和知识之间的交流,支持闭环供应链网络中关键的经营过程。

Weng(2004)认为供应链协调是,供应链中不同组织间通过集成达到充分发挥各企业的核心能力,快速响应客户需求,实现企业绩效持续改进、提高企业核心竞争力的目的。

Sahin 和 Robinson 认为供应链协调的含义是，所有供应链成员的全部决策行为都是为了实现系统全局目标的状态。

总体来说，供应链协调的目的是通过采取一定的措施、方法和机制如合约设计等，处理好供应链系统中各个决策成员如相互独立的企业或者组织之间的利益冲突，实现各利益相关者的个体利益最大化同时，达到供应链系统整体的利益最优化目标，使整个系统达到协同运作的状态。

供应链失调的情况经常发生。当供应链上成员企业均以各自的利润最大化为目标，并制定业绩评估标准时，常常会偏离供应链整体目标，造成供应链失调。如当下游零售商企业进行短期折扣等促销活动前，常常会出现超前采购现象，即促销时采购订货量增大，促销后订货量又迅速减小，导致上游制造商的出货量变动，且变动幅度明显高于下游销售量的变动幅度。正是每个供应链成员都以自己的运营绩效为中心而忽略了自身决策对整个供应链系统的影响，因此供应链经常处于失调状态。进一步地，即使是供应链成员目标一致，但如果没有采取协调措施进行引导和制约时，供应链成员还是会分散化决策，使得供应链定价、订货、销售等决策经常不能实现一体化的最优水平。

2.6 本章结语

电子商务"渠道说"认为营销渠道实质是产品通过中间商环节，从制造商流转到消费者，直接（或间接）完成商品所有权的转移活动。电子商务"市场说"观点认为电子商务已经具备"市场"的各项特征，包括"场所"、"活动"、"机制"、"组织"、"制度"、"结构"、"关系"等特征。笔者赞同电子商务既是"渠道"又是"市场"。同时，线上消费者与传统线下消费者特征呈分化趋势，且线上市场的各类促销策略对消费者心理具有独特的影响，需要深入研究线上市场渠道促销、品牌促销等对线上消费者购买决策的影响，进一步影响到供应链链内与链间竞争优化的决策。

从本书研究对象的博弈特点来说,为三方成员企业的完全信息动态博弈形式,侧重探讨线上市场促销水平对博弈结果的影响,涵盖零和博弈、变和博弈两种形式。从协调优化决策上来讲,本书基于 Cachon 对"协调"的概念解释,供应链上成员企业有强势传统制造商及其传统市场零售商、弱势线上纯制造商三类,供应链竞争优化形态包含了供应链链内竞争优化、供应链链间竞争优化。供应链链内,强势传统制造商既是传统零售商的上游供应商,又是其在线上市场的竞争对手,强势传统制造商的双重角色导致供应链链内协调难度很大,如果不借助合约设计等措施达到供应链链内利益共享,供应链的竞争优化将是三方企业分散化决策结果,当达到供应链产能优化状态时,供应链系统会处于失调状态,供应链协调不会存在。本书的研究重点是线上线下需求交互、促销作用交互下的供应链产能运作优化策略等,借助合约设计实现供应链协调将是本研究内容未来的研究方向。

第三章 线上线下竞争与优化的基本模型
——不考虑促销因素

本章的研究对象集为,一个线下市场集成性的强势品牌制造商 M_1,及其集成性零售商 r,和一个线上市场集成性的弱势线上制造商 M_2,探讨三者构成的供应链链内与链间竞争,及在线上促销策略影响下,强势品牌制造商 M_1 的产能优化策略等。本章展开定量研究,构建起不考虑促销努力因素下的线上线下竞争与优化模型,并考虑制造商的产能优化问题,此处"产能"定义为 1.2 节所述的第一层含义,即"满足线上线下市场消费者需求的需求量"。

3.1 模型一:零售商 r 次主导 ——不考虑促销努力因素

传统线下市场,一个集成性的强势品牌制造商 M_1(以下简称制造商 M_1)及其线下市场集成零售商 r(以下简称零售商 r),与其在线上市场的集成性弱势线上制造商 M_2(以下简称制造商 M_2)展开竞争。制造商 M_1 在线下市场拥有成熟的销售渠道,用一个集成性的零售商 r 代表,它是制造商 M_1 的博弈追随者,如图 3-1 所示。

随着电子商务实施程度的提升,线上市场出现了众多的弱势线上制造商,它们生产可以替代制造商 M_1 的同质同类产品,并进行线上多渠道销售。制造商 M_2 不必受制于线下市场高昂的渠道构建成本、地域障碍等,以相对低廉的价格吸引线上线下市场消费者的眼球。制造商

M_2 为供应链博弈最弱方,这与目前我国多数行业的实际情形一致。

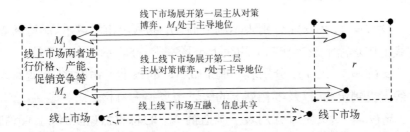

图 3-1 模型一:零售商 r 次主导下的基本模型(不考虑促销因素)

无论在线上或线下市场,制造商 M_1 和零售商 r 均为该行业的领军企业,其中制造商 M_1 又拥有对零售商 r 批发价格的主导权。另外,随着线上市场的日趋成熟,制造商 M_2 发现了网络直销的商机,可以摆脱构建线下市场的高额成本困扰,且能够发掘出自己独有的网购消费群体,故加入线上市场竞争,与制造商 M_1 共同分享线上市场份额。

制造商 M_1 的角色变得复杂。一方面,制造商 M_1 为保证线下市场的销售渠道,将保持为零售商 r 的上游供应商。另一方面,制造商 M_1 和 M_2 在线上市场展开竞争,争夺线上市场的份额,线上市场上制造商 M_1 与 M_2 又成为线下零售商 r 的竞争对手。本书假设制造商 M_1 与 M_2 在线上市场均采取直销模式。

为了获得更多的线下市场份额,零售商可以通过提供附加服务 $v(v>0)$ 来获取竞争优势,其对应的服务成本为 $\eta v^2/2$,η 为服务成本系数,反映了零售商提供附加服务导致的成本高低,η 越高则零售商的服务成本越高。零售商的零售价为 p_r,批发价为 w,μ 为附加零售服务的边际需求,即服务需求弹性。零售商的附加服务越丰富,如地点便利性、舒适的购物环境、良好的售后服务、包装等因素,其吸引来的消费者需求就越旺盛。三者的需求函数分别为

$$D_1(p_1, w) = a_e - mp_1 + np_2 + \theta(p_r - v - p_1)$$

$$D_2(p_2) = a_e - mp_2 + np_1 + \theta[(p_r - v) - p_2]$$

$$D_r(p_r, v) = a_r - mp_r + \mu v + \theta[(p_1 + v - p_r) + (p_2 + v - p_r)]$$

3.1.1 符号含义

$D_i(i=1, 2, r)$：分别表示制造商 M_1 的线上市场需求、制造商 M_2 的线上市场需求及零售商 r 的线下市场需求,亦表示各自的产能。

$p_i(i=1, 2, r)$：分别表示制造商 M_1 的线上直销价格、制造商 M_2 的线上直销价格,以及零售商 r 的线下市场销售价格。

$\pi_i(i=1, 2, r)$：分别表示制造商 M_1 的总收益(包含线上直销收益与线下收益)、制造商 M_2 的总收益(即线上直销收益),以及零售商 r 的线下市场总收益。

K：制造商 M_1 的产能,表示在线上线下市场为满足需求而生产的产量。

c_1, c_2：分别表示制造商 M_1 和制造商 M_2 的生产成本。

w：制造商 M_1 的线下市场批发价格。

e_r：零售商 r 的线下渠道促销努力水平。

a_e, a_r：分别表示产品的线上与线下市场的总容量,并分别反映了该类产品线上与线下市场的总需求潜力。参数 a_e 表示产品 $i(i=1, 2)$ 的线上市场"综合顾客需求基数",反映该类产品对网络购物者的内在吸引力,a_r 表示线下市场的顾客内在需求,反映出该类产品在线下市场所处的发展水平。

a：为线上与线下两个市场的总容量之和,反映了该类产品的市场总体发展水平,$a_e + a_r = a$。

m, n：对竞争产品价格的反应。参数 m 表示顾客需求对产品价格的反应,参数 n 表示顾客需求对竞争产品价格的反应。

θ：线下与线上市场间的渠道扩散程度,$\theta > 0$。

3.1.2 假设条件

(1) 一个强势品牌制造商 M_1 占据博弈主导地位,零售商 r 为博弈次主导方,弱势线上制造商 M_2 为博弈地位最弱方。

(2) 线上市场需求与线下市场需求彼此相关,线上与线下市场的信息完全透明。

(3) 制造商 M_1 的 ATC 曲线服从近似下凹的二次函数，$c_1 = \alpha(K-K_0)^2 + \beta$，$\alpha > 0$，$K_0$ 为制造商 M_1 在正常生产条件下所达到的最佳生产能力，$\beta = \min(ATC) > 0$。

(4) 制造商 M_1 与 M_2 在线上市场上均采取线上直销模式。

(5) 制造商 M_2 没有线下市场的销售渠道，线下市场保持着被零售商垄断的格局。

(6) 零售商 r 的线下市场促销成本为 $f(e_r) = \dfrac{\eta}{2} e_r^2 (e_r \geqslant 0)$，且满足 $f''(e_r) = \eta$，$\eta > 0$ 且为常数。

(7) $p_2 > c_2$，$p_1 > w > c_1$。否则零售商 r 将放弃线下市场上从制造商 M_1 采购，转而到线上市场批发，这不符合本研究的基本假设。

(8) $p_r > p_1$，即线下市场的产品零售价高于线上的产品零售价，这与实际情形基本一致。

(9) $m > n > 0$，即消费者需求关于自身产品价格变化的反应，比对竞争对手产品价格变化的反应要大。

线上线下市场博弈的顺序详述如下：首先，制造商 M_1 与零售商 r 展开主从对策博弈，制造商 M_1 为博弈主方，零售商 r 为博弈从方，决定各自的销售价格、批发价格、服务水平等；然后，制造商 M_2 作为"制造商 M_1—零售商 r"的博弈从方，决定自己的线上市场直销价格。本章的研究重点在于，寻找出制造商 M_1、制造商 M_2 及零售商 r 的最优决策存在条件，及供应链协调的实现条件。继而通过数值分析深入探讨制造商 M_1 与零售商 r 的相关参数变化时，供应链各方最优决策将受何影响。

3.1.3 制造商 M_2 的利润函数

制造商 M_2 的利润函数为

$$\pi_2(p_2) = (p_2 - c_2) D_2(p_2) = (p_2 - c_2)[a_e - (m+\theta)p_2 + np_1 + \theta(p_r - v)]$$

$$\frac{\partial \pi_2(p_2)}{\partial p_2} = a_e - (m+\theta)p_2 + np_1 + \theta(p_r - v) - (m+\theta)(p_2 - c_2) = 0$$

$$\frac{\partial \pi_2^2(p_2)}{\partial p_2^2} = -2(m+\theta) < 0$$

求得

$$p_2^* = \frac{1}{2(m+\theta)}[a_e + np_1 + \theta(p_r - v) + (m+\theta)c_2] \quad (3-1)$$

$$D_2^* = (m+\theta)(p_2 - c_2)$$

$$\pi_2^* = (m+\theta)(p_2 - c_2)^2$$

由于 $\theta > 0, m > 0$ 为已知假设，故有如下定理成立：

定理 3.1 线上线下市场并存下，线下零售商 r 处于次主导地位时，线上市场的弱势线上制造商 M_2 能够实现收益最优化。

推理 3.1 弱势线上制造商 M_2 的成本越高，线上市场的综合顾客需求基数越大，制造商 M_2 的最优定价则越高。

3.1.4 零售商 r 的利润函数

零售商 r 的利润函数为

$$\begin{aligned}\pi_r(p_r, v) &= (p_r - w)D_r(p_r, v) - \eta v^2/2 \\ &= (p_r - w)[a_r - (m+2\theta)p_r + \theta(p_1 + p_2) \\ &\quad + (\mu + 2\theta)v] - \eta v^2/2 \end{aligned} \quad (3-2)$$

其中，

$$\begin{aligned}D_r(p_r, v) &= a_r - mp_r + \mu v + \theta(p_1 + v - p_r) + \theta(p_2 + v - p_r) \\ &= a_r - (m+2\theta)p_r + \theta(p_1 + p_2) + (\mu + 2\theta)v\end{aligned}$$

而根据方程（3-1）可以推出，$\dfrac{\partial p_2}{\partial p_r} = \dfrac{\theta}{2(m+\theta)}$；$\dfrac{\partial p_2}{\partial v} = -\dfrac{\theta}{2(m+\theta)}$，故由方程（3-2）进一步推得

$$\frac{\partial \pi_r(p_r, v)}{\partial p_r} = [a_r - (m+2\theta)p_r + \theta(p_1 + p_2) + (\mu + 2\theta)v]$$

$$+ (p_r - w)\Big[-(m+2\theta) + \frac{\theta^2}{2(m+\theta)}\Big]$$

$$\frac{\partial \pi_r^2(p_r, v)}{\partial p_r^2} = 2\Big[-(m+2\theta) + \frac{\theta^2}{2(m+\theta)}\Big]$$

根据函数 $\pi_r(p_r, v)$ 存在极大值的条件可知，零售商 r 存在最大收益值应满足 $-(m+2\theta) + \frac{\theta^2}{2(m+\theta)} < 0$ 恒成立。此时应满足一阶条件

$$\frac{\partial \pi_r}{\partial p_r} = 0 \qquad (3-3)$$

故可以得到

$$(p_r - w)\Big[-(m+2\theta) + \frac{\theta^2}{2(m+\theta)}\Big] + a_r - (m+2\theta)p_r$$

$$+ \theta\Big(p_1 + \frac{1}{2(m+\theta)}[a_e + np_1 + \theta(p_r - v) + (m+\theta)c_2]\Big)$$

$$+ (\mu + 2\theta)v = 0$$

化简为

$$\Big[a_r + \frac{\theta}{2(m+\theta)}[a_e + (m+\theta)c_2]\Big] + 2\Big[-(m+2\theta) + \frac{\theta^2}{2(m+\theta)}\Big]p_r$$

$$+ \theta\Big[1 + \frac{n}{2(m+\theta)}\Big]p_1 + \Big[(\mu + 2\theta) - \frac{\theta^2}{2(m+\theta)}\Big]v$$

$$- \Big[-(m+2\theta) + \frac{\theta^2}{2(m+\theta)}\Big]w = 0$$

为了便于观察和发现规律，此处令

$H' = -(m+2\theta) + \frac{\theta^2}{2(m+\theta)}$; $I' = \theta\Big[1 + \frac{n}{2(m+\theta)}\Big]$; $J' = (\mu + 2\theta) - \frac{\theta^2}{2(m+\theta)}$，则方程(3-3)变为

$$\Big[a_r + \frac{\theta}{2(m+\theta)}[a_e + (m+\theta)c_2]\Big] + 2H'p_r$$

$$+ I'p_1 + J'v - H'w = 0 \qquad (3-4)$$

下面再对变量 v 展开求导，有

$$\frac{\partial \pi_r(p_r, v)}{\partial v} = \left[(\mu + 2\theta) - \frac{\theta^2}{2(m+\theta)}\right](p_r - w) - \eta v$$

$$\frac{\partial \pi_r^2(p_r, v)}{\partial v^2} = -\eta < 0 \text{ 恒成立，据函数 } \pi_r(p_r, v) \text{ 存在极大值。此}$$

时一阶条件应满足

$$\frac{\partial \pi_r(p_r, v)}{\partial v} = \left[(\mu + 2\theta) - \frac{\theta^2}{2(m+\theta)}\right](p_r - w) - \eta v = 0$$

$$(3-5)$$

得到 $v^* = \frac{J'}{\eta}(p_r - w)$，代入方程(3-4)进一步得到

$$\left[a_r + \frac{\theta}{2(m+\theta)}\left[a_e + (m+\theta)c_2\right]\right] + 2H'p_r + I'p_1$$

$$+ \frac{J'^2}{\eta}(p_r - w) - H'w = 0$$

$$\left(2H' + \frac{J'^2}{\eta}\right)p_r = \left(H' + \frac{J'^2}{\eta}\right)w - I'p_1$$

$$- \left[a_r + \frac{\theta}{2(m+\theta)}\left[a_e + (m+\theta)c_2\right]\right]$$

化简得到

$$p_r^* = \frac{H'\eta + J'^2}{2H'\eta + J'^2}w - \frac{\eta I'}{2H'\eta + J'^2}p_1 - \frac{\eta}{2H'\eta + J'^2}$$

$$\left[a_r + \frac{\theta}{2(m+\theta)}\left[a_e + (m+\theta)c_2\right]\right]$$

进一步将其代入 $v^* = \frac{J'}{\eta}(p_r - w)$，可以得到

$$v^* = \frac{J'}{\eta}\left\{-\frac{H'}{2H' + \frac{J'^2}{\eta}}w - \frac{I'}{2H' + \frac{J'^2}{\eta}}p_1 - \frac{1}{2H' + \frac{J'^2}{\eta}}\right.$$

$$\left[a_r + \frac{\theta}{2(m+\theta)}[a_e + (m+\theta)c_2]\right]\Big\}$$

$$= -\frac{H'J'}{2H'\eta + J'^2}w - \frac{I'J'}{2H'\eta + J'^2}p_1 - \frac{J'}{2H'\eta + J'^2}$$

$$\left[a_r + \frac{\theta}{2(m+\theta)}[a_e + (m+\theta)c_2]\right]$$

故求得最优变量为

$$\begin{cases} p_r^* = \dfrac{H'\eta + J'^2}{2H'\eta + J'^2}w - \dfrac{\eta I'}{2H'\eta + J'^2}p_1 - \dfrac{\eta}{2H'\eta + J'^2} \\ \qquad \left[a_r + \dfrac{\theta}{2(m+\theta)}[a_e + (m+\theta)c_2]\right] \\ v^* = -\dfrac{J'}{2H'\eta + J'^2}\Big\{H'w + I'p_1 \\ \qquad + \left[a_r + \dfrac{\theta}{2(m+\theta)}[a_e + (m+\theta)c_2]\right]\Big\} \end{cases}$$

$$D_r^* = -(p_r - w)H'$$

$$\pi_r(p_r, v) = -(p_r - w)^2 H' - \frac{\eta}{2}\frac{J'^2}{\eta^2}(p_r - w)^2$$

$$= -\left(H' + \frac{J'^2}{2\eta}\right)(p_r - w)^2$$

且得到如下定理 3.2,

定理 3.2 线上线下市场并存下,线下零售商 r 处于次主导地位时,其实现最优决策的条件是, $H' = -(m+2\theta) + \dfrac{\theta^2}{2(m+\theta)} < 0$ 恒成立。

3.1.5 制造商 M_1 的利润函数

制造商 M_1 的利润函数为

$$\pi_1(p_1, w) = (p_1 - c_1)D_1(p_1, w) + (w - c_1)D_r(p_r, v)$$

$$= (p_1 - c_1)[a_e - (m+\theta)p_1 + np_2 + \theta(p_r - v)]$$

$$+ (w - c_1)[a_r - (m+2\theta)p_r + \theta(p_1 + p_2) + (\mu + 2\theta)v]$$

根据前文所求 p_2^*、p_r^*、v^* 的表达式

$$p_2^* = \frac{1}{2(m+\theta)}[a_e + np_1 + \theta(p_r - v) + (m+\theta)c_2]$$

$$p_r^* = \frac{H'\eta + J'^2}{2H'\eta + J'^2}w - \frac{\eta I'}{2H'\eta + J'^2}p_1$$

$$- \frac{\eta}{2H'\eta + J'^2}\left[a_r + \frac{\theta}{2(m+\theta)}[a_e + (m+\theta)c_2]\right]$$

$$v^* = -\frac{J'}{2H'\eta + J'^2}\Big\{H'w + I'p_1$$

$$+ \left[a_r + \frac{\theta}{2(m+\theta)}[a_e + (m+\theta)c_2]\right]\Big\}$$

可以得出

$$\frac{\partial p_r^*}{\partial p_1} = -\frac{\eta I'}{2H'\eta + J'^2}; \quad \frac{\partial v^*}{\partial p_1} = -\frac{I'J'}{2H'\eta + J'^2};$$

$$\frac{\partial p_2^*}{\partial p_1} = \frac{1}{2(m+\theta)}\left[n + \frac{\theta I'(J' - \eta)}{2H'\eta + J'^2}\right]$$

$$\frac{\partial p_r^*}{\partial w} = \frac{H'\eta + J'^2}{2H'\eta + J'^2}; \quad \frac{\partial v^*}{\partial w} = -\frac{H'J'}{2H'\eta + J'^2};$$

$$\frac{\partial p_2^*}{\partial w} = \frac{\theta}{2(m+\theta)} \times \frac{H'\eta + J'^2 + H'J'}{2H'\eta + J'^2}$$

对制造商 M_1 的收益函数进行寻优求导，得到一阶表达式为

$$\frac{\partial \pi_1(p_1, w)}{\partial p_1} = D_1 + (p_1 - c_1)\left(\frac{\partial D_1}{\partial p_1}\right) + (w - c_1)\left(\frac{\partial D_r}{\partial p_1}\right)$$

$$= [a_e - (m+\theta)p_1 + np_2 + \theta(p_r - v)] + (p_1 - c_1)$$

$$\left[-(m+\theta) + \frac{n}{2(m+\theta)}\left[n + \frac{\theta I'(J' - \eta)}{2H'\eta + J'^2}\right] + \frac{\theta I'(J' - \eta)}{2H'\eta + J'^2}\right]$$

$$+ (w - c_1)\left[(m + 2\theta)\frac{\eta I'}{2H'\eta + J'^2} + \theta\left(1 + \frac{1}{2(m+\theta)}\right.\right.$$

$$\left.\left.\left[n + \frac{\theta I'(J' - \eta)}{2H'\eta + J'^2}\right]\right) - (\mu + 2\theta)\frac{I'J'}{2H'\eta + J'^2}\right]$$

其中

$$\frac{\partial \pi_1(p_1, w)}{\partial p_1} = [a_e - (m+\theta)p_1 + np_2 + \theta(p_r - v)] + (p_1 - c_1)$$

$$\left[-(m+\theta) + \frac{n^2}{2(m+\theta)} + \frac{I'^2(J'-\eta)}{2H'\eta + J'^2} \right]$$

$$+ (w - c_1) \frac{H'I'\eta}{2H'\eta + J'^2} (w - c_1) \left[(m + 2\theta) \frac{\eta I'}{2H'\eta + J'^2} \right.$$

$$\left. + I' + \frac{1}{2(m+\theta)} \frac{\theta^2 I'(J' - \eta)}{2H'\eta + J'^2} - (\mu + 2\theta) \frac{I'J'}{2H'\eta + J'^2} \right]$$

$$= (w - c_1) \left[-\frac{\eta H'I'}{2H'\eta + J'^2} + I' - \frac{I'J'^2}{2H'\eta + J'^2} \right]$$

$$= (w - c_1) \frac{H'I'\eta}{2H'\eta + J'^2}$$

故令 $\frac{\partial D_1}{\partial p_1} = -(m+\theta) + \frac{n^2}{2(m+\theta)} + \frac{I'^2(J'-\eta)}{2H'\eta + J'^2} = O'$, $\frac{\partial D_r(p_r, v)}{\partial p_1} = \frac{H'I'\eta}{2H'\eta + J'^2} = U'$

二阶表达式为 $\frac{\partial \pi_1^2(p_1, w)}{\partial p_1^2} = 2\frac{\partial D_1}{\partial p_1} = 2\left[-(m+\theta) + \frac{n^2}{2(m+\theta)} + \frac{I'^2(J'-\eta)}{2H'\eta + J'^2} \right] = 2O'$

$O' < 0$ 为满足制造商 M_1 获取最优收益的必要条件之一。

$$\frac{\partial \pi_1(p_1, w)}{\partial p_1} = D_1 + (p_1 - c_1)O' + (w - c_1)U' \quad (3-6)$$

进一步地

$$\frac{\partial \pi_1(p_1, w)}{\partial w} = D_r + (p_1 - c_1)\left(\frac{\partial D_1}{\partial w}\right) + (w - c_1)\left(\frac{\partial D_r}{\partial w}\right)$$

$$= (p_1 - c_1)\left[n\frac{\theta}{2(m+\theta)} \times \frac{H'\eta + J'^2 + H'J'}{2H'\eta + J'^2} \right.$$

$$\left. + \theta\frac{H'\eta + J'^2 + H'J'}{2H'\eta + J'^2} \right] + [a_r - (m+2\theta)p_r + \theta(p_1 + p_2)$$

$$+(\mu+2\theta)v]+(w-c_1)\Big[-(m+2\theta)\frac{H'\eta+J'^2}{2H'\eta+J'^2}$$

$$+\theta\frac{\theta}{2(m+\theta)}\times\frac{H'\eta+J'^2+H'J'}{2H'\eta+J'^2}-\frac{H'J'}{2H'\eta+J'^2}$$

$$(\mu+2\theta)\Big]\frac{\partial\pi_1(p_1,w)}{\partial w}=(p_1-c_1)I'\frac{H'\eta+J'^2+H'J'}{2H'\eta+J'^2}$$

$$+[a_r-(m+2\theta)p_r+\theta(p_1+p_2)+(\mu+2\theta)v]$$

$$+(w-c_1)\Big[\frac{H'^2\eta}{2H'\eta+J'^2}\Big]$$

令 $\frac{\partial D_1(p_1,w)}{\partial w}=I'\frac{H'\eta+J'^2+H'J'}{2H'\eta+J'^2}=Q', \frac{\partial D_r}{\partial w}=\frac{H'^2\eta}{2H'\eta+J'^2}=M'$

则可以简化为

$$\frac{\partial\pi_1^2(p_1,w)}{\partial p_1\partial w}=\frac{\partial D_1(p_1,w)}{\partial w}+\frac{\partial D_r(p_r,v)}{\partial p_1}=Q'+U'=L'$$

$$\frac{\partial\pi_1(p_1,w)}{\partial w}=D_r+(p_1-c_1)Q'+(w-c_1)M' \qquad (3-7)$$

二阶表达式为 $\frac{\partial\pi_1^2(p_1,w)}{\partial w^2}=\frac{2H'^2\eta}{2H'\eta+J'^2}=2M'$

综上分析可以找出，满足制造商 M_1 获取最优收益的充分必要条件为

$$\begin{cases}\frac{\partial\pi_1^2(p_1,w)}{\partial p_1^2}=2\Big[-(m+\theta)+\frac{n^2}{2(m+\theta)}+\frac{I'^2(J'-\eta)}{2H'\eta+J'^2}\Big]<0\\ \frac{\partial\pi_1^2(p_1,w)}{\partial p_1^2}\times\frac{\partial\pi_1^2(p_1,w)}{\partial w^2}-\Big[\frac{\partial\pi_1(p_1,w)}{\partial w\partial p_1}\Big]^2>0\end{cases}$$

该充分必要条件可以简化为 $\begin{cases}O'<0\\ 4O'M'-L'^2>0\end{cases}$

定理3.3 线上线下市场并存下，线下零售商 r 处于次主导地位时，处于主导地位的强势品牌制造商 M_1 存在最优决策的条件为
$$\begin{cases}\boldsymbol{O'<0}\\ \boldsymbol{4O'M'-L'^2>0}\end{cases}°$$

下面可以通过联立方程(3-6)、(3-7),求出各项变量的最优值(如下表3-1所示)。即

表3-1 模型一的最优变量结果

p_r^*	$\dfrac{H'\eta + J'^2}{2H'\eta + J'^2}w - \dfrac{\eta I'}{2H'\eta + J'^2}p_1 - \dfrac{\eta}{2H'\eta + J'^2}\left[a_r + \dfrac{\theta}{2(m+\theta)}\left[a_e + (m+\theta)c_2\right]\right]$	p_2^*	$\dfrac{1}{2(m+\theta)}[a_e + np_1 + \theta(p_r - v) + (m+\theta)c_2]$
π_r^*	$-\left(H' + \dfrac{J'^2}{2\eta}\right)(p_r - w)^2$	π_2^*	$(m+\theta)(p_2 - c_2)^2$
v^*	$\dfrac{J'}{\eta}(p_r - w) \text{ or } -\dfrac{J'}{2H'\eta + J'^2}\left\{H'w + I'p_1 + \left[a_r + \dfrac{\theta}{2(m+\theta)}\left[a_e + (m+\theta)c_2\right]\right]\right\}$	D_2^*	$(m+\theta)(p_2 - c_2)$
D_r^*	$-(p_r - w)H'$ or $-(p_1 - c_1)O' - (w - c_1)M'$	D_1^*	$-(p_1 - c_1)O' - (w - c_1)U'$
p_1^* w^*	$\begin{cases}\dfrac{\partial \pi_1(p_1, w)}{\partial p_1} = D_1 + (p_1 - c_1)O' \\ \quad + (w - c_1)U' = 0 \\ \dfrac{\partial \pi_1(p_1, w)}{\partial w} = D_r + (p_1 - c_1)Q' \\ \quad + (w - c_1)M' = 0\end{cases}$	π_1^*	$-(p_1 - c_1)^2 O' - (p_1 - c_1)(w - c_1)L' - (w - c_1)^2 M'$
注释	$H' = -(m + 2\theta) + \dfrac{\theta^2}{2(m+\theta)}$; $I' = \theta\left[1 + \dfrac{n}{2(m+\theta)}\right]$; $J' = (\mu + 2\theta) - \dfrac{\theta^2}{2(m+\theta)}$, $\dfrac{\partial D_1}{\partial p_1} = -(m+\theta) + \dfrac{n^2}{2(m+\theta)} + \dfrac{I'^2(J' - \eta)}{2H'\eta + J'^2} = O'$, $\dfrac{\partial D_r(p_r, v)}{\partial p_1} = \dfrac{H'I'\eta}{2H'\eta + J'^2} = U'$, $\dfrac{\partial D_1(p_1, w)}{\partial w} = I'\dfrac{H'\eta + J'^2 + H'J'}{2H'\eta + J'^2} = Q'$, $\dfrac{\partial D_r}{\partial w} = \dfrac{H'^2\eta}{2H'\eta + J'^2} = M'$, $\dfrac{\partial \pi_1^2(p_1, w)}{\partial p_1 \partial w} = Q' + U' = L'$		

$$\begin{cases}\dfrac{\partial \pi_1(p_1, w)}{\partial p_1} = D_1 + (p_1 - c_1)O' + (w - c_1)U' = 0 \\ \dfrac{\partial \pi_1(p_1, w)}{\partial w} = D_r + (p_1 - c_1)Q' + (w - c_1)M' = 0\end{cases} \quad (3-8)$$

$$\begin{cases} \dfrac{\partial \pi_1(p_1, w)}{\partial p_1} = [a_e - (m+\theta)p_1 + np_2 + \theta(p_r - v)] \\ \qquad\qquad + (p_1 - c_1)O' + (w - c_1)U' = 0 \\ \dfrac{\partial \pi_1(p_1, w)}{\partial w} = (p_1 - c_1)Q' + [a_r - (m+2\theta)p_r + \theta(p_1 + p_2) \\ \qquad\qquad + (\mu + 2\theta)v] + (w - c_1)M' = 0 \end{cases}$$

求解该方程组可以得到 p_1^*、w^*，代入前面所求可以进一步得到 p_2^*、p_r^*、v^* 等，且

$$D_1^* = -(p_1 - c_1)O' - (w - c_1)U', D_r^*$$
$$= -(p_1 - c_1)Q' - (w - c_1)M'$$
$$\pi_1(p_1, w) = -(p_1 - c_1)^2 O' - (p_1 - c_1)$$
$$(w - c_1)L' - (w - c_1)^2 M'$$

3.1.6 供应链协调的实现条件

若"制造商 M_1 —零售商 r"供应链协调存在，此时根据逆向归纳法，仍然先寻找制造商 M_2 的最优决策。

$$\pi_2(p_2) = (p_2 - c_2)[a_e - (m+\theta)p_2 + np_1 + \theta(p_r - v)]$$
$$\frac{\partial \pi_2(p_2)}{\partial p_2} = a_e - (m+\theta)p_2 + np_1 + \theta(p_r - v)$$
$$\qquad - (m+\theta)(p_2 - c_2) = 0$$
$$\frac{\partial \pi_2^2(p_2)}{\partial p_2^2} = -2(m+\theta) < 0$$

得到，$p_2^* = \dfrac{1}{2(m+\theta)}[a_e + np_1 + \theta(p_r - v) + (m+\theta)c_2]$

$$(3-9)$$

且，$\dfrac{\partial p_2}{\partial p_1} = \dfrac{n}{2(m+\theta)}$；$\dfrac{\partial p_2}{\partial p_r} = \dfrac{\theta}{2(m+\theta)}$；$\dfrac{\partial p_2}{\partial v} = -\dfrac{\theta}{2(m+\theta)}$

$$\pi_2^*(p_2) = (m+\theta)(p_2 - c_2)^2, \quad D_2(p_2) = (m+\theta)(p_2 - c_2)$$

然后,寻找实现供应链协调条件下"制造商 M_1－零售商 r"供应链的最优决策,此处用 π_s 表示"制造商 M_1－零售商 r"供应链的整体收益,则

$$\pi_s = (p_1 - c_1)[a_1 - (m+\theta)p_1 + np_2 + \theta(p_r - v)]$$
$$+ (p_r - c_1)[a_r - (m+2\theta)p_r + \theta(p_1 + p_2)$$
$$+ (\mu + 2\theta)v] - \eta v^2/2$$

$$\frac{\partial \pi_s(p_1, p_r, v)}{\partial p_1} = D_1(p_1, w) + (p_1 - c_1)\Big[-(m+\theta)$$
$$+ n\frac{n}{2(m+\theta)}\Big] + (p_r - c_1)\theta\Big(1 + \frac{n}{2(m+\theta)}\Big)$$

$$\frac{\partial \pi_s^2(p_1, p_r, v)}{\partial p_1^2} = 2\Big[-(m+\theta) + n\frac{n}{2(m+\theta)}\Big]$$

对其进行寻优求导,则有

$$\frac{\partial \pi_s(p_1, p_r, v)}{\partial p_r} = (p_1 - c_1)\Big[n\frac{\theta}{2(m+\theta)} + \theta\Big] + [a_r - (m+2\theta)p_r$$
$$+ \theta(p_1 + p_2) + (\mu + 2\theta)v] + (p_r - c_1)\Big[-(m+2\theta)$$
$$+ \theta\Big[\frac{\theta}{2(m+\theta)}\Big]\Big]$$

$$\frac{\partial \pi_s^2(p_1, p_r, v)}{\partial p_r^2} = 2\Big[-(m+2\theta) + \theta\Big[\frac{\theta}{2(m+\theta)}\Big]\Big]$$

$$\frac{\partial \pi_s(p_1, p_r, v)}{\partial v} = (p_1 - c_1)\Big[-n\frac{\theta}{2(m+\theta)} - \theta\Big]$$
$$+ (p_r - c_1)\Big[-\theta\frac{\theta}{2(m+\theta)} + (\mu + 2\theta)\Big] - \eta v$$

$$\frac{\partial \pi_s^2(p_1, p_r, v)}{\partial v^2} = -\eta < 0$$

令 $\dfrac{n^2}{2(m+\theta)} - (m+\theta) = P$;$-(m+2\theta) + \dfrac{\theta^2}{2(m+\theta)} = R$

$\theta\Big(1 + \dfrac{n}{2(m+\theta)}\Big) = Q$;$-\dfrac{\theta^2}{2(m+\theta)} + (\mu + 2\theta) = S$,则供应链协调

的存在条件需满足

$$\begin{cases} \dfrac{\partial \pi_s^2(p_1, p_r, v)}{\partial p_1^2} = 2\left[-(m+\theta) + n\dfrac{n}{2(m+\theta)}\right] = 2P < 0 \\ \dfrac{\partial \pi_s^2(p_1, p_r, v)}{\partial p_r^2} = 2\left[-(m+2\theta) + \theta\left[\dfrac{\theta}{2(m+\theta)}\right]\right] = 2R < 0 \\ \dfrac{\partial \pi_s^2(p_1, p_r, v)}{\partial v^2} = -\eta < 0 \end{cases}$$

此时有

$$D_1(p_1, w) = -[(p_1-c_1)P + (p_r-c_1)Q] \quad (3-10)$$

$$D_r(p_r, v) = -[(p_1-c_1)Q + (p_r-c_1)R] \quad (3-11)$$

$$\pi_s^*(p_1, p_r, v) = -(p_1-c_1)^2\left[-(m+\theta) + n\dfrac{n}{2(m+\theta)}\right] - 2(p_1-c_1)$$

$$(p_r-c_1)\theta\left(1+\dfrac{n}{2(m+\theta)}\right) - (p_r-c_1)^2\left[-(m+2\theta)\right.$$

$$\left. + \theta\left[\dfrac{\theta}{2(m+\theta)}\right]\right] - \eta v^2/2$$

$$= -(p_1-c_1)^2 P - 2(p_1-c_1)(p_r-c_1)Q$$

$$- (p_r-c_1)^2 R - \eta v^2/2$$

联立方程(3-9)、(3-10)、(3-11)有

$$\begin{cases} p_2^* = \dfrac{1}{2(m+\theta)}[a_e + np_1 + \theta(p_r-v) + (m+\theta)c_2] \\ [a_e - (m+\theta)p_1 + np_2 + \theta(p_r-v)] + (p_1-c_1)\left[\dfrac{n^2}{2(m+\theta)}\right. \\ \left. -(m+\theta)\right] + (p_r-c_1)\theta\left(1+\dfrac{n}{2(m+\theta)}\right) = 0 \\ (p_1-c_1)\left[\dfrac{n\theta}{2(m+\theta)} + \theta\right] + [a_r - (m+2\theta)p_r + \theta(p_1+p_2) \\ + (\mu+2\theta)v] + (p_r-c_1)\left[-(m+2\theta) + \dfrac{\theta^2}{2(m+\theta)}\right] = 0 \\ (p_1-c_1)\left[-\dfrac{n\theta}{2(m+\theta)} - \theta\right] + (p_r-c_1)\left[-\dfrac{\theta^2}{2(m+\theta)} + (\mu+2\theta)\right] \\ -\eta v = 0 \end{cases}$$

进一步令

$$a_e + nc_2 + \frac{na_2}{2(m+\theta)} - (P+Q)c_1 = T;$$

$$a_r + \theta c_2 + \frac{\theta a_2}{2(m+\theta)} - (Q+R)c_1 = U$$

$$2(S+R)(Q^2+P\eta) + (2Q^2+PS)(S-2\eta) = V$$

则方程组变为

$$\begin{cases} p_2^* = \dfrac{1}{2(m+\theta)}[a_e + np_1 + \theta(p_r - v) + (m+\theta)c_2] & (1) \\ 2Pp_1 + 2Qp_r - Qv + T = 0 & (2) \\ 2Qp_1 + 2Rp_r + Sv + U = 0 & (3) \\ -Qp_1 + Sp_r - \eta v - (Q+S)c_1 = 0 & (4) \end{cases}$$

可以求得

$$\begin{cases} v_T^* = \dfrac{\{[2(Q+S)c_1 - U](2Q^2+PS) + 2(S+R)[P(Q+S)c_1 - TQ]\}}{[(S-2\eta)(2Q^2+PS) + 2(S+R)(Q^2+P\eta)]} \\ p_{rT}^* = \dfrac{\{[2(Q+S)c_1 - U](Q^2+P\eta) + [P(Q+S)c_1 - TQ](S-2\eta)\}}{[2(S+R)(Q^2+P\eta) + (2Q^2+PS)(S-2\eta)]} \\ p_{1T}^* = \dfrac{Q}{2PV}\{[2(Q+S)c_1 - U](PS - 2P\eta) \\ \qquad\quad + 2(R+2\eta)[P(Q+S)c_1 - TQ]\} - \dfrac{T}{2P} \end{cases}$$

$$(3-12)$$

定理 3.4 线上线下市场并存下,线下零售商 r 处于次主导地位时,当 $P = \left[-(m+\theta) + n\dfrac{n}{2(m+\theta)}\right] < 0, R = -(m+2\theta) + \theta\left[\dfrac{\theta}{2(m+\theta)}\right] < 0$,且 $p_r^* = p_{rT}^*, v^* = v_T^*, p_1^* = p_{1T}^*$ 能够同时成立时,存在"制造商 M_1—零售商 r"的供应链协调。

3.2 模型二：线上制造商 M_2 次主导
——不考虑促销因素

与 3.1 模型假设稍有差异的是，供应链博弈三方的从属地位发生改变，即线上市场集成性的网络品牌制造商 M_2 实力增强，转变为强势品牌制造商 M_1 的行业内博弈从方，处于次主导地位，这与淘宝平台上知名的网络自有品牌如裂帛、麦包包等发展历程相似。而由于线下市场具有延后的时滞性特点，制造商 M_1 的线下市场集成性零售商 r 地位变弱，成为制造商 M_1 与 M_2 整体的上下游博弈从方，零售商 r 处于博弈三方的最弱势地位，如图 3-2 所示。其他相关假设保持不变，包括为了获得更多的市场份额，零售商 r 可以通过提供附加服务 $v(v>0)$ 来获取竞争优势，对应的服务成本为 $\eta v^2/2$，零售价为 p_r，批发价为 w，μ 为附加零售服务的边际需求，即服务需求弹性。零售商 r 的附加服务如地点便利性、舒适的购物环境、良好的售后服务、包装等越丰富，其吸引来的消费者需求就越旺盛。供应链三方的需求函数不变，仍为

$$D_1(p_1, w) = a_e - mp_1 + np_2 + \theta(p_r - v - p_1)$$
$$D_2(p_2) = a_e - mp_2 + np_1 + \theta[(p_r - v) - p_2]$$
$$D_r(p_r, v) = a_r - mp_r + \mu v + \theta[(p_1 + v - p_r)$$
$$+ (p_2 + v - p_r)]$$

其中，参数 θ 表示线下与线上市场间的需求扩散程度，且 $\theta>0$。制造商 M_i 的单位生产成本为 $c_i(i=1,2)$，线上市场直销价格为 $p_i(i=1,2)$，且 $p_i>c_i(i=1,2)$，及 $p_1>w>c_1$。因为若 $p_1<w$，零售商 r 将放弃从线下市场采购而转向线上市场采购。参数 a_e 表示线上市场的"综合顾客需求基数"，反映该类产品对网络购物者的内在吸引力，a_r 表示线下市场顾客的内在需求，反映出该类产品在线下市场所处的发展水平。参数 m 表示顾客需求对产品价格的反应，参数 n 表示

顾客需求对竞争产品价格的反应，$m > n > 0$。

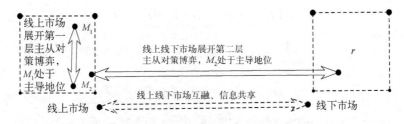

图 3-2 模型二：线上制造商 M_2 次主导下的
基本模型(不考虑促销努力因素)

线上线下市场博弈的顺序详述如下：首先，制造商 M_1 与制造商 M_2 展开主从对策博弈，制造商 M_1 为博弈主方，制造商 M_2 为博弈从方，决定各自的线上市场销售价格。然后，零售商 r 作为制造商整体的博弈从方，决定自己的服务水平与零售价格。本节的研究重点在于，寻找出制造商 M_1、制造商 M_2 及零售商 r 的最优决策存在条件，及供应链协调的实现条件，并通过数值分析深入探讨制造商 M_1 与 M_2 的生产成本变化对供应链最优决策的影响。

3.2.1 零售商 r 的利润函数

零售商 r 的利润函数为

$$\pi_r(p_r, v) = (p_r - w)D_r(p_r, v) - \eta v^2/2$$
$$= (p_r - w)[a_r - (m + 2\theta)p_r + \theta(p_1 + p_2) + (\mu + 2\theta)v] - \eta v^2/2$$

对函数求导有

$$\frac{\partial \pi_r(p_r, v)}{\partial p_r} = [a_r - (m + 2\theta)p_r + \theta(p_1 + p_2) + (\mu + 2\theta)v]$$
$$+ (p_r - w)[-(m + 2\theta)]$$

$$\frac{\partial \pi_r^2(p_r, v)}{\partial p_r^2} = -2(m + 2\theta) < 0$$

根据一阶条件

$$[a_r - (m+2\theta)p_r + \theta(p_1+p_2) + (\mu+2\theta)v]$$
$$+ (p_r - w)[-(m+2\theta)] = 0$$

求得 $p_r^* = \dfrac{1}{2(m+2\theta)}[a_r + \theta(p_1+p_2) + (\mu+2\theta)v] + w/2$

$$D_r^* = (m+2\theta)(p_r - w)$$

由于 $\theta > 0, m > 0$ 为已知假设，故有如下定理成立：

定理 3.5 线上线下市场并存下，线上市场制造商 M_2 处于次主导地位时，线下零售商 r 必定存在最优定价决策。

根据一阶条件为零，可以推得 $(\mu+2\theta)(p_r-w) - \eta v = 0$，即 $v^* = \dfrac{1}{\eta}(\mu+2\theta)(p_r - w)$

推理 3.2 线上线下市场并存下，线上市场制造商 M_2 处于次主导地位时，线下零售商 r 购销差价越大，其最优附加零售服务价值的要求则越高。

代入最优变量 p_r^*，可以得到

$$\begin{cases} p_r^* = \dfrac{1}{H}\{a_r + \theta(p_1+p_2) + [H-(m+2\theta)]w\} \\ v^* = \dfrac{(\mu+2\theta)}{\eta H}[a_r + \theta(p_1+p_2) - (m+2\theta)w] \end{cases} \quad (3-13)$$

其中，$2(m+2\theta) - \dfrac{(\mu+2\theta)^2}{\eta} = H$，变量 $p_r^* = \dfrac{\eta}{\mu+2\theta}v^* + w$，

$$\pi_r^*(p_r, v) = (m+2\theta)\left(\dfrac{\eta}{\mu+2\theta}v^*\right)^2 - \eta v^{*2}/2$$
$$= \left[\dfrac{(m+2\theta)\eta^2}{(\mu+2\theta)^2} - \dfrac{\eta}{2}\right]v^{*2}$$

进一步得到如下定理：

推理 3.3 线上线下市场并存下，线上市场制造商 M_2 处于次主导地位时，当参数满足 $H>0$ 时，线下零售商 r 的最优收益值为正值，即此时零售商 r 才有动力参与线上线下市场竞争。

3.2.2 制造商 M_2 的收益函数

对制造商 M_2 的收益函数

$$\pi_2(p_2) = (p_2 - c_2)D_2(p_2) = (p_2 - c_2)[a_2 - (m+\theta)p_2 + np_1 + \theta(p_r - v)]$$

进行求导寻优,得到

$$\frac{\partial \pi_2(p_2)}{\partial p_2} = a_2 - (m+\theta)p_2 + np_1 + \theta(p_r - v) - (m+\theta)(p_2 - c_2)$$

$$\frac{\partial \pi_2^2(p_2)}{\partial p_2^2} = -2(m+\theta) < 0$$

根据一阶条件为零,有

$$a_2 - (m+\theta)p_2 + np_1 + \theta(p_r - v) - (m+\theta)(p_2 - c_2) = 0$$

$$D_2^* = (m+\theta)(p_2 - c_2), \quad \pi_2^*(p_2) = (m+\theta)(p_2 - c_2)^2$$

将公式(3-13)代入上面方程,得到

$$p_2^* = \frac{1}{2(m+\theta)}[a_2 + np_1 + \theta(p_r - v) + c_2(m+\theta)]$$

$$= \frac{1}{2(m+\theta)}\left\{a_2 + np_1 + \frac{\eta - (\mu + 2\theta)}{\mu + 2\theta}\theta v^* + \theta w + c_2(m+\theta)\right\}$$

进一步展开并化简

$$p_2^* = \frac{1}{2(m+\theta)}\left\{a_2 + np_1 + \frac{[\eta - (\mu + 2\theta)]\theta}{\mu + 2\theta} \frac{(\mu + 2\theta)}{\eta H}[a_r + \theta(p_1 + p_2) - (m + 2\theta)w] + \theta w + c_2(m+\theta)\right\}$$

$$= \frac{1}{2(m+\theta)}\left\{a_2 + np_1 + \frac{\theta[\eta - (\mu + 2\theta)]}{\eta H}[a_r + \theta(p_1 + p_2) - (m + 2\theta)w] + \theta w + c_2(m+\theta)\right\}$$

即

$$2(m+\theta)p_2 = a_2 + \theta w + c_2(m+\theta) + \frac{\theta[\eta-(\mu+2\theta)]}{\eta H}$$

$$[a_r - (m+2\theta)w] + \left[n + \frac{\theta^2[\eta-(\mu+2\theta)]}{\eta H}\right]p_1$$

假设 $\dfrac{\theta[\eta-(\mu+2\theta)]}{\eta H} = I$,进一步得到

$$[2(m+\theta) - \theta I]p_2 = a_2 + \theta w + c_2(m+\theta)$$
$$+ I[a_r - (m+2\theta)w] + (n+\theta I)p_1$$

$$p_2^* = \frac{a_2 + c_2(m+\theta) + Ia_r}{[2(m+\theta) - \theta I]} + \frac{[\theta - (m+2\theta)I]}{[2(m+\theta) - \theta I]}w$$
$$+ \frac{(n+\theta I)}{[2(m+\theta) - \theta I]}p_1$$

此处再假设

$$\frac{n+\theta I}{2(m+\theta) - \theta I} = J; \quad \frac{\theta - (m+2\theta)I}{2(m+\theta) - \theta I} = K;$$

$$a_2 + Ia_r + c_2(m+\theta) = N,$$

$\theta K - (m+2\theta) = M$,则可以得到

$$p_2^* = Jp_1 + Kw + \frac{N}{2(m+\theta) - \theta I} \tag{3-14}$$

3.2.3 制造商 M_1 的收益函数

制造商 M_1 的收益函数为

$$\pi_1(p_1, w) = (p_1 - c_1)D_1(p_1, w) + (w - c_1)D_r(p_r, v)$$
$$= (p_1 - c_1)[a_1 - (m+\theta)p_1 + np_2 + \theta(p_r - v)]$$
$$+ (w - c_1)[a_r - (m+2\theta)p_r + \theta(p_1 + p_2)$$
$$+ (\mu + 2\theta)v]$$

根据前面公式(3-13)、(3-14)及公式 $p_r^* = \dfrac{\eta}{\mu + 2\theta}v^* + w$,首先

对变量 p_1 寻优,可以得到

$$\frac{\partial p_2}{\partial p_1} = \frac{n+\theta I}{2(m+\theta)-\theta I} = J, \quad \frac{\partial v^*}{\partial p_1} = \frac{\theta(\mu+2\theta)}{\eta H}(1+J),$$

$$\frac{\partial p_r^*}{\partial p_1} = \frac{\eta}{\mu+2\theta} \frac{\theta(\mu+2\theta)}{\eta H}(1+J) = \frac{\theta}{H}(1+J),$$

$$\frac{\partial D_r}{\partial p_1} = -\frac{\theta}{H}(m+2\theta)(1+J) + \theta(1+J) + \frac{\theta(\mu+2\theta)^2}{\eta H}(1+J)$$

$$= \frac{\theta}{H}(1+J)\left[-(m+2\theta) + H + \frac{(\mu+2\theta)^2}{\eta}\right]$$

$$= \frac{\theta}{H}(m+2\theta)(1+J)$$

$$\frac{\partial D_1}{\partial p_1} = -(m+\theta) + nJ + \theta I(1+J)$$

故可以求得

$$\frac{\partial \pi_1(p_1, w)}{\partial p_1} = [a_1 - (m+\theta)p_1 + np_2 + \theta(p_r - v)]$$

$$+ (p_1 - c_1)[-(m+\theta) + nJ + \theta I(1+J)]$$

$$+ (w - c_1)\frac{\theta}{H}(m+2\theta)(1+J)$$

$$\frac{\partial \pi_1^2(p_1, w)}{\partial p_1^2} = 2[-(m+\theta) + nJ + \theta I(1+J)]$$

$$D_1^* = -(p_1 - c_1)[-(m+\theta) + nJ + \theta I(1+J)]$$

$$- (w - c_1)\frac{\theta}{H}(m+2\theta)(1+J)$$

再对变量 w 进行寻优求导,同理可以得到

$$\frac{\partial p_2}{\partial w} = K, \quad \frac{\partial v^*}{\partial w} = \frac{(\mu+2\theta)}{\eta H}[\theta K - (m+2\theta)] = \frac{(\mu+2\theta)}{\eta H}M$$

$$\frac{\partial p_r}{\partial w} = \frac{\eta}{\mu+2\theta}\frac{(\mu+2\theta)}{\eta H}[\theta K-(m+2\theta)]+1$$

$$=\frac{1}{H}[\theta K-(m+2\theta)]+1=\frac{M}{H}+1$$

$$\frac{\partial D_r^*}{\partial w}=(m+2\theta)\left(\frac{M}{H}+1-1\right)=\frac{M}{H}(m+2\theta)$$

$$\frac{\partial D_1}{\partial w}=\frac{[a_1-(m+\theta)p_1+np_2+\theta(p_r-v)]}{\partial w}$$

$$=n\frac{\partial p_2}{\partial w}+\theta\frac{\partial(p_r-v)}{\partial w}$$

$$=nK+\left[\frac{M}{H}+1-\frac{(\mu+2\theta)}{\eta H}M\right]\theta=nK+IM+\theta$$

故有

$$\frac{\partial \pi_1(p_1,w)}{\partial w}=(p_1-c_1)(nK+IM+\theta)+[a_r-(m+2\theta)p_r$$

$$+\theta(p_1+p_2)+(\mu+2\theta)v]$$

$$+(w-c_1)\frac{M}{H}(m+2\theta)$$

$$\frac{\partial \pi_1^2(p_1,w)}{\partial w^2}=2M\frac{(m+2\theta)}{H}$$

$$\frac{\partial \pi_1^2(p_1,w)}{\partial p_1 \partial w}=\frac{\partial D_1(p_1,w)}{\partial w}+\frac{\partial D_r(p_r,v)}{\partial p_1}$$

$$=(nK+IM+\theta)+\frac{\theta}{H}(m+2\theta)(1+J)$$

假设 $nJ-(m+\theta)+\theta I(1+J)=O$, $(nK+IM+\theta)+\frac{\theta(m+2\theta)(1+J)}{H}=L$,

则 $\frac{\partial \pi_1^2(p_1,w)}{\partial p_1^2}=2[-(m+\theta)+nJ+\theta I(1+J)]=2O$

$$\frac{\partial \pi_1^2(p_1,w)}{\partial p_1 \partial w}=(nK+IM+\theta)+\frac{\theta}{H}(m+2\theta)(1+J)=L$$

根据制造商 M_1 的收益函数存在极值的条件,需要满足

$$\frac{\partial \pi_1(p_1, w)}{\partial p_1} = [a_1 - (m+\theta)p_1 + np_2 + \theta(p_r - v)]$$
$$+ (p_1 - c_1)[-(m+\theta) + nJ + \theta I(1+J)]$$
$$+ (w - c_1)\frac{\theta(m+2\theta)(1+J)}{H} = 0$$

即

$$[-2(m+\theta) + 2nJ + 2\theta I(1+J)]p_1 + \Big\{(nK + IM + \theta)$$
$$+ \frac{\theta(m+2\theta)(1+J)}{H}\Big\}w + a_1 + Ia_r + JN - \Big[-(m+\theta)$$
$$+ nJ + \theta I(1+J) + \frac{\theta(m+2\theta)(1+J)}{H}\Big]c_1 = 0 \quad (3-15)$$

及

$$\frac{\partial \pi_1(p_1, w)}{\partial w} = (p_1 - c_1)[nK + IM + \theta]$$
$$+ [a_r - (m+2\theta)p_r + \theta(p_1 + p_2)$$
$$+ (\mu + 2\theta)v] + (w - c_1)\frac{(m+2\theta)}{H}M = 0$$
$$(3-16)$$

收益函数方程可以进一步表述为

$$\pi_1(p_1, w) = (p_1 - c_1)D_1(p_1, w) + (w - c_1)D_r(p_r, v)$$
$$= -(p_1 - c_1)^2[-(m+\theta) + nJ + \theta I(1+J)]$$
$$-(p_1 - c_1)(w - c_1)L - (w - c_1)^2\frac{(m+2\theta)}{H}M$$

且

$$D_1^* = -(p_1 - c_1)O - (w - c_1)\frac{\theta}{H}(m+2\theta)(1+J)$$

$$D_r^* = -(p_1 - c_1)(nK + IM + \theta) - (w - c_1)\frac{M}{H}(m+2\theta)$$

化简并联立方程(3-15)、(3-16)有,

$$\begin{cases} \left\{\dfrac{H(nK+IM+\theta)}{(m+2\theta)}+\theta(1+J)\right\}p_1+2Mw+a_r+\theta\dfrac{N}{2(m+\theta)-\theta I} \\ \quad -\left\{\dfrac{H}{(m+2\theta)}(nK+IM+\theta)+M\right\}c_1=0 \\ 2[-(m+\theta)+nJ+\theta I(1+J)]p_1+\left\{(nK+IM+\theta)\right. \\ \quad \left.+\dfrac{\theta(m+2\theta)(1+J)}{H}\right\}w+a_1+Ia_r+JN \\ \quad -\left[nJ-(m+\theta)+\theta I(1+J)+\dfrac{\theta(m+2\theta)(1+J)}{H}\right]c_1=0 \end{cases}$$

求得

$$p_1^*=\dfrac{\left\{L\left\{\dfrac{H}{(m+2\theta)}(nK+IM+\theta)+M\right\}-2M\left[O+\dfrac{\theta(m+2\theta)(1+J)}{H}\right]\right\}c_1}{\dfrac{H}{(m+2\theta)}L^2-4OM}$$

各最优变量结果详见下表3-2所示。

表3-2 模型二的最优变量结果

p_r^*	$\dfrac{1}{H}\left[a_r+\dfrac{N\theta}{2(m+\theta)-\theta I}\right]+\dfrac{M+H}{HL}\left[Oc_1+\dfrac{\theta(m+2\theta)(1+J)}{H}c_1-(a_1+Ia_r+JN)\right]+\left[\dfrac{\theta(1+J)}{H}-2\dfrac{O}{L}\left(\dfrac{M}{H}+1\right)\right]p_1^*$	v^*	$\dfrac{(\mu+2\theta)}{\eta H}\dfrac{M}{L}\left[Oc_1+\dfrac{\theta(m+2\theta)(1+J)}{H}c_1-(a_1+Ia_r+JN)\right]+\dfrac{(\mu+2\theta)}{\eta H}\left(a_r+\dfrac{N\theta}{2(m+\theta)-\theta I}\right)+\dfrac{(\mu+2\theta)}{\eta H}\left[\theta(1+J)-2\dfrac{OM}{L}p_1^*\right]$
π_r^*	$\left[\dfrac{(m+2\theta)\eta^2}{(\mu+2\theta)^2}-\dfrac{\eta}{2}\right]v^{*2}$	π_2^*	$(m+\theta)(p_2-c_2)^2$

续 表

p_2^*	$\left(J - 2\dfrac{OK}{L}\right)p_1^* + \dfrac{K}{L}\left[Oc_1 + \dfrac{\theta(m+2\theta)(1+J)}{H}c_1 - (a_1 + Ia_r + JN)\right] + \dfrac{N}{2(m+\theta) - \theta I}$	D_2^*	$(m+\theta)(p_2 - c_2)$
D_r^*	$-(p_1 - c_1)(nK + IM + \theta) - (w - c_1)\dfrac{M}{H}(m + 2\theta)$	D_1^*	$-(p_1 - c_1)O - (w - c_1)\dfrac{\theta}{H}(m + 2\theta)(1 + J)$
w^*	$\left\{\left[Oc_1 + \dfrac{\theta(m+2\theta)(1+J)}{H}c_1 - (a_1 + Ia_r + JN)\right]\middle/L\right\} - 2\dfrac{O}{L}p_1^*$	π_1^*	$-\left(p_1^* - c_1\right)^2 O - \left(p_1^* - c_1\right)\left(w^* - c_1\right)L - \left(w^* - c_1\right)^2\dfrac{(m+2\theta)M}{H}$
p_1^*	$\left\{\left[\dfrac{LH}{(m+2\theta)}(nK + IM + \theta) + LM - 2MO - \dfrac{2M\theta(m+2\theta)(1+J)}{H}\right]c_1 + 2M(a_1 + Ia_r + JN) - L\left(a_r + \dfrac{\theta N}{2(m+\theta) - \theta I}\right)\right\}\middle/\left[\dfrac{H}{(m+2\theta)}L^2 - 4OM\right]$		
注释	$\dfrac{\theta[\eta - (\mu + 2\theta)]}{\eta H} = I;\ 2(m + 2\theta) - \dfrac{(\mu + 2\theta)^2}{\eta} = H;\ \dfrac{n + \theta I}{2(m+\theta) - \theta I} = J;$ $\dfrac{\theta - (m + 2\theta)I}{2(m+\theta) - \theta I} = K;\ \theta K - (m + 2\theta) = M;\ \dfrac{\partial \pi_1^2(p_1, w)}{\partial p_1 \partial w} = (nK + IM + \theta) + \dfrac{\theta(m+2\theta)(1+J)}{H} = L$ $a_2 + Ia_r + c_2(m+\theta) = N,\ \dfrac{\partial D_1}{\partial p_1} = -(m+\theta) + nJ + \theta I(1+J) = O,\ \dfrac{\partial D_1}{\partial w} = nK + IM + \theta,\ \dfrac{\partial D_r}{\partial p_1} = \dfrac{\theta}{H}(m+2\theta)(1+J),\ \dfrac{\partial D_r}{\partial w} = \dfrac{M}{H}(m+2\theta)$		

得到如下定理:

定理 3.6 线上线下市场并存下,线上市场制造商 M_2 处于次主导地位时,线下市场强势制造商 M_1 存在最优决策的条件是

$$\begin{cases} O < 0 \\ \dfrac{4QM(m+2\theta)}{H} - L^2 > 0 \end{cases}°$$

推理 3.4 线上线下市场并存下,线上市场制造商 M_2 处于次主导地位时,当满足批发价格高于生产成本的条件时,线下市场强势制造商 M_1 才可能在线下市场展开销售。

3.2.4 供应链协调的实现条件

若"制造商 M_1—零售商 r"供应链协调存在,此时根据逆向归纳法,仍然先寻找制造商 M_2 的最优决策。寻找过程及模型分析与 3.1.6 相同,此处不再赘述。

3.3 本章结语:线上线下市场竞争与冲突的解决方向

本章暂不考虑线上线下市场促销因素的影响,借助博弈论工具构建出线下市场强势品牌制造商 M_1 及其集成性零售商 r 和线上市场弱势线上制造商 M_2 之间的供应链竞争模型,并根据纯线上制造商 M_2 供应链地位的逐步提升,构建出其处于"竞争地位最弱时"、"竞争次主导地位时"两种情形下的博弈模型,分析得出各项最优变量结果。下一章会对本章构建起的模型进行数值模拟及比较研究,这里重点从实践角度探索本章模型中供应链三方成员竞争与冲突的解决方向。

目前我国线上线下市场的冲突根源,在于线上线下之间没有协调统一起来,各自明确定位,充分释放出各自的优势。对于纯线上企业来讲,由于具有无店铺成本、服务人员少等线下企业无法抗衡的成本优势,故其价格优势极高。同时,由于线上市场不受时间、空间等特征的影响,若上游制造企业再对不同地区、级别的经销商进行差别对待,并

给予不同销售定价策略的话,线下市场的传统经销商及零售商将会受到很大冲击。总之,线上市场的优势在于信息全面、消费便利,能够顺应当今不断加快的生活节奏,且线上市场产品价格相对更低。

然而,线下市场的竞争优势也很突出,不可忽视。比如线下市场允许顾客现场获得真实的消费体验等,譬如鞋服行业里,店员提供的有效服务与沟通,如鞋码与脚型的匹配等"一对一"服务,为顾客提供了附加价值。线下市场的具体优势体现在:

(1) 资金优势。传统线下企业较新型的线上企业更为理性,很多传统企业仍然持有充足的现金流静观线上市场的激烈竞争,如"百团大战"等。

(2) 供应链优势。很多知名品牌的传统企业已在供应链领域积累了丰富的实战经验,其线下市场的信息化程度亦很高,能够在技术上很快实现或达到与新的线上市场信息系统无缝连接,其成熟的供应链运营系统能够成为其在线上市场运营的强大后盾,投入线上市场对其而言只是时机问题。

(3) 产品优势。部分区域如长三角、珠三角等,传统线下制造企业相对集中,且已经形成了产业集群,不仅资源丰富且部分企业的线上商店属于自产自销,产品具有独特优势,质量也相对更有保障,长期而言在价格和服务等方面将比线上市场的纯制造商更具有竞争力。

(4) 品牌优势。线下的传统企业不乏知名品牌,且已经在线下市场形成了自有品牌,这种多年努力得到的有利竞争地位,线上企业短时间内一般是难以超越的。

此外,还有门店、管理水平、对消费者心理了解程度、与地方政府的关系等优势。

寻找线上线下市场冲突的解决途径,可以参照电子商务发展比较成熟的美国市场。以消费者体验要求较高的鞋服行业为例,电子商务在美国发展已经高度成熟,如 Boston Store、Banana Republic、LOFT、Ann taylor、Soma 等综合性商场以及专卖店,其线上线下市场的结合已经非常成熟,渠道冲突问题几乎没有。

首先,从资金流走向来讲,线上线下市场共用一个订单销售信息系统,如 Boston Store、Banana Republic、LOFT 等均可以实现线上商店购物,线下门店退还,且通过电脑销售信息系统退款,现场退还到消费者的信用卡(或借记卡)里。

其次,从产品细分类别分配上,Boston Store、Banana Republic、LOFT 等有一套成熟的运作策略体现出线上线下市场的差异化,如部分产品仅限于线上市场销售,线下门店没有该类产品;部分种类产品率先在线上市场销售,线下门店推迟一段时间再销售;部分产品仅限于线下门店销售,线上直营店不提供等等。同时,上述综合性商场或专卖店还采取差异化的促销策略等,进一步强化线下线上消费的差异,如仅限于线下门店的限时折扣优惠;仅限于线上直营店的限时返利优惠;线上线下门店的限时优惠策略错开时间差,或者同时进行等。

再次,为了与其他同行巨头抗衡,很多以专卖连锁店形式经营的品牌均形成抱团竞争的形式,如 Banana Republic、GAP、ATHLETA、PIPERLIME 等品牌,其线上直营店已经可以实现多家品牌产品的统一下单,Banana Republic 信用卡可以购买其他品牌产品,且积分及优惠活动在各个品牌间是共享的。

最后,线上线下门店之间的冲突得以避免的根本原因,在于无论是线上或线下门店,是一个统一的整体,线上或线下销售只是两种盈利模式,故实现了线上线下的协调统一,充分发挥了各自的竞争优势。

目前中国企业在"实现了线上线下协调统一"方面还需要加大努力。国内许多制造企业已经意识到线上线下市场的差异化、协调统一等重要性,如宝洁的线上市场不销售线下的美容产品,而是销售全新产品,且其产品也不会通过线下门店来销售;或者,通过对线上产品采取命名、型号、颜色等差异化处理,避免消费者对产品进行线上线下产品的价格、特性、品牌等方面比较。然而,"线上市场不销售线下产品"的策略虽在一定程度上绕开并缓解了线上线下的市场冲突,但将线上市场与线下的产品型号等完全差异化,并没有充分利用起线上线下的互补性特点,反而容易引发消费者的不满和抗拒心理,导致潜在顾客流失。"线上市场不销售线下产品"策略并不是最佳策略,事实上以美国为例,绝大多数线上线下市场并行运营的企业均不采取这种策略,部分企业如 Ann taylor 等会选择对部分产品定位为"online exclusive"，大部分产品还是会线上线下并行销售。

中国的电子商务发展模式注定要走出一条属于自己的路，国外发展电子商务的经验无法完全照搬。国外电商 Top 10 排行榜中多数来自传统企业，而中国电商 Top 10 排名中却几乎全部是纯电商企业，这使得美国等发达国家的电商运营技巧与策略无法被中国的传统制造商照搬借鉴来。具体来讲，中国的传统制造商进军线上市场需要克服的关键问题有：

首先，需要转变意识。转型线上市场导致部分传统制造商无法合理控制投入产出比例，而大量的广告费用也使得其心存顾虑。

其次，线上产品定位不明。进军线上市场意味着需要面临很多抉择，如电商平台的定位、线上产品的定位、上线时机的定位等，需要处理好线上线下产品的差异化与互补性难题。

再次，缺乏成熟的电子商务人才团队，以及线上市场的营销策划及推广经验。借力经验丰富、技术实力雄厚、能满足企业个性化需求的第三方电子商务平台，达到投入产出时间短、投资收益高等目标，从而降低传统制造商的电子商务运作成本，将是一个不错选择，美国的专业第三方电子商务平台建设已经很成熟，见图 1-2。

最后，需要解决好线上线下的产品定价冲突、流量与销量的策略处理等运营问题。

第四章 线上线下竞争优化基本模型的模拟分析

——不考虑促销因素

4.1 模型一的数值模拟分析

探究模型一的内在规律,需要对部分参数进行赋值,以简化复杂的变量表达式,来清晰辨明相关决策变量的变化规律及供应链协调的存在性问题,找出内在的管理启示。通过对参数赋值,重点研究强势制造商 M_1 的生产成本 c_1、零售商 r 服务成本系数 η 的变化对最优决策的影响。

令 $a_e = 400$, $a_r = 300$, $m = 19$, $n = 10$, $\mu = 4$, $\theta = 3$, $\eta = 5.5$, $c_1 = 3$, $c_2 = 2$,可以得到,$H' = -24.795 < 0$, $O' = -20.057 < 0$, $4O'M' - L'^2 = 1458.04 > 0$,满足模型一的各项定理。此时有 $p_1^* = 11.108$, $w^* = 10.837$, $p_2^* = 13.185$, $v^* = 5.677$, $p_r^* = 14.025$, $\pi_r^*(p_r, v) = 102.008$, $\pi_2^*(p_2) = 2752.11$, $\pi_1^*(p_1, w) = 3153.25$。该数据满足模型一的相关假设条件,即 $c_1 < w^* < p_1^*$, $p_2^* > c_2$, $v^* > 0$,并揭示出当零售商 r 服务成本系数 η 较高时,线下零售商 r 的最优附加服务价值不宜过高,且其最优收益远远低于制造商 M_1 或 M_2 的最优收益。根本原因在于该类产品的生产成本较低而零售商 r 的批发价格过大,该产品的行业利润率过高,因此会有更多的制造商通过线上直销或参与线下市场等形式来分享产品的行业市场份额。相对应

地,零售商 r 的次主导地位意义不大,零售商 r 面临生存困境,亟待与制造商 M_1 进行协调沟通,以改善不利的局面。进一步地,我们发现在此参数赋值条件下,"制造商 M_1—零售商 r"的供应链协调不存在。

在上述参数赋值条件下,三方收益函数随着生产成本 c_1、零售商 r 服务成本系数 η 的变化而体现出来各种内在规律,下面致力于寻找出规律背后的管理启示,如下图4-1、图4-2、图4-3所示。

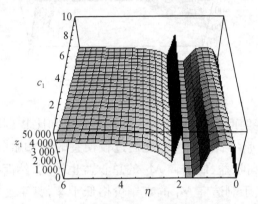

图4-1 模型一下制造商 M_1 的收益函数变化规律

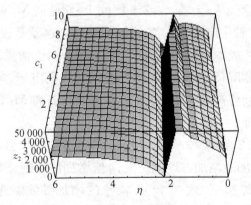

图4-2 模型一下制造商 M_2 的收益函数变化规律

观察图4-1至图4-3我们发现,线上线下市场并存下,供应链三方企业的收益函数随着生产成本 c_1 的变化不太剧烈,呈单调递增或递

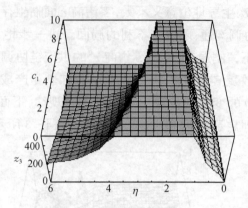

图4-3 模型一下零售商 r 的收益函数变化规律

减趋势,而随零售商 r 服务成本系数 η 的变化则比较剧烈。其背后原因在于较小的 η 值(比如 $\eta \approx 2$)能通过较便宜的附加服务价值,使得零售商 r 获得较高收益,制造商 M_1 的总收益也较高,然而事实上这种情形无法发生,由于制造商 M_1 的直销价格低于零,甚至连模型存在最优决策的条件都无法满足,故实际情形是 η 值应该较高,如 $\eta \geqslant 2.5$ 的区间。

进一步观察图4-1,在 $\eta \geqslant 2.5$ 区间上,制造商 M_1 的收益随着 η 值增加而增加,随着生产成本 c_1 的增加而降低。这就是说,η 值增加将导致零售商 r 服务成本系数过高,提供附加服务的价值过高,零售商 r 的销售积极性急剧降低,消费者群体大量转向线上市场,制造商 M_1 的收益随着上升。而生产成本 c_1 的增加将使得制造商 M_1 的总成本增加,导致总收益下降。

观察图4-2,在 $\eta \geqslant 2.5$ 区间上,制造商 M_2 的收益均随着 η 值、生产成本 c_1 的增加而增加。这就是说,η 值增加使得制造商 M_2 收益增加的原因与制造商 M_1 一致;生产成本 c_1 的增加导致制造商 M_1 在线上市场竞争力下降,网购消费者群体转向制造商 M_2,从而使得制造商 M_2 的收益上升。

观察图4-3,在 $\eta \geqslant 2.5$ 区间上,零售商 r 随服务成本系数 η 增加单调递减的原因很简单,较高的附加服务价值将降低零售商 r 的总收益;

零售商 r 随着生产成本 c_1 增加而单调递减的原因,是由于上游制造商 M_1 成本上升波及下游的缘故,成本上涨导致采购价格上涨,最终降低了零售商 r 的总收益。

4.2 模型二的数值模拟分析

为洞悉变量的内在变化规律及供应链协调的存在性问题,本节同理对部分参数进行赋值,重点研究两个制造商的生产成本 c_1、c_2 的变化对最优决策的影响。令 $a_e = 400$, $a_r = 300$, $m = 19$, $n = 10$, $\mu = 4$, $\theta = 3$, $\eta = 2.1$,根据 $c_1 < w^* < p_1^*$, $p_2^* > c_2$, $v^* > 0$ 求得生产成本 c_1、c_2 的存在条件。若 $c_1 = c_2$,则 $7.1 < c_1 = c_2 < 11.412$。具体分析过程如下:

第一,根据相关参数赋值,可以求得

$$2(m+2\theta) - \frac{(\mu+2\theta)^2}{\eta} = H = 2.381;$$

$$\frac{\theta[\eta - (\mu + 2\theta)]}{\eta H} = I = -4.74;$$

$$\frac{n + \theta I}{2(m+\theta) - \theta I} = J = -0.072;$$

$$\frac{\theta - (m + 2\theta)I}{2(m+\theta) - \theta I} = K = 2.087;$$

$$\theta K - (m + 2\theta) = M = -18.739;$$

$$(nK + IM + \theta) + \frac{\theta(m+2\theta)(1+J)}{H} = L = 112.693 + 29.231$$

$$= 141.924$$

$$a_2 + Ia_r + c_2(m+\theta) = N = 400 - 4.74 \times 300 + c_2 \times 22$$

$$= 22c_2 - 1\,022 = -876.8$$

$$nJ - (m+\theta) + \theta I(1+J) = O = -35.916 < 0$$

$$2O \times 2M \frac{(m+2\theta)}{H} - L^2 = 8\,124.27 > 0$$

第二,将上面的相关变量值代入 p_1^*,可以得到

$$p_1^* = \left[\frac{LH}{(m+2\theta)}(nK+IM+\theta)+LM-2MO\right.$$
$$\left.-\frac{2M\theta(m+2\theta)(1+J)}{H}\right]c_1 \Big/ \left[\frac{H}{(m+2\theta)}L^2-4OM\right]$$
$$+\left[2M(a_1+Ia_r+JN)-L\left(a_r+\frac{\theta N}{2(m+\theta)-\theta I}\right)\right]$$
$$\Big/ \left[\frac{H}{(m+2\theta)}L^2-4OM\right]$$

$$p_1^* = \{-1\,386.81c_1+59.365c_2+35\,544.735$$
$$-141.924(246.856+1.144c_2)\}/(-773.755)$$
$$=1.792c_1+0.133c_2-0.659$$

第三,将上面的相关变量值代入 w^*,为

$$w^* = \left\{\left[Oc_1+\frac{\theta(m+2\theta)(1+J)}{H}c_1-(a_1+Ia_r+JN)\right]\Big/L\right\}-2\frac{O}{L}p_1^*$$
$$=\{[-35.916c_1+29.231c_1-(-948.416-1.584c_2)]/141.924\}$$
$$+2\frac{35.916}{141.924}(1.792c_1+0.133c_2-0.659)$$
$$=(948.416-6.685c_1+1.584c_2)/141.924$$
$$+0.506(1.792c_1+0.133c_2-0.659)$$
$$=6.349+0.86c_1+0.078c_2$$

第四,将上面的相关变量值代入 p_2^*,为

$$p_2^* = \left(J-2\frac{OK}{L}\right)p_1^* + \frac{K}{L}\left[Oc_1+\frac{\theta(m+2\theta)(1+J)}{H}c_1\right.$$
$$\left.-(a_1+Ia_r+JN)\right]+\frac{N}{2(m+\theta)-\theta I}$$
$$=\left(-0.072+2\frac{35.916\times2.087}{141.924}\right)\times\left(1.792c_1+0.133c_2\right.$$
$$\left.-0.659\right)+\frac{2.087}{141.924}\left[-35.916c_1+\frac{3\times25(1-0.072)}{2.381}c_1\right.$$

$$-(-948.416-1.584c_2)\Big)\Big]+\frac{22c_2-1\,022}{58.22}$$

$$=0.984(1.792c_1+0.133c_2-0.659)+0.015$$

$$(-6.685c_1+948.416+1.584c_2)+0.378c_2-17.554$$

$$=1.663c_1+0.533c_2-3.976$$

第五,将上面的相关变量值代入 v^* ,为

$$v^*=\frac{(\mu+2\theta)}{\eta H}\Big\{a_r+\frac{N\theta}{2(m+\theta)-\theta I}+\frac{M}{L}\Big[Oc_1+\frac{\theta(m+2\theta)(1+J)}{H}c_1$$

$$-(a_1+Ia_r+JN)\Big]\Big\}+\frac{(\mu+2\theta)}{\eta H}\Big[\theta(1+J)-2\frac{OM}{L}\Big]p_1^*$$

$$=\frac{10}{2.1\times 2.381}\Big[300+\frac{(22c_2-1\,022)\times 3}{58.22}-0.132(-6.685c_1$$

$$+948.416+1.584c_2)\Big]+\frac{10}{2.1\times 2.381}\Big[3(1-0.072)$$

$$-2\frac{-35.916\times(-18.739)}{141.924}\Big]\times(1.792c_1+0.133c_2-0.659)$$

$$=2\times[300+1.134c_2-52.662+0.883c_1-125.191-0.209c_2]$$

$$-13.4\times(1.792c_1+0.133c_2-0.659)$$

$$=2\times[122.147+0.925c_2+0.883c_1]-13.4$$

$$\times(1.792c_1+0.133c_2-0.659)$$

$$=253.125+0.068c_2-22.247c_1$$

第六,将上面的相关变量值代入 p_r^* ,为

$$p_r^*=\frac{1}{H}\Big[a_r+\frac{N\theta}{2(m+\theta)-\theta I}\Big]+\frac{M+H}{HL}\Big[Oc_1+\frac{\theta(m+2\theta)(1+J)}{H}c_1$$

$$-(a_1+Ia_r+JN)\Big]+\Big[\frac{\theta(1+J)}{H}-2\frac{O}{L}\Big(\frac{M}{H}+1\Big)\Big]p_1^*$$

$$=\frac{1}{2.381}\Big[300+\frac{(22c_2-1\,022)\times 3}{58.22}\Big]+\frac{-18.739+2.381}{2.381\times 141.924}$$

$$\times (-6.685c_1 + 948.416 + 1.584c_2) + \left[\frac{3(1-0.072)}{2.381}\right.$$

$$\left. -2\frac{35.916}{141.924}\left(\frac{-18.739}{2.381} + 1\right)\right] \times (1.792c_1 + 0.133c_2 - 0.659)$$

$$= 0.42[1.134c_2 + 247.338] - 0.048 \times (-6.685c_1$$

$$+ 948.416 + 1.584c_2) - 2.308 \times (1.792c_1 + 0.133c_2 - 0.659)$$

$$= 59.879 - 0.093c_2 - 3.815c_1$$

第七,对各项最优变量值进行汇总,得到

$$a_1 = a_2 = 400, a_r = 300, c_1 = c_2 = 8,$$

$$m = 19, n = 10, \mu = 4, \theta = 3, \eta = 2.1$$

$$p_1^* = 1.792c_1 + 0.133c_2 - 0.659 = 14.741$$

$$w^* = 6.349 + 0.86c_1 + 0.078c_2 = 13.853$$

$$p_2^* = 1.663c_1 + 0.533c_2 - 3.976 = 13.592$$

$$v^* = 253.125 + 0.068c_2 - 22.247c_1 = 75.693$$

$$p_r^* = 59.879 - 0.093c_2 - 3.815c_1 = 28.615$$

第八,根据条件 $c_1 < w^* < p_1^*$,有

$$c_1 < 6.349 + 0.86c_1 + 0.078c_2 < 1.792c_1 + 0.133c_2 - 0.659$$

首先,求解 $c_1 < 6.349 + 0.86c_1 + 0.078c_2$,得到 $0.14c_1 - 0.078\delta c_1 < 6.349$

假设 $\delta = 1$,则可以得到 $c_1 < 102.403$。

其次,求解 $6.349 + 0.86c_1 + 0.078c_2 < 1.792c_1 + 0.133c_2 - 0.659$,得到

$0.932c_1 + 0.055\delta c_1 > 7.008$,若 $\delta = 1$,则可以得到 $c_1 > 7.1$。

第九,根据条件 $p_2^* > c_2$,有 $1.663c_1 - 0.467\delta c_1 > 3.976$,假设 $\delta = 1$,则有 $c_1 > 3.324$。

第十,还需满足条件 $v^* = 253.125 + 0.068c_2 - 22.247c_1 > 0$,即 $22.247c_1 - 0.068\delta c_1 < 253.125$,假设 $\delta = 1$,则可以得到 $c_1 < 11.412$。

第十一，还需满足 $p_r^* = 59.879 - 0.093c_2 - 3.815c_1 > 0$，即 $0.093c_1 + 3.815c_1 < 59.879$，假设 $\delta = 1$，则可以得到 $c_1 < 15.322$。故综合上面的第八至第十一项，可以得出当 $\delta = 1$ 时，c_1 取值范围为 $7.1 < c_1 < 11.412$。

进一步地，令 $c_1 = c_2 = 8$，有 $p_1^* = 14.828$，$w^* = 13.649$，$p_2^* = 12.871$，$v^* = 83.720$，$p_r^* = 29.494$，$\pi_r^*(p_r, v) = 367.970$，$\pi_2^*(p_2) = 521.947$，$\pi_1^*(p_1, w) = 6\,825.59$。在此参数赋值条件下，"制造商 M_1—零售商 r"的供应链协调不存在。下面深入研究在上述参数赋值条件下，三方收益函数随着生产成本 c_1、c_2 的变化而体现出来的规律。如下图 4-4、图 4-5、图 4-6 所示。

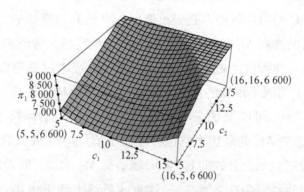

图 4-4　模型二下制造商 M_1 的收益函数变化规律

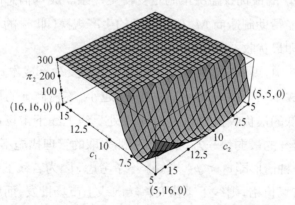

图 4-5　模型二下制造商 M_2 的收益函数变化规律

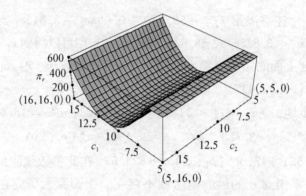

图 4-6 模型二下零售商 r 的收益函数变化规律

观察图 4-4 可以发现,在制造商 M_2 的生产成本 c_2 不变时,如 $c_2=5$,制造商 M_1 的最优收益存在极小值($c_1 \approx 8$ 处),这意味着并非生产成本 c_1 越低,制造商 M_1 的最优收益就越高。其背后的管理启示是,制造商 M_1 应该合理控制生产成本,防止出现生产成本过低导致供给量激增,加之线上与线下市场的竞争交互影响,从而使其总收益不升反降。

图 4-5 中,可以发现在制造商 M_1 生产成本 c_1 保持不变时,如 $c_1=5$,制造商 M_2 的最优收益也存在极小值($c_2 \approx 8$ 处),这与图 4-4 有相同的管理启示。且并非 c_1 越小,制造商 M_2 的最优收益就越高,其最低的最优收益发生在 $c_1 \approx 7$ 处,这意味着线上线下市场竞争模式使得制造商 M_2 的最优收益决策制定变得更复杂。成本信息的透明变得至关重要,能帮助制造商 M_2 确定合理的生产规模(即 c_2 的大小),避免出现撞车,即最优收益最低情形的出现。

图 4-6 中,可以发现零售商 r 的最优收益受生产成本 c_2 的影响较小,受生产成本 c_1 的影响较大。并非 c_1 越小,零售商 r 的最优收益就越高,其最低的最优收益发生在 $c_1 \approx 11$ 处。线上线下市场竞争模式下做为三方博弈的最弱势一方,零售商 r 能采取的管理措施不多。

还有一种情形即 $c_1 < p_1^* \leqslant w^*$ 不予考虑,因为若线下市场批发价高于线上市场价格,则线下零售商将转向线上市场批发,而放弃从制造商 M_1 处直接批发。

4.3 模型一与模型二的渠道扩散效应比较

鉴于模型一与模型二的混合博弈结果均较为复杂,为了更深入地认识线下与线上市场的渠道扩散效应即参数 θ 的变化规律,设 $a_e = 400$, $a_r = 300$, $m = 19$, $n = 10$, $\mu = 4$, $\theta = 3$, $\eta = 5.5$ 及 $c_1 = 3$, $c_2 = 2$ 来分析。

4.3.1 模型一的渠道扩散效应

观察表 4-1 发现,随着渠道扩散效应的逐渐增大,线上市场上的直销价格均减小,线下市场零售价格上升,这说明线上线下市场渠道对流速度的加快,将导致线下市场进一步萎缩,这一点从线下零售商 r 提升附件服务水平,并面临更高的批发价格威胁亦可看出,线下市场的生存有点步履维艰。渠道扩散效应的放大降低了博弈三方的最优收益,"制造商 M_1—线下零售商 r"供应链整体收益也降低,网购消费者因此获得更多福利,线下市场消费者群体极度萎缩。

表 4-1 模型一与模型二的渠道扩散效应比较

	模型一的渠道扩散效应 θ				
	0	1	2	3	3.1
H'	−19.0	−20.9	−22.9	−24.8	−24.98
O'	−16.4	−17.5	−1 870	−20.1	−20.21
$-2\eta H' - J'^2$	193	195.0	189.5	177.0	175.16
$4O'M' - L'^2$	674	864.5	1 116	1 458	1 499.2
p_1^*	15.2	13.9	12.5	11.1	10.96
p_2^*	15.5	14.7	14	13.2	13.11
p_r^*	12.9	13.4	13.8	14.0	14.04
w^*	9.40	10.2	10.7	10.8	10.83
v^*	2.52	3.5	4.5	5.7	5.82

续 表

	模型一的渠道扩散效应 θ				
	0	1	2	3	3.1
π_r^*	162	126.6	103.7	102.0	103.74
π_2^*	3 480	3 233	2 999	2 752	2 725.7
π_1^*	3 674	3 527	3 359	3 153	3 129.7
$\pi_1^* + \pi_r^*$	3 836	3 653	3 462	3 255	3 233
	模型二的渠道扩散效应 θ				
	0	1	3	5	7.5
H	35.1	35.5	31.8	22.4	2.4
O	−16	−18	−20	−24	−64
$\dfrac{4OM(m+2\theta)}{H} - L^2$	674	866	1 477	2 843	11 371
	/	/	/	/	/
$p_{1(next)}^*$	17.2	16.6	15.5	14.4	7.2
$p_{2(next)}^*$	16.1	15.4	14.2	12.9	3.0
$p_{r(next)}^*$	12.9	13.5	14.6	16	33.1
$w_{(next)}^*$	9.4	10.1	11.3	11.9	9.0
$v_{(next)}^*$	2.52	3.6	6.2	10.4	81.8
$\pi_{1(next)}^*$	210.34	200	183	185	663
$\pi_{2(next)}^*$	3 757.61	3 585	3 267	2 867	27
$\pi_{r(next)}^*$	3 739.63	3 783	4 148	5 255	8 776
$\pi_{1(next)}^* + \pi_{r(next)}^*$	3 950	3 984	4 330	5 440	9 439

4.3.2 模型二的渠道扩散效应

观察表 4-1 发现,随着渠道扩散效应的逐渐增大,线上线下市场的定价策略与模型一类似。而线下零售商 r 的收益先降后升,制造商 M_1 的收益上升且"制造商 M_1—线下零售商 r"供应链整体的收益也上升,线上制造商 M_2 的收益下降。这充分说明渠道扩散效应的增强对制造商 M_1 的产品竞争有益,而线上制造商 M_2 虽供应链地位较模型一上升,然实质上渠道扩散效应越高,其生存空间越小。

4.3.3 渠道扩散效应比较

通过表 4-1 分析得到,模型一的变量寻优边界条件是 $p_1 > w$,模型二的边界条件是 $p_{2(next)} > c_2$,且模型一的渠道扩散程度低于模型二,即线下零售商 r 处于最弱势地位时,线上线下市场竞争更为剧烈,渠道扩散效应表现更突出。

4.4 模型一与模型二的产品差异化效应比较

鉴于两模型的混合博弈结果均较为复杂,这里不一一给出各项最优决策变量的解析表达式。为了更深入地认识线下与线上市场的产品差异化效应即参数 θ 的变化规律,设 $a_e = 400$,$a_r = 300$,$m = 19$,$n = 10$,$\mu = 4$,$\theta = 3$,$\eta = 5.5$ 及 $c_1 = 3$,$c_2 = 2$ 来分析。

4.4.1 模型一的产品差异化效应

模型一中观察表 4-2 发现,随着产品差异化效应的逐渐减弱,线上市场上的直销价格均上升,且两个制造商 M_1 与 M_2 的最优收益也明显上升,说明随着制造商 M_1 与 M_2 的产品差异化程度减小,该类产品呈现出垄断竞争特点,制造商 M_1 和线上制造商 M_2 将获取更多收益;线下市场上,迫于制造商 M_1 提升批发价格的压力,零售商 r 的最优定价策略也上涨,而为了避免其利润缩水过快,线下零售商 r 会逐步降低最优服务水平。当产品差异化效应过高以至于制造商 M_1 的线上市场直销价格近乎等同于线下市场批发价格时,制造商 M_1 将退出线上市场竞争。而当产品差异化效应过低以至于制造商 M_1 过于强势,提供给线下零售商 r 的批发价格过高,零售商 r 无利可图时将退出线下市场竞争。

表 4-2 产品差异化效应下模型一的变量寻优结果

	$n=9$	$n=10$	$n=11$	$n=13$	$n=14$	$n=15$
H'	−24.8	−24.8	−24.8	−24.8	−24.8	−24.8
O'	−20.5	−20.1	−19.6	−18.5	−17.9	−17.3
$-(2\eta H'+J'^2)$	176	176	176	176	176	176
$4O'M'-L'^2$	1 493	1 458	1 420	1 332	1 283	1 231
p_1^*	10.7	11.1	11.5	12.6	13.1	13.8
p_2^*	12.8	13.2	13.6	14.4	14.9	15.5
p_r^*	13.9	14.0	14.1	14.4	14.6	14.7
w^*	10.7	10.8	11.0	11.4	11.7	12.0
v^*	5.8	5.7	5.6	5.3	5.1	4.9
π_r^*	115	102	88	56	38	18
π_2^*	2 583	2 752	2 942	3 396	3 670	3 986
π_1^*	2 963	3 153	3 364	3 857	4 148	4 477
$\pi_1^*+\pi_r^*$	3 078	3 255	3 451	3 913	4 186	4 495

4.4.2 模型二的产品差异化效应

模型二中观察表 4-3 发现，随着产品差异化效应的逐渐减弱，线上线下市场的价格变化规律等均与模型一类似。不同之处在于，由于该模型中线下零售商 r 处于最弱势地位，对制造商 M_1 的竞争威胁较少，故在产品差异化极高情形下，线上线下市场混合竞争的情形还可以存在。随着产品差异化效应越来越弱，制造商 M_1 的线上市场直销价格急剧增长，而线下零售商 r 的生存空间逐步减小，说明该类产品的垄断竞争步伐较模型一更快，而线下零售商 r 的生存空间减缓速度更慢一些。

表 4-3 产品差异化效应下模型二的变量寻优结果

	$n=1$	$n=4$	$n=7$	$n=10$	$n=13$	$n=16$
H	31.8	31.8	31.8	31.8	31.8	31.8
O	−22.2	−21.9	−21.2	−20.1	−18.5	−16.6
二阶条件	1 667	1 636	1 573	1 477	1 350	1 190

续表

	$n=1$	$n=4$	$n=7$	$n=10$	$n=13$	$n=16$
$p^*_{1(next)}$	11.7	12.6	13.8	15.5	17.7	20.9
$p^*_{2(next)}$	10.8	11.7	12.8	14.2	15.9	18.4
$p^*_{r(next)}$	13.7	13.9	14.2	14.6	15.2	15.9
$w^*_{(next)}$	10.0	10.3	10.7	11.2	12	13
$v^*_{(next)}$	6.70	6.6	6.4	6.2	5.8	5.3
$\pi^*_{r(next)}$	216.8	208.0	197.1	182.7	163.6	137.6
$\pi^*_{2(next)}$	1 716	2 086	2 579	3 267	4 289	5 935
$\pi^*_{1(next)}$	2 467	2 879	3 419	4 147	5 172	6 700
$\pi^*_{r(next)}+\pi^*_{1(next)}$	2 684	3 087	3 616	4 330	5 336	6 838

4.4.3 产品差异化效应比较

比较表4-2和表4-3,可以得到,模型一的变量寻优边界条件是$p_1>w$且$\pi^*_r>0$,模型二的边界条件是$p_{2(next)}>c_2$且$\pi^*_r>0$。且模型一的产品差异化波动区间低于模型二,即线下零售商r处于最弱势地位时,线上线下市场竞争更为剧烈,产品差异化效应表现更突出。

4.5 本章结语:线上线下渠道融合加速

模型一与模型二的数值分析比较结果显示,当线下零售商r处于最弱势地位时,线上线下市场竞争更为剧烈,渠道扩散效应表现更突出,产品差异化效应表现也更突出。由此可见,在与线上市场隔绝的情形下,线下零售商r将被逐渐逼迫至退出市场竞争,而要想继续在市场竞争中占据一席之位,其必须依靠产品差异化策略来取胜。随着线上线下渠道扩散效应的增强,对线下零售商r来讲,有一个生存最艰难点,超出这个点之后,其面临的竞争局面会逐步好转。然而,绝大多数线下零售商r都不会坐以待毙,在到达生存最艰难点之前均会采取各类行动以扭转局面。明智的大型传统零售商已经纷纷进军线上市场,如徐家汇商城、苏宁易购、国美电器等,线上市场的传统企业形态正在不断丰富化。全渠道运作策略已经成为传统制造商、传统零售商甚至纯线上制造商、纯线上零售商等所有线上线下企业形态的共识。

从零售实践运作层面来看,据《中国商报》2013年10月31日报道披露,传统零售商正遭遇高人力成本、高房租和电商冲击的三重打压,自20世纪90年代以来其行业增速已经由20%以上,于2011年后开始跌至10%甚至只有个位数。中国第一波传统零售商"触网"失败在于"流量"缺失,既没有资本推动的流量,又没有嫁接实体零售的流量,如同将商店开在沙漠上,缺水而亡是早晚注定的结局。如今第二波传统零售商"触网"正兴,O2O模式被传统零售商视为可以解决流量的法宝。譬如,2013年10月16日,步步高集团宣布年底步步高将正式上线步步高商城,由集团投资直接成立电子商务子公司,与其百货、超市、商业地产等子业务平行,采取全新的O2O全渠道战略,"渠道上,整合PC+手机APP+微信购物+线下渠道;业态上,将购物中心、百货、超市、电器、便利店各业态线上线下打通;品类上,将会是商超+百货+生活服务。步步高商城的商品中,35%来自网上自有品类,65%的产品来自步步高线下实体店"。除了线上"自营+平台"的步步高商城,步步高电商未来还将整合线下百货、超市、购物中心、便利店、餐饮店、电器专业店等多业态业务,打通线下渠道资源,让每一家实体门店均可享受商城下单付款,就近门店提货及多业态产品的综合打包服务。

从传统制造企业来看,以服装行业为例,未来线上线下市场融合趋势也成为必然。据华衣网2013年12月5日报道,库存高、品牌效应低、劳动力成本增速加大等已经成为中国服装行业发展的瓶颈,亟待转型升级。中国既是世界服装生产大国,又是世界服装出口第一大国,其出口服装量占全球服装贸易总额的20%左右,但中国并非服装强国,国外很多"MADE IN CHINA"的服装品牌并非中国的,目前中国服装业仍然没有摆脱"为他人作嫁衣"的代工企业地位。走低价路线的旧有盈利模式对于中国服装企业而言已经难以继续,部分东南亚国家人力、原材料成本更为低廉,产品更具价格优势,诸多知名品牌如耐克、阿迪达斯、Athleta等纷纷进入,同时中国的人力、原材料等成本不断攀升,进一步压缩了企业的盈利能力及国际竞争力。除了自主品牌的培育及建设极其重要之外,中国服装行业营销平台亟须转型,抢滩 3G 互联网及手机购物等新型线上市场份额。O2O 模式或将是未来服装行业线上与线下协调发展的模式之一。线下实体店的主要功能倾斜于展示、体验等,而线上市场或将演变为主要销售渠道,以配合消费者尤其是年轻消费群体的购物习惯。从美国服装行业渠道销售现状来看,线下实体销售、线下体验线上购买(价格更优惠、款式色系大小更齐全)、线上购买(线下实体店无对应货品)三种渠道销售模式并存,如 Banana Republic、Ann Taylor、Loft、Athleta 等专卖店,及一些大型零售商如 Boston Store 等。

此外,在线上市场领域,B2C 与 B2B 两种模式的融合也在加速,电子商务产业继续加速发展。2012 年 5 月,环球资源表示目前正在与京东商城、卓越亚马逊、1 号店、当当网和苏宁易购洽谈合作,帮助 B2C 企业寻找优质供应商,B2B 与 B2C 之间在业务上不再毫无关系。2012 年 4 月,亚马逊试水 B2B,推出了垂直领域 B2B 电子商务平台 Amazon Supply,产品主要为工业原料、机械零部件和五金器具。2012 年 5 月,线下连锁巨头麦德龙进军 B2B 业务,且在中国开始运营,线上市场商城将依托门店和物流中心进行全国配送。两个巨头的业务拓展更预示着 B2B 和 B2C 之间的交融。B2B 与 B2C 之间已经不再泾渭分明,毫无关联,且两种模式正在逐步融合。业界观点认为,B2B 与 B2C 融合将促使产业链上游制造和加工企业更加活络,最终推动整个电子商务产业快速发展。

第五章 线上线下竞争优化的拓展模型
——考虑促销因素

5.1 线上线下竞争趋向激化

"再过五年,网商的销售规模将从现在的一万亿冲向十万亿,那时我们不但改变了我们自己,也影响了整个时代",这是在第九届网商大会闭幕式上阿里巴巴总裁马云的观点。艾瑞咨询提供下图5-1显示,中国的网购占比正超越美国。然而,当中国的传统线下零售商依靠多渠道O2O模式,摆脱了第一波"触网"的失败阴影,第二波"触网"正兴时,美国的Amazon采取低价、免运费、三天到货等策略正使得线上渠道竞争白热化,迫使纯线上零售商Pure-player如Piperlime、Bonobos

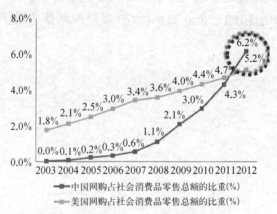

图5-1 2003—2012年中国和美国网购占社会消费品零售总额的比重

纷纷增开线下店铺寻找竞争突破口(Barbara Thau,2013),全渠道(Omni-channel,又称 Every-channel)模式正在美国落地开花。

美国的零售供应链领域正掀起巨大变革。千禧一代(Millennials,13—30 岁)数字化消费者族群的壮大是迫使零售巨头 Macy's 改革以满足全渠道消费需求的主要动因之一(Tony Lisanti,2012)。Randy Strang(2013)提供图 5-2,美国零售业渠道进化经历了单渠道(Single channel)、多渠道(Multi-channel)、跨渠道(Cross-channel,零售商在不同渠道间共享信息、库存等)、全渠道四个阶段,且全渠道模式又分为爬行(Crowl)、直立行走(Walk)、奔跑(Run)、冲刺(Sprint)四个阶段。而 Retailer System Research Benchmark Report 更在 2011 年就披露过,超半数的美国零售商赢家还处于全渠道的爬行阶段。区别于多渠道、跨渠道均以追求消费者购买便利性为目标,全渠道零售致力于提供创新性的、无缝的消费者体验(Seamless Experience),其核心目标为在消费者心中牢固树立起零售商"店牌"形象,以获得长久竞争力和高收益(Dave Blanchard,2013)。2013 年 12 月,Retailer System Research Benchmark Report 最新报告《2014 年供应链执行核心:让全渠道盈利》,披露美国零售商正锁定部分高盈利区域试点全渠道运作,然库存

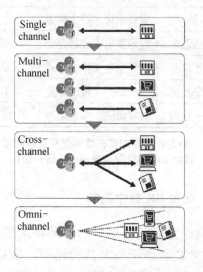

图 5-2 零售业的全渠道进化历程

网络可视性的缺失成为约束瓶颈。报告精辟指出,大型零售商抓住机遇加大技术投资支持供应链转型,全渠道考验的是零售供应链与营销、仓储、物流甚至上游企业等跨职能、跨企业的协同合作能力。欧洲和北美等发达国家的零售商全渠道概念已经全面落地,融为消费者日常生活不可缺少的一部分。而中国传统零售商基于多渠道、跨渠道的O2O零售渠道运营模式也处于高速发展阶段,线上渠道与线下渠道相互融合速度加快,有从独立运作转向全渠道运作的趋势。银泰网、苏宁易购、UNIQLO淘宝官方旗舰店等均为传统零售商线上渠道运作较为成功的典范,如下图5-3。

排名	网站名称	创始人/CEO	网站类别	企业类型	2012年交易额(亿元)	2012年交易额增长率(%)
1	聚美优品	陈欧	美容保健	网上渠道	18.0	350.0%
2	唯品会	沈亚 & 洪晓波	服装服饰	网上渠道	54.4	280.1%
3	银泰网	廖斌	综合百货	传统企业	5.6	250.0%
4	优购网	张学军	鞋类	传统企业	4.0	233.3%
5	酒仙网	郝洪峰	酒类	网上渠道	12.0	200.0%
6	V+	陈年	服装服饰	网上渠道	7.8	160.0%
7	苏宁易购	张近东	数码家电	传统企业	188.0	147.3%
8	易迅网	卜广齐	数码家电	网上渠道	57.9	144.2%
9	中粮我买网	宁高宁	食品	传统企业	4.3	138.9%
10	乐蜂网	王立成	美容保健	网上渠道	14.8	134.9%

图5-3 2012年中国B2C在线零售商交易额增长最快的
TOP 10榜单(图片来源:艾瑞咨询)

5.1.1 案例:京东PK苏宁易购

现今,中国电商企业对核心竞争力的具体定位还比较模糊。拼抢线上市场最直接有效的竞争手段是打价格战。依靠低价赢得用户,依靠低价抢占市场,依靠低价拖垮对手,甚至依靠促销宣传等策略告知低价来吸引各类消费者的眼球。譬如,2013年京东商城CEO刘强东借助微博发力,连发二十几条微博向苏宁宣战。2013年8月14日上午10时,其在微博上立下价格战战书,决定京东大家电三年内零毛利,保证所有大家电比国美、苏宁连锁店便宜至少10%以上。甚至,刘强东计划在全国招收5 000名价格情报员,在国美、苏宁两家实体电器零售巨头的每一分店派驻2名。任何消费者到国美、苏宁购买大家电时,如果用手机的京东客户端比价发现便宜不足10%,京东价格情报员现场核实若属实,则京东会立即降价或者现场发券,确保便宜10%。面对京东的咄咄逼人,苏宁易购也承诺包括家电在内的所有产品价格将低于京东,否则会及时调价并给予差价赔付。京东对自身不到20%的大家电业务降价,来逼迫该业务占比超过60%的苏宁迎战。由此引发的效应为,价格战或将导致投资者看空苏宁的盈利前景,致使苏宁的股价下跌,甚或导致苏宁资金链断裂,实现在资本层面成功打击苏宁。故业界观点认为"京苏战役"的真正战场不在微博上,而在资本市场。

苏宁资本方对京东的挑战淡定回应:"我觉得电商不需要价格战来炒作,真要打就打。如果我们有影响力就不用去做,做了也未必就停。领导企业领而导之,有时被迫进入价格竞争,那就做下去吧。"相比于京东,苏宁的仓储物流水平更为现代化,苏宁仓库仅需要扫码和少许搬运。如苏宁易购南京雨花仓库的一期建设面积为18万平方米,二期续建面积为13万平方米,整体工作人员仅200人左右,且采用两班倒形式上班作业。相关数据分析认为,仓储物流水平在国内真正达到或比之略胜的电商只有亚马逊(中国),大多数拥有自己仓库及物流的大型B2C电商更多是采取人海战术,离现代化仓储物流服务水平距离还较远。京东借助微博实现快速网络传播发起的"京苏战役",使得京东和苏宁均赚足眼球,京东意图与苏宁捆绑在一起,希望在电商格局中能为自己划出和苏宁同样份额的市场领域,其策略具有极强的营销技巧性。这场战役前后持续了仅半月左右,在赚取了足够的眼球、免费的媒体出镜率后,京东即主动示弱,参战的苏宁、国美也大多如此结束战役。从本书的研究角度看,"京苏战役"揭示出,优秀的线上品牌零售商——京东商城与进军线上市场的传统零售巨头苏宁电器之间,将采取更多营销策略来渲染、激化家电领域的博弈,各类企业从制造商到零售巨头等均无法逃离,线上线下市场的竞争正趋向激化。

5.1.2 线上市场促销势头迅猛

广告促销要实现向消费者传达信息的目的,必须借助各类广告媒体,如报纸、电视、杂志、广播等。不同的广告媒体特点不一,对消费者心理的影响程度也不一。基于互联网媒介的网络广告近年来也处于高速增长状态,如下图5-4所示。从网络广告的形式来看,iResearch最新数据显示,以2013年第一季度为例,搜索引擎份额上升1.6个百分点至34.4%,且长尾客户居多;其他形式的广告占比由2012年第四季度的4.5%提升至6.9%。以360导航、网址之家、hao123等为代表的导航网站,是"其他形式广告"大幅上涨的主要推动力量。

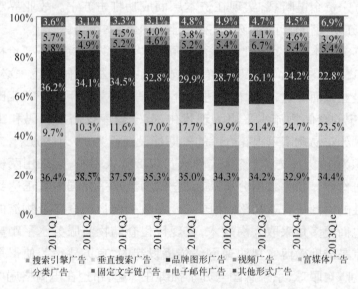

图5-4 2011—2013年中国不同形式网络广告市场份额

进一步地,网络品牌广告市场正呈现出新的特点。第一,网络品牌广告投放费用增长明显。据艾瑞咨询《2012年第四季度数据产品监测报告》数据显示,2012年第四季度网络品牌广告投放费用自2011年第一季度来首次出现与上季度基本持平的局面,同比增长依旧明显。2013

年网络品牌广告投放费用在维稳基础上伴随小幅增长。其他行业里，房产网站广告收入基本进入平台期，交通类广告主保持四季度投放费用大幅增长的惯例等，见下图5-5所示。第二，网络品牌广告市场符合"二八法则"。近年来品牌广告线性增长，搜索引擎广告和电商平台广告呈指数型增长态势。据艾瑞网络广告投放监测系统iAdTracker最新数据显示，2011—2012年搜索和电商广告投入大幅增长，品牌广告保持原有的增长速度，见下图5-6所示。然而，搜索和电商广告的高速发展使得品牌广告的市场份额在不断下降，这揭示出网络品牌广告市场"二八法则"规律正明显露头，寡头效应更为显著。如下图5-7所示，iAdTracker数据显示品牌广告主投放费用分布符合"二八法则"定律，即2012年投放费用前20%的广告主贡献了93%的市场份额。因此，未来中国的网络媒体如门户、垂直和视频网站等将会继续重视大品牌广告主，中国的线上促销趋势也将更为激烈和常态化。

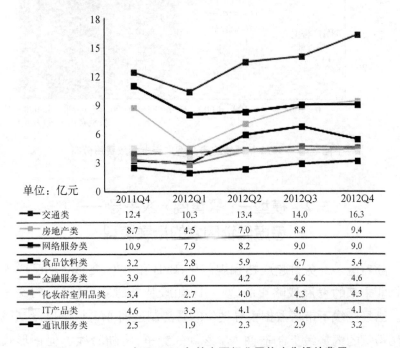

图5-5　2011年至2012年的主要行业网络广告投放费用

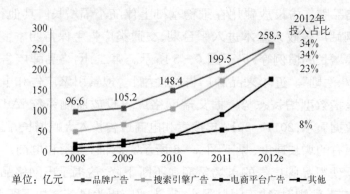

图 5-6　2008—2012 年中国网络广告市场格局

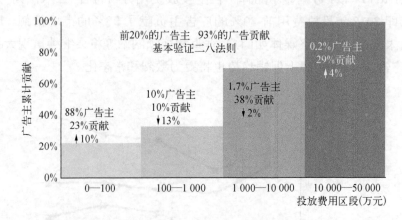

图 5-7　2012 年网络广告品牌广告主投放费用分布

5.2　模型三：零售商 r 次主导——考虑促销因素的拓展模型

随着电子商务日趋成熟和规范化，B2B 和 B2C 交易活动已成为制造企业未来的发展战略重心之一，比如服装、玩具、日用品、钢铁等行业。已经在线下市场占据主导地位的强势制造商 M_1，与仅仅分享线上市场份额的弱势线上制造商 M_2 之间的竞争，将随着线上促销形式的丰富而愈发激烈，这进一步增加了供应链的博弈复杂程度，拓宽并加深

了线上线下市场供应链研究的既有规律。基于第三章的模型一,本节模型三增加进促销努力水平因素,具体描述如下:

一个强势的传统企业 M_1(制造商 M_1)及其线下零售商 r(零售商 r)和一个弱势的网络品牌制造商 M_2(制造商 M_2)构成的供应链结构上,制造商 M_1 在线下市场拥有成熟的销售渠道,用一个集成性的零售商 r 代表,它是制造商 M_1 的博弈追随者,处于供应链三方博弈的次主导地位。线上市场的弱势线上制造商生产制造商 M_1 的替代性产品,以相对低廉的价格吸引线上线下市场消费者的眼球。用一个集成性的网络品牌制造商 M_2 代替,制造商 M_2 为供应链博弈最弱方,这与多数实际情形一致。

线上消费者具有分散化、自主性强等特点,丰富的网络广告形式更为线上企业带来了多样化的促销方式。制造商 M_1 的线上促销努力分为两个维度,线上渠道促销努力水平 e_{d1} 和线上品牌促销努力水平 e_{b1}。提高线上渠道促销努力水平 e_{d1} 能提高消费者的购买意愿,提高线上品牌促销努力水平 e_{b1} 能提高自身品牌的认可度。同理,制造商 M_2 的线上促销努力,分别为线上渠道促销努力水平 e_{d2} 和线上品牌促销努力水平 e_{b2}。零售商 r 也将提升零售服务水平以应对线下消费者的流失,其促销努力水平用 e_r 表示。如图 5-8 所示。

图 5-8 模型三:零售商 r 次主导下的基本模型(考虑促销因素)

制造商 M_1 在市场竞争中积累了丰富的行业经验,已经成为线上线下市场内的领军企业,零售商 r 作为制造商 M_1 的忠实追随者,亦已经成熟壮大,占据博弈的主导地位。制造商 M_1 又拥有对零售商 r 批发价格的主导权。制造商 M_2 摆脱了构建线下市场渠道的高额成本困扰，凭借渠道、品牌促销等多种手段致力于在线上市场发掘出自己独有的网购消费群体，与制造商 M_1 共同分享线上市场份额。与 3.1 的模型特点类似，在该供应链结构上，制造商 M_1 为保证线下市场的销售渠道，仍为零售商 r 的上游供应商。同时，制造商 M_1 和制造商 M_2 在线上市场展开竞争，争夺线上市场的份额。而且，线上市场上制造商 M_1 与 M_2 作为一个整体，成为线下零售商 r 的竞争对手。本书假设制造商 M_1 与 M_2 在线上市场统一采取直销模式。

另一方面，为了获得更多的线下市场份额，零售商提供附加服务 e_r ($e_r>0$) 以获取竞争优势，其服务成本为 $\eta e_r^2/2$，η 为服务成本系数，η 越高则零售商的服务成本越高。零售商的零售价为 p_r，批发价为 w，μ 为附加零售服务的边际需求，即服务需求弹性。零售商的附加服务越丰富，吸引来的消费者需求就越旺盛。由于制造商 M_1、制造商 M_2 及零售商 r 在线上与线下市场的促销活动将改变消费者对不同市场的认可度，进而影响到线上线下市场的需求改变。渠道促销努力水平 e_{d1}、e_{d2}、e_r 会影响到线上与线下市场的消费者需求量，而品牌促销努力水平 e_{b1}、e_{b2} 仅影响到线上市场的需求量。制造商 M_1、制造商 M_2 及零售商 r 的需求函数分别为

$$D_1(p_1, w, e_{d1}, e_{b1}) = [a_e - mp_1 + np_2 + \theta(p_r - p_1) \\ + \gamma e_{d1} - \lambda e_{d2} - \varphi(e_r - e_{d1})]e_{b1}$$

$$D_2(p_2, e_{d2}, e_{b2}) = [a_e - mp_2 + np_1 + \theta(p_r - p_2) \\ + \gamma e_{d2} - \lambda e_{d1} - \varphi(e_r - e_{d2})]e_{b2}$$

$$D_r(p_r, e_r) = a_r - mp_r + \theta(p_1 - p_r) + \theta(p_2 - p_r) \\ + \gamma e_r + \varphi(e_r - e_{d1}) + \varphi(e_r - e_{d2})$$

线上市场放大了线下市场的需求空间，制造商 M_1 的过剩产能有了新的释放空间，产能不足时的分配决策亦重新考虑，产能优化策略的传统理念被颠覆。根据经济学原理的短期成本理论观点，制造商 M_1 的短期生产成本曲线符合下图 5-9 所示。曲线 MC 表示平均边际生产

成本，曲线 AVC 表示平均变动生产成本，曲线 ATC 表示平均总生产成本。可变成本可以调整，而固定成本如厂房、设备等不能调整。根据边际收益递减的规律，最初 MC 曲线由于规模效应的存在，随着产量的增大而降低，曲线 AVC 下降。在产量到达一定的规模后，若固定投入保持不变，则终将构成生产制约因素，曲线 AVC 将开始上升，曲线 MC 开始上升，曲线 ATC 呈现出先降后升的特点，在 U 形 ATC 曲线底部 K_0 处，满足条件为 $MC = ATC = \min(ATC)$。据此假设制造商 M_1 的 ATC 曲线具备近似下凹的二次函数特征，表达式为 $c_1(K) = \alpha (K - K_0)^2 + \beta$，$\alpha > 0$，$\beta > 0$。其中产能 K 的含义，为制造商 M_1 在线上线下市场为满足需求而生产的产量。参数 α 代表生产规模一定（如固定成本如厂房、设备等规模一定）下，平均总生产成本曲线 ATC 随产量增加的变化比率，α 越大则变化速率越快，对应曲线 ATC 的上凹程度就越高，反之越低。K_0 为制造商 M_1 在正常生产条件下所能达到的最佳生产能力，而参数 $\beta = \min(ATC)$ 表示曲线 ATC 在达到最佳生产能力 K_0 时的总生产成本。当最佳生产能力 K_0 超出实际产量 K 达到一定程度时即称之为产能过剩，反之称之为产能不足。产能过剩的出现一般伴随着价格下跌、利润减少甚至亏损。

当产能过剩或不足时，供应链的长期产能决策面临调整。短期总生产成本曲线 ATC 向长期生产成本曲线 LTC 过渡时，随着 K_0 的增大及参数 β 的降低，曲线 ATC 逐步向右向下移动，最终使得长期生产成本曲线也呈现近似下凹的二次曲线形态，后文会详述。

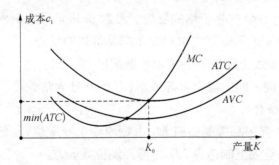

图 5-9　制造商 M_1 的短期生产成本曲线

5.2.1　模型三的基本假设

1. 符号含义

$D_i(i=1,2,r)$：分别表示制造商 M_1 的线上市场需求、制造商 M_2 的线上市场需求及零售商 r 的线下市场需求，亦表示各自的产能。

$p_i(i=1,2,r)$：分别表示制造商 M_1 的线上直销价格、制造商 M_2 的线上直销价格，以及零售商 r 的线下市场销售价格。

$\pi_i(i=1,2,r)$：分别表示制造商 M_1 的总收益（包含线上直销收益与线下收益）、制造商 M_2 的总收益（即线上直销收益），以及零售商 r 的线下市场总收益。

K：制造商 M_1 的产能，表示在线上线下市场为满足需求而生产的产量。

c_1,c_2：分别表示制造商 M_1 和 M_2 的生产成本。

w：制造商 M_1 的线下市场批发价格。

e_r：零售商 r 的线下渠道促销努力水平。

a_e,a_r：分别表示产品的线上与线下市场的总容量，并分别反映了该类产品线上与线下市场的总需求潜力。参数 a_e 表示产品 i（$i=1,2$）的线上市场"综合顾客需求基数"，反映该类产品对网络购物者的内在吸引力，a_r 表示线下市场的顾客内在需求，反映出该类产品在线下市场所处的发展水平。

a：为线上与线下两个市场的总容量之和，反映了该类产品的市场总体发展水平，$a_e+a_r=a$。

m,n：对竞争产品价格的反应。参数 m 表示顾客需求对产品价格的反应，参数 n 表示顾客需求对竞争产品价格的反应。

θ：线下与线上市场间的需求扩散程度，$\theta>0$。

F：零售商 r 的店铺租金等成本，$F>0$ 且为常数。

2. 假设条件

（1）一个强势品牌制造商 M_1 占据博弈主导地位，零售商 r 为博弈次主导方，弱势线上制造商 M_2 为博弈地位最弱方。

（2）线上市场需求与线下市场需求彼此相关，线上与线下市场的信息完全透明。

(3) 制造商 M_1 的 ATC 曲线服从近似下凹的二次函数，$c_1 = \alpha(K-K_0)^2+\beta, \alpha>0$，$K_0$ 为制造商 M_1 在正常生产条件下所能达到的最佳生产能力，$\beta = \min(ATC)>0$。

(4) 制造商 M_1 与制造商 M_2 在线上市场均采取线上直销模式。

(5) 制造商 M_2 没有线下市场的销售渠道，线下市场保持着被零售商垄断的格局。故 e_{b1} 仅对线上市场需求的变化有影响。同理，e_{b2} 亦仅影响到线上市场需求的变化。

(6) 线上市场的渠道促销成本分别为函数 $f(e_{d1})=\kappa e_{d1}$，$f(e_{d2})=\kappa e_{d2}$，且满足 $f'(e_{d1})=f'(e_{d2})=\kappa$，$e_{d1}\geqslant 0$，$e_{d2}\geqslant 0$，$\kappa>0$ 且为常数。零售商 r 的线下市场促销成本为 $f(e_r)=\frac{\eta}{2}e_r^2(e_r\geqslant 0)$，且满足 $f''(e_r)=\eta$，$\eta>0$ 且为常数。

(7) 线上市场的品牌促销成本分别为函数 $f(e_{b1})=\omega e_{b1}$，$f(e_{b2})=\omega e_{b2}$，且满足 $f'(e_{b1})=f'(e_{b2})=\omega$，$\omega>0$ 且为常数，$e_{b1}\geqslant 0$，$e_{b2}\geqslant 0$。

(8) $p_2>c_2$，$p_1>w>c_1$，否则零售商 r 将放弃在线下市场向制造商 M_1 采购，转而到线上市场批发，这不符合本书的基本假设。

(9) $p_r>p_1$，即线下市场的产品零售价高于线上的产品零售价，这与实际情形基本一致。

(10) $m>n>0$，即消费者需求关于自身产品价格变化的反应，比对竞争对手产品价格变化的反应要大。

(11) $\gamma>\lambda>0$，即消费者需求关于自身产品线上渠道促销努力水平变化的反应，比对竞争对手产品的线上渠道促销努力水平变化的反应要大。

线上线下市场并存下，考虑促销投入竞争因素使得制造商 M_1、制造商 M_2 及零售商 r 三方企业的博弈活动变得更为复杂。促销投入因素使得定价决策可能会出现逆反，即线下市场的定价决策低于线上市场的定价决策。线上线下市场博弈的顺序详述如下：首先，制造商 M_1 与零售商 r 展开主从对策博弈，制造商 M_1 为博弈主方，零售商 r 为博弈从方，决定各自的销售价格、批发价格、服务水平等；然后，制造商 M_2

作为"制造商 M_1—零售商 r"的博弈从方,决定自己的线上市场直销价格。

模型三的研究重点在于,寻找出制造商 M_1、制造商 M_2 及零售商 r 的最优决策存在条件,及供应链协调的实现条件,并通过数值分析深入探讨制造商 M_1 与零售商 r 的相关参数变化时,供应链各方最优决策将受何影响。

5.2.2 制造商 M_2 的收益函数

根据收益函数

$$\begin{aligned}\pi_2 &= (p_2-c_2)D_2 - f(e_{d2}) - f(e_{b2}) \\ &= (p_2-c_2)[a_e - mp_2 + np_1 + \theta(p_r - p_2) + \gamma e_{d2} \\ &\quad - \lambda e_{d1} - \varphi(e_r - e_{d2})]e_{b2} - f(e_{d2}) - f(e_{b2})\end{aligned}$$

对其进行寻优求导,有

$$\frac{\partial \pi_2}{\partial p_2} = D_2 - (p_2-c_2)e_{b2}(m+\theta), \quad \frac{\partial^2 \pi_2}{\partial p_2^2} = -2(m+\theta)e_{b2} < 0$$

根据一阶条件为零可以得到

$$D_2 - (p_2-c_2)e_{b2}(m+\theta) = 0$$

$$2(m+\theta)p_2 = np_1 + \theta p_r + [a_e + (\gamma+\varphi)e_{d2} \\ - \lambda e_{d1} - \varphi e_r] + (m+\theta)c_2$$

$$p_2^* = \frac{n}{2(m+\theta)}p_1 + \frac{\theta}{2(m+\theta)}p_r + \frac{1}{2}c_2$$

$$\quad + \frac{1}{2(m+\theta)}[a_e + (\gamma+\varphi)e_{d2} - \lambda e_{d1} - \varphi e_r] \tag{5-1}$$

$$D_2^* = (p_2-c_2)e_{b2}(m+\theta) \tag{5-2}$$

$$\pi_2^* = (p_2-c_2)^2(m+\theta)e_{b2} - f(e_{d2}) - f(e_{b2}) \tag{5-3}$$

又有 $\dfrac{\partial \pi_2}{\partial e_{b2}} = (p_2-c_2)[a_e - mp_2 + np_1 + \theta(p_r - p_2) + \gamma e_{d2} - \lambda e_{d1} - \varphi(e_r - e_{d2})] - \kappa$

$$\frac{\partial \pi_2}{\partial e_{d2}} = (p_2 - c_2)(\gamma + \varphi)e_{b2} - \kappa$$

当$(p_2 - c_2)[a_e - mp_2 + np_1 + \theta(p_r - p_2) + \gamma e_{d2} - \lambda e_{d1} - \varphi(e_r - e_{d2})] > \kappa$时，$\pi_2$随$e_{b2}$单调递增，反之单调递减；

当$(p_2 - c_2)(\gamma + \varphi)e_{b2} > \kappa$时，$\pi_2$随$e_{d2}$单调递增，反之单调递减。故可以得到如下定理：

定理 5.1 线上线下市场并存下且考虑促销因素时，若线下零售商r处于次主导地位，弱势线上制造商M_2不退出竞争需要满足的条件为，

$$\frac{n}{(m+\theta)}p_1 + \frac{\theta}{(m+\theta)}p_r + \frac{1}{(m+\theta)}[a_e + (\gamma + \varphi)e_{d2} - \lambda e_{d1} - \varphi e_r] > c_2。$$

推理 5.1 线上线下市场并存下且考虑促销因素时，若线下零售商r处于次主导地位，当满足条件$(p_2 - c_2)(\gamma + \varphi)e_{b2} > \kappa$时，制造商$M_2$的收益随变量$e_{d2}$增大而单调递增；当满足条件$(p_2 - c_2)[a_e - mp_2 + np_1 + \theta(p_r - p_2) + \gamma e_{d2} - \lambda e_{d1} - \varphi(e_r - e_{d2})] > \kappa$时，制造商$M_2$的收益随变量$e_{b2}$增大而单调递增。

5.2.3 零售商r的收益函数

零售商r的利润函数为

$$\begin{aligned}\pi_r(p_r, e_r) &= (p_r - w)D_r(p_r, e_r) - f(e_r) - F \\ &= (p_r - w)[a_r - mp_r + \theta(p_1 - p_r) + \theta(p_2 - p_r) \\ &\quad + \gamma e_r + \varphi(e_r - e_{d1}) + \varphi(e_r - e_{d2})] - \frac{\eta}{2}e_r^2 - F\end{aligned}$$

根据前面方程(5-1)可以推得

$$\frac{\partial p_2}{\partial p_1} = \frac{n}{2(m+\theta)};\ \frac{\partial p_2}{\partial p_r} = \frac{\theta}{2(m+\theta)};\ \frac{\partial p_2}{\partial e_r} = -\frac{\varphi}{2(m+\theta)}，故有$$

$$\frac{\partial \pi_r}{\partial p_r} = D_r + (p_r - w)\left[-(m + 2\theta) + \frac{\theta^2}{2(m+\theta)}\right],$$

$$\frac{\partial^2 \pi_r}{\partial p_r^2} = 2\left[-(m + 2\theta) + \frac{\theta^2}{2(m+\theta)}\right],$$

$$\frac{\partial \pi_r}{\partial e_r} = (p_r - w)\left(\gamma + 2\varphi - \frac{\varphi\theta}{2(m+\theta)}\right) - \eta e_r, \frac{\partial^2 \pi_r}{\partial e_r^2} = -\eta < 0,$$

$$\frac{\partial^2 \pi_r}{\partial e_r \partial p_r} = (\gamma + 2\varphi) - \frac{\varphi\theta}{2(m+\theta)},$$

$$\begin{vmatrix} \dfrac{\partial^2 \pi_r}{\partial p_r^2} & \dfrac{\partial^2 \pi_r}{\partial p_r \partial e_r} \\ \dfrac{\partial^2 \pi_r}{\partial e_r \partial p_r} & \dfrac{\partial^2 \pi_r}{\partial e_r^2} \end{vmatrix} = -2\eta\left[-(m+2\theta) + \frac{\theta^2}{2(m+\theta)}\right]$$

$$-\left[(\gamma + 2\varphi) - \frac{\varphi\theta}{2(m+\theta)}\right]^2$$

令 $\check{H} = -(m+2\theta) + \dfrac{\theta^2}{2(m+\theta)}$，$\check{I} = (\gamma + 2\varphi) - \dfrac{\varphi\theta}{2(m+\theta)}$，则当 $-2\eta\check{H} - \check{I}^2 > 0$ 即 $2\eta\check{H} + \check{I}^2 < 0$ 时，零售商 r 存在最优收益。由此可以得到定理 5.2：

定理 5.2 线上线下市场并存下且考虑促销因素时，若线下零售商 r 处于次主导地位，线下零售商 r 必存在最优定价决策的条件为 $\begin{cases} \check{H} < 0 \\ 2\eta\check{H} + \check{I}^2 < 0 \end{cases}$。此时零售商 r 的最优收益值为正值，也就是说，此时零售商 r 才有动力参与线上线下市场竞争。

又根据一阶条件为零，化简得到方程组

$$\begin{cases} D_r + (p_r - w)\check{H} = 0 \\ e_r = \dfrac{1}{\eta}(p_r - w)\check{I} \end{cases} \tag{5-4}$$

联立方程组(5-4)与(5-1)，可以得到

$$a_r + \left[\check{H} + \frac{(\gamma + 2\varphi)\check{I}}{\eta} - (m+2\theta)\right]p_r + \theta(p_1 + p_2)$$

$$-\varphi(e_{d1} + e_{d2}) - \left(\frac{(\gamma + 2\varphi)\check{I}}{\eta} + \check{H}\right)w = 0$$

令 $a_e + (\gamma + \varphi)e_{d2} - \lambda e_{d1} = \check{J}$，$\check{H} + \dfrac{(\gamma + 2\varphi)\check{I}}{\eta} - (m+2\theta) = \check{K}$，

$$\frac{(\gamma+2\varphi)\check{I}}{\eta}+\check{H}=\check{L}=\check{K}+(m+2\theta),\text{有}$$

$$p_2^* = \frac{n}{2(m+\theta)}p_1 + \frac{\theta}{2(m+\theta)}p_r + \frac{1}{2}c_2 - \frac{\varphi}{2(m+\theta)}e_r + \frac{1}{2(m+\theta)}\check{J}$$

$$a_r + \check{K}p_r + \theta\Big(p_1 + \frac{n}{2(m+\theta)}p_1 + \frac{\theta}{2(m+\theta)}p_r + \frac{1}{2}c_2$$

$$- \frac{\varphi e_r}{2(m+\theta)} + \frac{1}{2(m+\theta)}\check{J}\Big) - \varphi(e_{d1}+e_{d2}) - \check{L}w = 0$$

进一步化简得到

$$a_r + \Big[\check{K} + \frac{\theta^2}{2(m+\theta)}\Big]p_r + \theta\Big[1 + \frac{n}{2(m+\theta)}\Big]p_1 - \frac{\theta\varphi e_r}{2(m+\theta)}$$

$$+ \Big\{\theta\Big[\frac{1}{2}c_2 + \frac{1}{2(m+\theta)}\check{J}\Big] - \varphi(e_{d1}+e_{d2}) - \check{L}w\Big\} = 0$$

再令 $\theta\Big[\frac{1}{2}c_2 + \frac{1}{2(m+\theta)}\check{J}\Big] - \varphi(e_{d1}+e_{d2}) = \check{M}$, $\check{K} + \frac{\theta^2}{2(m+\theta)} = \check{N}$, $\theta\Big[1 + \frac{n}{2(m+\theta)}\Big] = \check{O}$

则变为 $a_r + \check{N}p_r + \check{O}p_1 - \frac{\theta\varphi e_r}{2(m+\theta)} - \check{L}w + \check{M} = 0$, 将 $e_r = \frac{1}{\eta}(p_r - w)\check{I}$ 代入可得

$$p_r^* = -\frac{1}{\check{N}}\Big(\check{O}p_1 - \check{L}w - \frac{\theta\varphi}{2(m+\theta)}\frac{1}{\eta}(p_r-w)\check{I} + a_r + \check{M}\Big)$$

化简得到 $\Big(\frac{\theta\varphi\check{I}}{2\eta(m+\theta)} - \check{N}\Big)p_r = a_r + \check{M} + \check{O}p_1 + \Big(\frac{\theta\varphi\check{I}}{2\eta(m+\theta)} - \check{L}\Big)w$

继续令 $\frac{\theta\varphi\check{I}}{2\eta(m+\theta)} - \check{N} = \check{U}$, 则 $\check{U}p_r = a_r + \check{M} + \check{O}p_1 + (\check{U} + \check{N} - \check{L})w$, 简化得到

$$\begin{cases} p_r^* = \frac{1}{\check{U}}[a_r + \check{M} + \check{O}p_1 + (\check{U} + \check{N} - \check{L})w] \\ e_r^* = \frac{\check{I}}{\eta\check{U}}[\check{O}p_1 + (\check{N} - \check{L})w + a_r + \check{M}] \end{cases} \quad (5-5)$$

5.2.4 制造商 M_1 的收益函数

已知制造商 M_1 的收益函数为 $\pi_1 = (p_1-c_1)D_1 + (w-c_1)D_r - f(e_{d1}) - f(e_{b1})$，即

$$\pi_1 = (p_1-c_1)[a_e - mp_1 + np_2 + \theta(p_r-p_1) + \gamma e_{d1} - \lambda e_{d2}$$
$$- \varphi(e_r - e_{d1})]e_{b1} + (w-c_1)[a_r - mp_r + \theta(p_1-p_r)$$
$$+ \theta(p_2-p_r) + \gamma e_r + \varphi(e_r-e_{d1}) + \varphi(e_r-e_{d2})]$$
$$- f(e_{d1}) - f(e_{b1})$$

首先对变量 p_1 进行寻优求导，根据前面公式(5-1)、(5-4)，可以得到

$$\frac{\partial e_r}{\partial p_1} = \frac{\breve{I}\breve{O}}{\eta\breve{U}}, \frac{\partial p_r}{\partial p_1} = \frac{\breve{O}}{\breve{U}}, 并令 \frac{\partial p_2}{\partial p_1} = \frac{n}{2(m+\theta)} + \frac{\theta}{2(m+\theta)}\frac{\breve{O}}{\breve{U}} -$$

$$\frac{\varphi}{2(m+\theta)}\frac{\breve{I}\breve{O}}{\eta\breve{U}} = \breve{S}, 则$$

$$\frac{\partial D_r}{\partial p_1} = -(m+2\theta)\frac{\breve{O}}{\breve{U}} + \theta(1+\breve{S}) + (\gamma+2\varphi)\frac{\breve{I}\breve{O}}{\eta\breve{U}} = \breve{V},$$

$$\frac{\partial D_1}{\partial p_1} = \left[-(m+\theta) + n\breve{S} + \theta\frac{\breve{O}}{\breve{U}} - \varphi\frac{\breve{I}\breve{O}}{\eta\breve{U}}\right]e_{b1} = \breve{P}e_{b1},$$

$$\frac{\partial \pi_1}{\partial p_1} = D_1 + (p_1-c_1)\frac{\partial D_1}{\partial p_1} + (w-c_1)\frac{\partial D_r}{\partial p_1},$$

$$\frac{\partial^2 \pi_1}{\partial p_1 \partial w} = \frac{\partial D_1}{\partial w} + \frac{\partial D_r}{\partial p_1},$$

且 $\frac{\partial^2 \pi_1}{\partial p_1^2} = 2\frac{\partial D_1}{\partial p_1} < 0$ 为制造商 M_1 有最优收益的必要条件之一。

其次对变量 w 进行寻优求导，根据前面公式(5-1)、(5-4)，可以得到

$$\frac{\partial e_r}{\partial w} = \frac{\breve{I}(\breve{N}-\breve{L})}{\eta\breve{U}}, \frac{\partial p_r}{\partial w} = \frac{1}{\breve{U}}(\breve{U}+\breve{N}-\breve{L}),$$

第五章 线上线下竞争优化的拓展模型

$$\frac{\partial D_1}{\partial w} = \left[n\check{T} + \frac{\theta}{\check{U}}(\check{U}+\check{N}-\check{L}) - \frac{\check{I}(\check{N}-\check{L})}{\eta\check{U}}\varphi\right]e_{b1} = \check{R}e_{b1},$$

$$\frac{\partial D_r}{\partial w} = -(m+2\theta)\frac{1}{\check{U}}(\check{U}+\check{N}-\check{L}) + \theta\check{T} + (\gamma+2\varphi)\frac{\check{I}(\check{N}-\check{L})}{\eta\check{U}} = \check{Q}, 并令$$

$$\frac{\partial p_2}{\partial w} = \frac{\theta(\check{U}+\check{N}-\check{L})}{2(m+\theta)\check{U}} - \frac{\varphi}{2(m+\theta)}\frac{\check{I}(\check{N}-\check{L})}{\eta\check{U}} = \check{T}, 则有$$

$$\frac{\partial \pi_1}{\partial w} = (p_1-c_1)\frac{\partial D_1}{\partial w} + D_r + (w-c_1)\frac{\partial D_r}{\partial w}, \frac{\partial^2 \pi_1}{\partial w^2} = 2\frac{\partial D_r}{\partial w},$$

由此可以推得制造商 M_1 有最大收益的充要条件为

$$\begin{cases} \frac{\partial^2 \pi_1}{\partial p_1^2} = 2\check{P}e_{b1} < 0, 即\check{P} < 0 \\ \begin{vmatrix} \frac{\partial^2 \pi_1}{\partial p_1^2} & \frac{\partial^2 \pi_1}{\partial p_1 \partial w} \\ \frac{\partial^2 \pi_1}{\partial w \partial p_1} & \frac{\partial^2 \pi_1}{\partial w^2} \end{vmatrix} = 4\check{Q}\check{P}e_{b1} - (\check{R}e_{b1}+\check{V})^2 > 0 \end{cases}$$

得到定理 5.3:

定理 5.3 线上线下市场并存下且考虑促销因素时,若线下零售商 r 处于次主导地位,制造商 M_1 必定存在最优定价决策的条件为
$$\begin{cases} \check{P} < 0 \\ \check{F} = 4\check{Q}\check{P}e_{b1} - (\check{R}e_{b1}+\check{V})^2 > 0 \end{cases}。$$

接着寻找最优变量,通过求解如下方程组

$$\begin{cases} \frac{\partial \pi_1}{\partial p_1} = D_1 + (p_1-c_1)\frac{\partial D_1}{\partial p_1} + (w-c_1)\frac{\partial D_r}{\partial p_1} = 0 \\ \frac{\partial \pi_1}{\partial w} = (p_1-c_1)\frac{\partial D_1}{\partial w} + D_r + (w-c_1)\frac{\partial D_r}{\partial w} = 0 \end{cases} \quad (5-6)$$

可以寻找出最优变量 p_1^* 和 w^*,将其代入前面(5-1)至(5-5),可以进一步求得其他最优变量值,以及

$$\pi_1^* = -(p_1-c_1)[(p_1-c_1)\check{P}e_{b1}+(w-c_1)\check{V}]$$
$$-(w-c_1)[(p_1-c_1)\check{R}e_{b1}+(w-c_1)\check{V}]$$
$$-f(e_{d1})-f(e_{b1})$$
$$\pi_2^*(p_2)=(p_2-c_2)D_2-f(e_{d2})-f(e_{b2})$$
$$=e_{b2}(m+\theta)(p_2-c_2)^2-f(e_{d2})-f(e_{b2})$$
$$\pi_r^*(p_r,\ e_r)=-\check{H}(p_r-w)^2-f(e_r)-F$$

各最优变量结果详见下表 5-1 所示。

表 5-1 模型三的最优变量结果

p_r^*	$\dfrac{1}{\check{U}}[a_r+\check{M}+\check{O}p_1+(\check{U}+\check{N}-\check{L})w]$	π_r^*	$-\check{H}(p_r-w)^2-f(e_r)-F$
p_2^*	$\dfrac{n}{2(m+\theta)}p_1+\dfrac{\theta}{2(m+\theta)}p_r+\dfrac{1}{2}c_2+\dfrac{1}{2(m+\theta)}[a_e+(\gamma+\varphi)e_{d2}-\lambda e_{d1}-\varphi e_r]$	π_2^*	$(p_2-c_2)^2(m+\theta)e_{b2}-f(e_{d2})-f(e_{b2})$
e_r^*	$\dfrac{\check{I}}{\eta\check{U}}[\check{O}p_1+(\check{N}-\check{L})w+a_r+\check{M}]$	D_2^*	$(p_2-c_2)e_{b2}(m+\theta)$
D_r^*	$-(p_r-w)\check{H}$	D_1^*	$-(p_1-c_1)\dfrac{\partial D_1}{\partial p_1}-(w-c_1)\dfrac{\partial D_r}{\partial p_1}$
p_1^*/w^*	$\begin{cases}\dfrac{\partial\pi_1}{\partial p_1}=[a_e-mp_1+np_2+\theta(p_r-p_1)+\gamma e_{d1}-\lambda e_{d2}-\varphi(e_r-e_{d1})]e_{b1}\\\quad+(p_1-c_1)\check{P}e_{b1}+(w-c_1)\check{V}=0\\\dfrac{\partial\pi_1}{\partial w}=(p_1-c_1)\check{R}e_{b1}+[a_r-(m+2\theta)p_r+\theta(p_1+p_2)+\gamma e_r+\varphi(e_r-e_{d1})\\\quad+\varphi(e_r-e_{d2})]+(w-c_1)\check{Q}=0\end{cases}$		
$\pi_1^*(p_1,w)$	$-(p_1-c_1)^2\check{P}e_{b1}-(w-c_1)^2\check{Q}-(p_1-c_1)(w-c_1)(\check{V}+\check{R}e_{b1})-f(e_{d1})-f(e_{b1})$		

续　表

注释	$\check{H} = -(m+2\theta) + \dfrac{\theta^2}{2(m+\theta)}, \check{I} = (\gamma+2\varphi) - \dfrac{\varphi\theta}{2(m+\theta)},$ $a_e + (\gamma+\varphi)e_{d2} - \lambda e_{d1} = \check{J}, \check{H} + \dfrac{(\gamma+2\varphi)\check{I}}{\eta} - (m+2\theta) = \check{K},$ $\dfrac{(\gamma+2\varphi)\check{I}}{\eta} + \check{H} = \check{L}, \dfrac{\theta\varphi\check{I}}{2\eta(m+\theta)} - \check{N} = \check{U},$ $\theta\left[\dfrac{1}{2}c_2 + \dfrac{1}{2(m+\theta)}\check{J}\right] - \varphi(e_{d1} + e_{d2}) = \check{M}, \check{K} + \dfrac{\theta^2}{2(m+\theta)} = \check{N},$ $\theta\left[1 + \dfrac{n}{2(m+\theta)}\right] = \check{O}, \dfrac{n}{2(m+\theta)} + \dfrac{\theta}{2(m+\theta)}\dfrac{\check{O}}{\check{U}} - \dfrac{\varphi}{2(m+\theta)}\dfrac{\check{I}\check{O}}{\eta\check{U}} = \check{S},$ $\dfrac{\theta(\check{U}+\check{N}-\check{L})}{2(m+\theta)\check{U}} - \dfrac{\varphi}{2(m+\theta)}\dfrac{\check{I}(\check{N}-\check{L})}{\eta\check{U}} = \check{T},$ $\dfrac{\partial D_1}{\partial p_1} = \left[-(m+\theta) + n\check{S} + \theta\dfrac{\check{O}}{\check{U}} - \varphi\dfrac{\check{I}\check{O}}{\eta\check{U}}\right]e_{b1} = \check{P}e_{b1},$ $\dfrac{\partial D_1}{\partial w} = \left[n\check{T} + \dfrac{\theta}{\check{U}}(\check{U}+\check{N}-\check{L}) - \dfrac{\check{I}(\check{N}-\check{L})}{\eta\check{U}}\varphi\right]e_{b1} = \check{R}e_{b1},$ $\dfrac{\partial D_r}{\partial p_1} = -(m+2\theta)\dfrac{\check{O}}{\check{U}} + \theta(1+\check{S}) + (\gamma+2\varphi)\dfrac{\check{I}\check{O}}{\eta\check{U}} = \check{V},$ $\dfrac{\partial D_r}{\partial w} = -(m+2\theta)\dfrac{1}{\check{U}}(\check{U}+\check{N}-\check{L}) + \theta\check{T} + (\gamma+2\varphi)\dfrac{\check{I}(\check{N}-\check{L})}{\eta\check{U}} = \check{Q}$

下面进一步寻找最优变量的存在条件及分析、单调性变化等。根据表 5-1 可以得到以下几点结论：

第一，品牌促销努力水平 e_{b2} 不影响各项最优变量，但会影响到制造商 M_2 的最优收益。

第二，F 作为判断条件，仅与强势制造商 M_1 的品牌促销水平 e_{b1} 有关。与其他促销水平均无关。

第三，由于零售商 r 没有考虑到单位产品的店面租金等问题，故导致零售商 r 在较低价格下也会进行销售，如果考虑进租金问题，零售商 r 的生存空间就微乎其微了。这种情形下，如果要扶持和鼓励零售商 r 来维持线下市场的话，强势制造商 M_1 就应该采取对应措施。

5.2.5 "制造商 M_1—零售商 r"供应链协调

若"制造商 M_1—零售商 r"供应链协调存在,此时需要寻求各项最优变量。根据逆向归纳法,供应链三方成员的博弈进程变为,"制造商 M_1—零售商 r"的供应链整体与制造商 M_2 展开主从对策博弈。我们把所有最优决策变量下标添加字母 T,以示与上文相区别,譬如 p_{iT}, e_{diT}, $e_{biT}(i=1,2)$, e_{rT}, w_T 等。根据逆向归纳法,可得

$$\frac{\partial \pi_{2T}}{\partial p_{2T}} = [a_e - mp_{2T} + np_{1T} + \theta(p_{rT} - p_{2T}) + \gamma e_{d2T} - \lambda e_{d1T}$$

$$- \varphi(e_{rT} - e_{d2T})]e_{b2T} - (p_{2T} - c_{2T})e_{b2T}(m+\theta)$$

$$\frac{\partial^2 \pi_{2T}}{\partial p_{2T}^2} = -2(m+\theta)e_{b2T} < 0$$

$$\frac{\partial \pi_{2T}}{\partial e_{b2T}} = (p_{2T} - c_2)[a_e - mp_{2T} + np_{1T} + \theta(p_{rT} - p_{2T})$$

$$+ \gamma e_{d2T} - \lambda e_{d1T} - \varphi(e_{rT} - e_{d2T})] - \kappa$$

当 $\frac{\partial \pi_{2T}}{\partial e_{d2T}} \geqslant 0$ 时,制造商 M_2 的最优收益与 e_{d2T} 正相关,反之则反相关;e_{b2T} 与制造商 M_2 收益的关系同理可得。"制造商 M_1—零售商 r"的供应链整体收益函数为

$$\pi_s = (p_{1T} - c_1)D_1(p_{1T}, w_T, e_{d1T}, e_{b1T})$$

$$+ (p_{rT} - c_1)D_r(p_{rT}, e_{rT}) - f(e_{d1T})$$

$$- f(e_{b1T}) - \frac{\eta}{2}e_{rT}^2 - F$$

求导可以得到,

$$p_2^* = \frac{n}{2(m+\theta)}p_{1T} + \frac{\theta}{2(m+\theta)}p_{rT} + \frac{1}{2}c_2$$

$$+ \frac{1}{2(m+\theta)}[a_e + (\gamma+\varphi)e_{d2T} - \lambda e_{d1T} - \varphi e_{rT}]$$

且 $\dfrac{\partial p_{2T}^*}{\partial p_{1T}} = \dfrac{n}{2(m+\theta)}$; $\dfrac{\partial p_{2T}^*}{\partial p_{rT}} = \dfrac{\theta}{2(m+\theta)}$; $\dfrac{\partial p_{2T}^*}{\partial e_{d1T}} = -\dfrac{\lambda}{2(m+\theta)}$;

$\dfrac{\partial p_{2T}^*}{\partial e_{rT}} = -\dfrac{\varphi}{2(m+\theta)}$

继续,"制造商 M_1—零售商 r"供应链的收益函数为

$$\pi_s(p_{1T}, p_{rT}, e_{rT}) = (p_{1T} - c_1)D_{1T} + (p_{rT} - c_1)D_{rT}$$

$$- f(e_{d1T}) - f(e_{b1T}) - \frac{\eta}{2}e_{rT}^2 - F$$

$$\frac{\partial \pi_s}{\partial p_{1T}} = D_{1T} + (p_{1T} - c_1)\left[-(m+\theta) + n\frac{n}{2(m+\theta)}\right]$$

$$+ (p_{rT} - c_1)\theta\left(1 + \frac{n}{2(m+\theta)}\right)$$

$$D_{1T} = -\left[(p_{1T} - c_1)\left[-(m+\theta) + n\frac{n}{2(m+\theta)}\right]\right.$$

$$\left. + (p_{rT} - c_1)\theta\left(1 + \frac{n}{2(m+\theta)}\right)\right]$$

$$\frac{\partial^2 \pi_s}{\partial p_{1T}^2} = 2\left[-(m+\theta) + n\frac{n}{2(m+\theta)}\right] < 0$$

并且,

$$\frac{\partial \pi_s}{\partial p_{rT}} = (p_{1T} - c_1)\left[n\frac{\theta}{2(m+\theta)} + \theta\right] + D_{rT}(p_{rT}, e_{rT})$$

$$+ (p_{rT} - c_1)\left[-(m+2\theta) + \theta\left[\frac{\theta}{2(m+\theta)}\right]\right]$$

$$D_{rT}(p_{rT}, v) = -\left\{(p_{1T} - c_1)\left[\frac{n\theta}{2(m+\theta)} + \theta\right]\right.$$

$$\left. + (p_{rT} - c_1)\left[-(m+2\theta) + \theta\left[\frac{\theta}{2(m+\theta)}\right]\right]\right\}$$

$$\frac{\partial \pi_s^2}{\partial p_{rT}^2} = 2\left[-(m+2\theta) + \theta\left[\frac{\theta}{2(m+\theta)}\right]\right] < 0$$

$$\frac{\partial \pi_s}{\partial e_{d1T}} = (p_{1T} - c_1)e_{b1T}\left[-n\frac{\lambda}{2(m+\theta)} + \gamma + \varphi\right]$$

$$+ (p_{rT} - c_1)\left[-\theta\frac{\lambda}{2(m+\theta)} - 2\varphi\right] - \kappa$$

当 $\frac{\partial \pi_s}{\partial e_{d1T}} > 0$ 时，π_s 随 e_{d1T} 单调递增，反之则单调递减

$$\frac{\partial \pi_s}{\partial e_{b1T}} = (p_{1T} - c_1)[a_e - mp_{1T} + np_{2T} + \theta(p_{rT} - p_{1T})$$

$$+ \gamma e_{d1T} - \lambda e_{d2T} - \varphi(e_{rT} - e_{d1T})] - \kappa$$

当 $\frac{\partial \pi_s}{\partial e_{b1T}} > 0$ 时，π_s 随 e_{b1T} 单调递增，反之则单调递减

且此时，

$$\pi_s^*(p_{1T}, p_{rT}, v) = -(p_{1T} - c_1)^2\left[-(m+\theta) + n\frac{n}{2(m+\theta)}\right]$$

$$-2(p_{1T} - c_1)(p_{rT} - c_1)\theta\left(1 + \frac{n}{2(m+\theta)}\right)$$

$$-(p_{rT} - c_1)^2\left[-(m+2\theta) + \theta\left[\frac{\theta}{2(m+\theta)}\right]\right]$$

$$-f(e_{d1T}) - f(e_{b1T}) - \frac{\eta}{2}e_{rT}^2 - F$$

下面联立方程组，有

$$\begin{cases} p_{2T^*} = \dfrac{1}{2(m+\theta)}[a_e + np_{1T} + \theta p_{rT} + (\gamma+\varphi)e_{d2T} - \lambda e_{d1T} \\ \qquad\qquad - \varphi e_{rT} + (m+\theta)c_2] \\ \dfrac{\partial \pi_s}{\partial p_{1T}} = D_{1T} + (p_{1T} - c_1)\Big[-(m+\theta) + n\dfrac{n}{2(m+\theta)}\Big] \\ \qquad\qquad + (p_{rT} - c_1)\theta\Big(1 + \dfrac{n}{2(m+\theta)}\Big) = 0 \\ \dfrac{\partial \pi_s}{\partial p_{rT}} = (p_{1T} - c_1)\Big[n\dfrac{\theta}{2(m+\theta)} + \theta\Big] + D_{rT} + (p_{rT} - c_1) \\ \qquad\qquad \Big[-(m+2\theta) + \theta\Big[\dfrac{\theta}{2(m+\theta)}\Big]\Big] = 0 \\ \dfrac{\partial \pi_s}{\partial e_{rT}} = (p_{1T} - c_1)\Big[-n\dfrac{\varphi}{2(m+\theta)} - \varphi\Big] + (p_{rT} - c_1) \\ \qquad\qquad \Big[-\theta\dfrac{\varphi}{2(m+\theta)} + (\gamma+2\varphi)\Big] - \eta e_{rT} = 0 \end{cases}$$

根据方程组可以求解出 p_{1T^*}、p_{rT^*}、e_{rT^*}、p_{2T^*} 等最优变量及各项最优收益。并得到如下定理 5.4：

定理 5.4 当 $\Big[-(m+\theta) + n\dfrac{n}{2(m+\theta)}\Big] < 0$，$\Big[-(m+2\theta) + \theta\Big[\dfrac{\theta}{2(m+\theta)}\Big]\Big] < 0$，且 $p_r^* = p_{rT^*}$，$e_r^* = e_{rT^*}$，$p_1^* = p_{1T^*}$ 同时成立时，存在"制造商 M_1—零售商 r"的供应链协调。

5.3 模型四：线上制造商 M_2 次主导 ——考虑促销因素的拓展模型

强势制造商 M_1、弱势线上制造商 M_2 及零售商 r 在线上线下市场的促销活动会影响到消费者对线上线下两类市场认可程度的改变，进而影响到线上线下市场份额的划分，这种情形在弱势线上制造商 M_2

的竞争地位上升,即由最弱势升为竞争的次主导地位时,变得更为显著。不同市场的顾客需求量不仅与展开博弈的三方供应链成员企业的定价机制有关,更与三方企业的促销努力程度密切相关。强势制造商 M_1、弱势制造商 M_2 及零售商 r 的需求函数仍保持不变,为

$$D_1(p_1, w, e_{d1}, e_{b1}) = [a_e - mp_1 + np_2 + \theta(p_r - p_1) \\ + \gamma e_{d1} - \lambda e_{d2} - \varphi(e_r - e_{d1})]e_{b1}$$

$$D_2(p_2, e_{d2}, e_{b2}) = [a_e - mp_2 + np_1 + \theta(p_r - p_2) + \gamma e_{d2} \\ - \lambda e_{d1} - \varphi(e_r - e_{d2})]e_{b2}$$

$$D_r(p_r, e_r) = a_r - mp_r + \theta(p_1 - p_r) + \theta(p_2 - p_r) + \gamma e_r \\ + \varphi(e_r - e_{d1}) + \varphi(e_r - e_{d2})$$

模型四的基本模型如下图 5-10 所示,较之于图 3-1 考虑进了线上线下市场促销因素的影响。

5.3.1 零售商 r 的利润函数

根据前文可知,零售商 r 的需求函数仍为

$$D_r(p_r, e_r) = a_r - mp_r + \theta(p_1 - p_r) + \theta(p_2 - p_r) \\ + \gamma e_r + \varphi(e_r - e_{d1}) + \varphi(e_r - e_{d2})$$

收益函数为

$$\pi_r(p_r, e_r) = (p_r - w - c_r)D_r(p_r, e_r) - f(e_r) - F \\ = (p_r - w)[a_r - mp_r + \theta(p_1 - p_r) + \theta(p_2 - p_r) \\ + \gamma e_r + \varphi(e_r - e_{d1}) + \varphi(e_r - e_{d2})] - \frac{\eta}{2}e_r^2 - F$$

对其进行一阶函数求导,有

$$\frac{\partial \pi_r(p_r, e_r)}{\partial p_r} = D_r + (p_r - w)[-(m + 2\theta)] = 0,$$

$$\frac{\partial \pi_r^2(p_r, e_r)}{\partial p_r^2} = -2(m + 2\theta) < 0$$

$$\frac{\partial \pi_r(p_r, e_r)}{\partial e_r} = (p_r - w)(\gamma + 2\varphi) - \eta e_r = 0,$$

$$\frac{\partial \pi_r^2(p_r, e_r)}{\partial e_r^2} = -\eta < 0, \quad \frac{\partial \pi_r^2(p_r, e_r)}{\partial e_r \partial p_r} = (\gamma + 2\varphi)$$

$$\begin{vmatrix} \dfrac{\partial \pi_r^2(p_r, e_r)}{\partial p_r^2} & \dfrac{\partial \pi_r^2(p_r, e_r)}{\partial e_r \partial p_r} \\ \dfrac{\partial \pi_r^2(p_r, e_r)}{\partial e_r \partial p_r} & \dfrac{\partial \pi_r^2(p_r, e_r)}{\partial e_r^2} \end{vmatrix} = 2\eta(m + 2\theta) - (\gamma + 2\varphi)^2 > 0, \text{由}$$

此可以得出，

$2\eta(m + 2\theta) > (\gamma + 2\varphi)^2$ 时，零售商 r 存在最大收益。

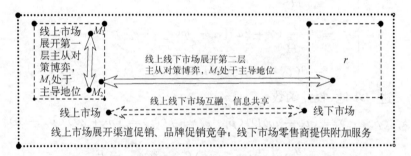

图 5-10 模型四：线上制造商 M_2 次主导下的基本模型（考虑促销因素）

根据一阶条件为零，可以得到 $D_r^*(p_r, e_r) = (m + 2\theta)(p_r - w)$，联立方程有

$$\begin{cases} [a_r - mp_r + \theta(p_1 - p_r) + \theta(p_2 - p_r) + \gamma e_r + \varphi(e_r - e_{d1}) \\ \quad + \varphi(e_r - e_{d2})] + (p_r - w)[-(m + 2\theta)] = 0 \\ (p_r - w)(\gamma + 2\varphi) - \eta e_r = 0 \end{cases}$$

进一步化简得到

$$\begin{cases} a_r - 2(m + 2\theta)p_r + \theta(p_1 + p_2) + (\gamma + 2\varphi)e_r - \varphi(e_{d1} + e_{d2}) \\ \quad + (m + 2\theta)w = 0 \\ e_r = \dfrac{1}{\eta}(p_r - w)(\gamma + 2\varphi) \end{cases}$$

继续代入化简得到

$$a_r + \left[\frac{(\gamma+2\varphi)^2}{\eta} - 2(m+2\theta)\right]p_r + \theta(p_1+p_2) +$$

$$\left[(m+2\theta) - \frac{(\gamma+2\varphi)^2}{\eta}\right]w - \varphi(e_{d1}+e_{d2}) = 0$$

令 $\hat{H} = \frac{(\gamma+2\varphi)^2}{\eta} - 2(m+2\theta), \hat{I} = (m+2\theta) - \frac{(\gamma+2\varphi)^2}{\eta}$，则上面方程变为

$a_r - \varphi(e_{d1}+e_{d2}) + \theta(p_1+p_2) + \hat{I}w + \hat{H}p_r = 0$，故可以求得

$$\begin{cases} p_r^* = -\frac{1}{\hat{H}}[a_r - \varphi(e_{d1}+e_{d2}) + \theta(p_1+p_2) + \hat{I}w] \\ e_r^* = -\frac{1}{\eta\hat{H}}(\gamma+2\varphi)[a_r - \varphi(e_{d1}+e_{d2}) \\ \qquad + \theta(p_1+p_2) + (\hat{H}+\hat{I})w] \end{cases}$$

进一步地，收益函数

$$\pi_r^*(p_r, e_r) = (p_r-w)D_r(p_r, e_r) - f(e_r) = (m+2\theta)(p_r-w)^2$$

$$- \frac{\eta}{2} \times \left[\frac{1}{\eta}(p_r-w)(\gamma+2\varphi)\right]^2 - F$$

化简得到

$$\pi_r^*(p_r, e_r) = (m+2\theta)(p_r-w)^2 - \frac{1}{2\eta}(\gamma+2\varphi)^2 \times (p_r-w)^2 - F$$

$$= \left[(m+2\theta) - \frac{1}{2\eta}(\gamma+2\varphi)^2\right] \times (p_r-w)^2 - F$$

$$= \left[(m+2\theta) - \frac{1}{2\eta}(\gamma+2\varphi)^2\right]\left\{-\frac{1}{\hat{H}}[a_r - \varphi(e_{d1}+e_{d2})\right.$$

$$\left. + \theta(p_1+p_2) + (\hat{H}+\hat{I})w]\right\}^2 - F$$

令 $\hat{J} = (m+2\theta) - \frac{1}{2\eta}(\gamma+2\varphi)^2 = -\frac{\hat{H}}{2}$，则

$$\pi_r^*(p_r, e_r) = -\frac{1}{2\hat{H}}\left[-\frac{\eta\hat{H}e_r^*}{(\gamma+2\varphi)}\right]^2 = -\frac{\eta^2\hat{H}e_r^{*2}}{2(\gamma+2\varphi)^2} - F$$

并得到如下定理：

定理 5.5 线上线下市场并存下且考虑促销因素时，若线上制造商 M_2 处于次主导地位，线下零售商 r 必定存在最优定价决策的条件为 $\hat{H} < 0$。此时，线下零售商 r 的最优收益值为正值，即此时线下零售商 r 才有动力参与线上线下市场竞争。

推理 5.2 线上线下市场并存下且考虑促销因素时，若线上制造商 M_2 处于次主导地位，线下零售商 r 的渠道促销努力水平越高，其最优收益也越大。

推理 5.3 线上线下市场并存下且考虑促销因素时，若线上制造商 M_2 处于次主导地位，线下零售商 r 的购销差价越大，渠道促销努力水平越高。

推理 5.4 线上线下市场并存下且考虑促销因素时，若线上制造商 M_2 处于次主导地位，线上线下市场间的促销努力水平差异越大，顾客需求对渠道促销努力水平的反应越大，线下零售商 r 的最优收益越低。

5.3.2 制造商 M_2 的收益函数

制造商 M_2 的需求函数为

$$D_2(p_2, e_{d2}, e_{b2}) = [a_e - mp_2 + np_1 + \theta(p_r - p_2) \\ + \gamma e_{d2} - \lambda e_{d1} - \varphi(e_r - e_{d2})]e_{b2}$$

其收益函数为

$$\pi_2 = (p_2 - c_2)D_2(p_2, e_{d2}, e_{b2}) - f(e_{d2}) - f(e_{b2})$$

$$\frac{\partial \pi_2}{\partial p_2} = [a_e - mp_2 + np_1 + \theta(p_r - p_2) + \gamma e_{d2} - \lambda e_{d1} \\ - \varphi(e_r - e_{d2})]e_{b2} - (p_2 - c_2)e_{b2}(m + \theta)$$

$$\frac{\partial \pi_2^2}{\partial p_2^2} = -2(m + \theta)e_{b2} < 0$$

$$\frac{\partial \pi_2}{\partial e_{b2}} = (p_2 - c_2)[a_e - mp_2 + np_1 + \theta(p_r - p_2)$$

$$+ \gamma e_{d2} - \lambda e_{d1} - \varphi(e_r - e_{d2})] - \kappa$$

$$\frac{\partial \pi_2(p_2, e_{d2}, e_{b2})}{\partial e_{d2}} = (p_2 - c_2)e_{b2}\Big[(\gamma + \varphi) - \frac{\theta}{\hat{H}}(-\varphi)$$

$$+ \frac{\varphi}{\eta \hat{H}}(\gamma + 2\varphi)(-\varphi)\Big] - \kappa$$

$$= (p_2 - c_2)e_{b2}\Big[(\gamma + \varphi) + \frac{\theta \varphi}{\hat{H}} - \frac{\varphi^2}{\eta \hat{H}}(\gamma + 2\varphi)\Big] - \kappa$$

当 $(p_2 - c_2)[a_e - mp_2 + np_1 + \theta(p_r - p_2) + \gamma e_{d2} - \lambda e_{d1} - \varphi(e_r - e_{d2})] > \kappa$ 时, 函数 $\pi_2(p_2, e_{d2}, e_{b2})$ 随 e_{b2} 单调递增, 反之单调递减。

当 $(p_2 - c_2)e_{b2}\Big[(\gamma + \varphi) + \frac{\theta \varphi}{\hat{H}} - \frac{\varphi^2}{\eta \hat{H}}(\gamma + 2\varphi)\Big] > \kappa$ 时, 函数 $\pi_2(p_2, e_{d2}, e_{b2})$ 随 e_{d2} 单调递增, 反之单调递减。

进一步得到, $D_2^*(p_2, e_{d2}, e_{b2}) = (p_2 - c_2)e_{b2}(m + \theta)$。根据一阶条件为零, 有

$$[a_e - mp_2 + np_1 + \theta(p_r - p_2) + \gamma e_{d2} - \lambda e_{d1}$$

$$- \varphi(e_r - e_{d2})]e_{b2} - (p_2 - c_2)e_{b2}(m + \theta) = 0$$

进一步化简得到

$$2(m + \theta)p_2 = a_e + np_1 - \frac{\theta}{\hat{H}}[a_r - \varphi(e_{d1} + e_{d2}) + \theta(p_1 + p_2) + \hat{I}w]$$

$$+ (\gamma + \varphi)e_{d2} - \lambda e_{d1} + \frac{\varphi}{\eta \hat{H}}(\gamma + 2\varphi)[a_r - \varphi(e_{d1} + e_{d2})$$

$$+ \theta(p_1 + p_2) + \hat{I}w] + \frac{\varphi}{\eta}(\gamma + 2\varphi)w + (m + \theta)c_2$$

继续化简, 得到

$$\Big\{2(m + \theta) - \frac{\theta}{\hat{H}}\Big[\frac{\varphi}{\eta}(\gamma + 2\varphi) - \theta\Big]\Big\}p_2 = (m + \theta)c_2 + a_e$$

$$+ (\gamma + \varphi)e_{d2} - \lambda e_{d1} + \frac{\varphi}{\eta}(\gamma + 2\varphi)w$$

$$+ \left\{n + \frac{\theta}{\hat{H}}\left[\frac{\varphi}{\eta}(\gamma + 2\varphi) - \theta\right]\right\}p_1 + \frac{1}{\hat{H}}\left[\frac{\varphi}{\eta}(\gamma + 2\varphi) - \theta\right]$$

$$[a_r - \varphi(e_{d1} + e_{d2}) + \hat{I}w]$$

即

$$\left\{2(m+\theta) - \frac{\theta}{\hat{H}}\left[\frac{\varphi}{\eta}(\gamma + 2\varphi) - \theta\right]\right\}p_2 = a_e$$

$$+ \left\{n + \frac{\theta}{\hat{H}}\left[\frac{\varphi}{\eta}(\gamma + 2\varphi) - \theta\right]\right\}p_1 + \frac{1}{\hat{H}}\left[\frac{\varphi}{\eta}(\gamma + 2\varphi) - \theta\right]$$

$$[\theta p_2 + a_r - \varphi(e_{d1} + e_{d2}) + \hat{I}w] + (\gamma + \varphi)e_{d2} - \lambda e_{d1}$$

$$+ \frac{\varphi}{\eta}(\gamma + 2\varphi)w + (m+\theta)c_2$$

令

$$\hat{K} = \frac{1}{\hat{H}}\left[\frac{\varphi}{\eta}(\gamma + 2\varphi) - \theta\right], \hat{L} = a_e + (m+\theta)c_2$$

$$+ (\gamma + \varphi)e_{d2} - \lambda e_{d1}, \hat{M} = a_r - \varphi(e_{d1} + e_{d2}),$$

则有 $[2(m+\theta) - \theta\hat{K}]p_2 = \hat{L} + \hat{K}\hat{M} + (n + \theta\hat{K})p_1 + \left[\hat{I}\hat{K} + \frac{\varphi}{\eta}(\gamma + 2\varphi)\right]w$,求得

$$p_2^* = \frac{n + \theta\hat{K}}{2(m+\theta) - \theta\hat{K}}p_1 + \frac{\hat{I}\hat{K} + \frac{\varphi}{\eta}(\gamma + 2\varphi)}{2(m+\theta) - \theta\hat{K}}w + \frac{\hat{L} + \hat{K}\hat{M}}{2(m+\theta) - \theta\hat{K}}$$

$$\pi_2^*(p_2) = (p_2 - c_2)D_2^*(p_2, e_{d2}, e_{b2}) - f(e_{d2}) - f(e_{b2})$$

$$= e_{b2}(m+\theta)(p_2 - c_2)^2 - f(e_{d2}) - f(e_{b2})$$

再令 $\dfrac{n + \theta\hat{K}}{2(m+\theta) - \theta\hat{K}} = \hat{N}, \dfrac{\lambda - \varphi\hat{K}}{2(m+\theta) - \theta\hat{K}} = \hat{O}, \dfrac{\frac{\varphi}{\eta}(\gamma + 2\varphi) + \hat{I}\hat{K}}{2(m+\theta) - \theta\hat{K}} = \hat{P}$,

则 $p_2^* = \hat{N}p_1 + \hat{P}w + \dfrac{\hat{L} + \hat{K}\hat{M}}{2(m+\theta) - \theta\hat{K}}$

并可以得到如下定理：

定理 5.6 线上线下市场并存下且考虑促销因素时，若线上制造商 M_2 处于次主导地位，线上制造商 M_2 能够实现收益最优化。

推理 5.5 线上线下市场并存下且考虑促销因素时，若线上制造商 M_2 处于次主导地位，当 $\dfrac{\partial \pi_2}{\partial e_{d2}} \geqslant 0$ 时，线上制造商 M_2 的收益与渠道促销努力水平正相关，反之则为反相关关系；当 $\dfrac{\partial \pi_2}{\partial e_{b2}} \geqslant 0$ 时，线上制造商 M_2 的收益与品牌促销努力水平正相关，反之则为反相关关系。

推理 5.6 线上线下市场并存下且考虑促销因素时，若线上制造商 M_2 处于次主导地位，当 $\hat{N} \geqslant 0$ 时，p_2^* 与 p_1^* 正相关，反之则为反相关关系；当 $\hat{P} \geqslant 0$ 时，p_2^* 与 w 正相关，反之则为反相关关系。

推理 5.7 线上线下市场并存下且考虑促销因素时，若线上制造商 M_2 处于次主导地位，线上制造商 M_2 的品牌促销努力水平与各项最优决策变量无关，与线上制造商 M_2 的最优收益有关。

5.3.3 制造商 M_1 的收益函数

根据前文所得有

$$\dfrac{\partial \hat{L}}{\partial e_{d1}} = -\lambda, \quad \dfrac{\partial \hat{M}}{\partial e_{d1}} = -\varphi, \quad \dfrac{\partial p_2^*}{\partial p_1} = \hat{N}, \quad \dfrac{\partial p_2^*}{\partial e_{d1}}$$

$$= -\dfrac{\lambda + \varphi \hat{K}}{2(m+\theta) - \theta \hat{K}} = \hat{O}, \quad \dfrac{\partial p_2^*}{\partial w} = \hat{P}$$

$$\dfrac{\partial p_r^*}{\partial p_1} = -\dfrac{\theta(1+\hat{N})}{\hat{H}}, \quad \dfrac{\partial p_r^*}{\partial e_{d1}} = -\dfrac{1}{\hat{H}}(-\varphi + \theta\hat{O}),$$

$$\dfrac{\partial p_r^*}{\partial w} = -\dfrac{\theta\hat{P} + \hat{I}}{\hat{H}}$$

$$\dfrac{\partial e_r^*}{\partial p_1} = -\dfrac{1}{\eta\hat{H}}(\gamma + 2\varphi)\theta(1+\hat{N}),$$

$$\frac{\partial e_r^*}{\partial e_{d1}} = -\frac{1}{\eta \hat{H}}(\gamma + 2\varphi)(-\varphi + \theta \hat{O}),$$

$$\frac{\partial e_r^*}{\partial w} = -\frac{1}{\eta \hat{H}}(\gamma + 2\varphi)(\theta \hat{P} + \hat{H} + \hat{I})$$

又制造商 M_1 的收益函数为

$$\pi_1(p_1, w, e_{d1}, e_{b1}) = (p_1 - c_1)D_1(p_1, w, e_{d1}, e_{b1})$$
$$+ (w - c_1)D_r(p_r, e_r) - f(e_{d1}) - f(e_{b1})$$

首先针对变量 p_1 进行寻优求导,得到

$$\frac{\partial \pi_1}{\partial p_1} = [a_e - mp_1 + np_2 + \theta(p_r - p_1) + \gamma e_{d1} - \lambda e_{d2}$$
$$- \varphi(e_r - e_{d1})]e_{b1} + (p_1 - c_1)\Big[-(m + \theta)$$
$$+ n\hat{N} + \theta\Big(-\frac{\theta(1 + \hat{N})}{\hat{H}}\Big) + \frac{\varphi}{\eta \hat{H}}(\gamma + 2\varphi)\theta(1 + \hat{N})\Big]e_{b1}$$
$$+ (w - c_1)\Big[-(m + 2\theta)\Big[-\frac{\theta(1 + \hat{N})}{\hat{H}}\Big] + \theta(1 + \hat{N})$$
$$- \frac{1}{\eta \hat{H}}(\gamma + 2\varphi)^2 \theta(1 + \hat{N})\Big]$$

$$\frac{\partial^2 \pi_1}{\partial p_1^2} = 2\Big[-(m + \theta) + n\hat{N} - \frac{\theta^2(1 + \hat{N})}{\hat{H}} + \frac{\varphi \theta}{\eta \hat{H}}(\gamma + 2\varphi)(1 + \hat{N})\Big]e_{b1}$$

< 0 为函数存在最优收益的必要条件之一。

$$\frac{\partial^2 \pi_1}{\partial p_1 \partial w} = \frac{\partial D_1(p_1, w, e_{d1}, e_{b1})}{\partial w} + \frac{\partial D_r(p_r, e_r)}{\partial p_1}$$
$$= \frac{\partial D_1(p_1, w, e_{d1}, e_{b1})}{\partial w} + \Big[-(m + 2\theta)$$
$$\Big[-\frac{\theta(1 + \hat{N})}{\hat{H}}\Big] + \theta(1 + \hat{N})$$
$$- \frac{1}{\eta \hat{H}}(\gamma + 2\varphi)^2 \theta(1 + \hat{N})\Big]$$

然后，对变量 w 进行寻优求导，得到

$$\frac{\partial \pi_1}{\partial w} = (p_1 - c_1)e_{b1}\left[n\hat{P} - \theta\frac{\theta\hat{P} + \hat{I}}{\hat{H}} + \frac{\varphi}{\eta\hat{H}}(\gamma + 2\varphi)\right.$$

$$(\theta\hat{P} + \hat{H} + \hat{I})\bigg] + [a_r - (m + 2\theta)p_r + \theta(p_1 + p_2)$$

$$+ \gamma e_r + \varphi(e_r - e_{d1}) + \varphi(e_r - e_{d2})]$$

$$+ (w - c_1)\left[-(m + 2\theta)\left[-\frac{\theta\hat{P} + \hat{I}}{\hat{H}}\right] + \theta\hat{P}\right.$$

$$\left. - \frac{1}{\eta\hat{H}}(\gamma + 2\varphi)^2(\theta\hat{P} + \hat{H} + \hat{I})\right]$$

$$\frac{\partial^2 \pi_1}{\partial w^2} = 2\left[(m + 2\theta)\frac{(\theta\hat{P} + \hat{I})}{\hat{H}} + \theta\hat{P}\right.$$

$$\left. - \frac{1}{\eta\hat{H}}(\gamma + 2\varphi)^2(\theta\hat{P} + \hat{H} + \hat{I})\right]$$

$$\frac{\partial^2 \pi_1}{\partial w \partial p_1} = \frac{\partial^2 \pi_1}{\partial p_1 \partial w} = \frac{\partial D_1(p_1, w, e_{d1}, e_{b1})}{\partial w} + \frac{\partial D_r(p_r, e_r)}{\partial p_1}$$

$$= e_{b1}\left[n\hat{P} - \theta\frac{\theta\hat{P} + \hat{I}}{\hat{H}} + \frac{\varphi}{\eta\hat{H}}(\gamma + 2\varphi)(\theta\hat{P} + \hat{H} + \hat{I})\right]$$

$$+ \left[(m + 2\theta)\frac{\theta(1 + \hat{N})}{\hat{H}} + \theta(1 + \hat{N})\right.$$

$$\left. - \frac{1}{\eta\hat{H}}(\gamma + 2\varphi)^2\theta(1 + \hat{N})\right]$$

又有

$$\frac{\partial \pi_1}{\partial e_{d1}} = (p_1 - c_1)e_{b1}\left[n\hat{O} - \frac{\theta}{\hat{H}}(-\varphi + \theta\hat{O}) + (\gamma + \varphi) + \frac{\varphi}{\eta\hat{H}}(\gamma + 2\varphi)\right.$$

$$(-\varphi + \theta\hat{O})\bigg] + (w - c_1)\left[(m + 2\theta)\frac{1}{\hat{H}}(-\varphi + \theta\hat{O}) + \theta\hat{O}\right.$$

$$\left. - \frac{1}{\eta\hat{H}}(\gamma + 2\varphi)^2(-\varphi + \theta\hat{O}) - \varphi\right] - \kappa$$

当 $\dfrac{\partial \pi_1}{\partial e_{d1}} > 0$ 时,函数单调递增,反之函数单调递减。

$$\dfrac{\partial \pi_1}{\partial e_{b1}} = (p_1 - c_1)[a_e - (m+\theta)p_1 + np_2 + \theta p_r \\ + \gamma e_{d1} - \lambda e_{d2} - \varphi(e_r - e_{d1})] - \kappa$$

当 $\dfrac{\partial \pi_1}{\partial e_{b1}} > 0$ 时,函数单调递增,反之函数单调递减。

此处令

$$\dfrac{\partial D_1}{\partial p_1} = \Big[-(m+\theta) + n\hat{N} - \dfrac{\theta^2(1+\hat{N})}{\hat{H}} \\ + \dfrac{\varphi\theta}{\eta\hat{H}}(\gamma+2\varphi)(1+\hat{N})\Big]e_{b1} = \hat{Q}e_{b1}$$

$$\dfrac{\partial D_r}{\partial w} = (m+2\theta)\dfrac{(\theta\hat{P}+\hat{I})}{\hat{H}} + \theta\hat{P} \\ - \dfrac{1}{\eta\hat{H}}(\gamma+2\varphi)^2(\theta\hat{P}+\hat{H}+\hat{I}) = \hat{R}$$

$$\dfrac{\partial D_1}{\partial w} = e_{b1}\Big[n\hat{P} - \dfrac{\theta(\theta\hat{P}+\hat{I})}{\hat{H}} + \dfrac{\varphi(\gamma+2\varphi)}{\eta\hat{H}}(\theta\hat{P}+\hat{H}+\hat{I})\Big]$$

$$= \hat{S}e_{b1}$$

$$\dfrac{\partial D_r}{\partial p_1} = \Big[\dfrac{\theta(m+2\theta)(1+\hat{N})}{\hat{H}} + \theta(1+\hat{N}) - \dfrac{(\gamma+2\varphi)^2\theta}{\eta\hat{H}}(1+\hat{N})\Big]$$

$$= \hat{T}$$

则极值存在的条件为

$$\begin{cases} \dfrac{\partial^2 \pi_1}{\partial p_1^2} = 2\hat{Q}e_{b1} < 0,\text{即}\hat{Q} < 0 \\ \begin{vmatrix} \dfrac{\partial^2 \pi_1}{\partial p_1^2} & \dfrac{\partial^2 \pi_1}{\partial p_1 \partial w} \\ \dfrac{\partial^2 \pi_1}{\partial w \partial p_1} & \dfrac{\partial^2 \pi_1}{\partial w^2} \end{vmatrix} = 4\hat{Q}\hat{R}e_{b1} - (\hat{S}e_{b1} + \hat{T})^2 > 0 \end{cases}$$

进一步地,根据一阶条件为零,联立方程有

$$\begin{cases} \dfrac{\partial \pi_1}{\partial p_1} = D_1(p_1, w, e_{d1}, e_{b1}) + (p_1 - c_1)\hat{Q}e_{b1} + (w - c_1)\hat{T} = 0 \\ \dfrac{\partial \pi_1}{\partial w} = D_r(p_r, e_r) + (p_1 - c_1)\hat{S}e_{b1} + (w - c_1)\hat{R} = 0 \end{cases}$$

且最优收益函数为

$$\begin{aligned} \pi_1^* =& -(p_1 - c_1)[(p_1 - c_1)\hat{Q}e_{b1} + (w - c_1)\hat{T}] \\ & -(w - c_1)[(p_1 - c_1)\hat{S}e_{b1} + (w - c_1)\hat{R}] \\ & -f(e_{d1}) - f(e_{b1}) \\ =& -(p_1 - c_1)^2 \hat{Q}e_{b1} - (w - c_1)(p_1 - c_1)(\hat{S}e_{b1} + \hat{T}) \\ & -(w - c_1)^2 \hat{R} - f(e_{d1}) - f(e_{b1}) \end{aligned}$$

鉴于方程的复杂性,这里不进一步求得最优变量 p_1^*、w^* 的解析解。进而就可以求出其他最优解,如下表 5-2 所示。

表 5-2 模型四的最优变量结果

p_2^*	$\hat{N}p_1 + \hat{P}w + \dfrac{\hat{L} + \hat{K}\hat{M}}{2(m+\theta) - \theta\hat{K}}$	π_2^*	$e_{b2}(m+\theta)(p_2 - c_2)^2 - f(e_{d2}) - f(e_{b2})$
p_r^*	$-\dfrac{1}{\hat{H}}[\hat{M} + \theta(p_1 + p_2) + \hat{I}w]$	D_2^*	$(p_2 - c_2)e_{b2}(m+\theta)$
e_r^*	$-\dfrac{1}{\eta\hat{H}}(\gamma + 2\varphi)[\hat{M} + \theta(p_1 + p_2) + (\hat{H} + \hat{I})w]$	π_r^*	$-\dfrac{1}{2\hat{H}}[\hat{M} + \theta(p_1 + p_2) + (\hat{H} + \hat{I})w]^2$
D_r	$-(p_1 - c_1)\hat{S}e_{b1} - (w - c_1)\hat{R}$ or $(m + 2\theta)(p_r - w)$	D_1^*	$-(p_1 - c_1)\hat{Q}e_{b1} - (w - c_1)\hat{T}$
p_1^*、w^*	$\begin{cases} \dfrac{\partial \pi_1}{\partial p_1} = [a_e - mp_1 + np_2 + \theta(p_r - p_1) + \gamma e_{d1} - \lambda e_{d2} - \varphi(e_r - e_{d1})]e_{b1} \\ \quad + (p_1 - c_1)\hat{Q}e_{b1} + (w - c_1)\hat{T} = 0 \\ \dfrac{\partial \pi_1}{\partial w} = [a_r - (m + 2\theta)p_r + \theta(p_1 + p_2) + \gamma e_r + \varphi(e_r - e_{d1}) + \varphi(e_r - e_{d2})] \\ \quad + (p_1 - c_1)\hat{S}e_{b1} + (w - c_1)\hat{R} = 0 \end{cases}$		

续表

π_1^*	$-(p_1-c_1)^2\hat{Q}e_{b1}-(w-c_1)^2\hat{R}-(p_1-c_1)(w-c_1)(\hat{T}+\hat{S}e_{b1})-f(e_{d1})-f(e_{b1})$
注释	$\hat{H}=\dfrac{(\gamma+2\varphi)^2}{\eta}-2(m+2\theta),\ \hat{I}=(m+2\theta)-\dfrac{(\gamma+2\varphi)^2}{\eta},$ $\hat{J}=(m+2\theta)-\dfrac{1}{2\eta}(\gamma+2\varphi)^2,\ \hat{M}=a_r-\varphi(e_{d1}+e_{d2}),$ $\hat{K}=\dfrac{1}{\hat{H}}\left[\dfrac{\varphi}{\eta}(\gamma+2\varphi)-\theta\right],\ \hat{L}=a_e+2(m+\theta)c_2+(\gamma+\varphi)e_{d2}-\lambda e_{d1},$ $\dfrac{n+\theta\hat{K}}{2(m+\theta)-\theta\hat{K}}=\hat{N},\ \dfrac{\lambda-\varphi\hat{K}}{2(m+\theta)-\theta\hat{K}}=\hat{O},\ \dfrac{\dfrac{\varphi}{\eta}(\gamma+2\varphi)+\hat{I}\hat{K}}{2(m+\theta)-\theta\hat{K}}=\hat{P},$ $\left[-(m+\theta)+n\hat{N}-\dfrac{\theta^2(1+\hat{N})}{\hat{H}}+\dfrac{\varphi\theta}{\eta\hat{H}}(\gamma+2\varphi)(1+\hat{N})\right]=\hat{Q},$ $(m+2\theta)\dfrac{(\theta\hat{P}+\hat{I})}{\hat{H}}+\theta\hat{P}-\dfrac{1}{\eta\hat{H}}(\gamma+2\varphi)^2(\theta\hat{P}+\hat{H}+\hat{I})=\hat{R},$ $\left[n\hat{P}-\dfrac{\theta(\theta\hat{P}+\hat{I})}{\hat{H}}+\dfrac{\varphi(\gamma+2\varphi)}{\eta\hat{H}}(\theta\hat{P}+\hat{H}+\hat{I})\right]=\hat{S},$ $\left[\dfrac{\theta(m+2\theta)(1+\hat{N})}{\hat{H}}+\theta(1+\hat{N})-\dfrac{(\gamma+2\varphi)^2\theta}{\eta\hat{H}}(1+\hat{N})\right]=\hat{T}$ $\hat{F}=4\hat{Q}\hat{R}e_{b1}-(\hat{S}e_{b1}+\hat{T})^2$

并得到如下定理:

定理 5.7 线上线下市场并存下且考虑促销因素时,若线上制造商 M_2 处于次主导地位,制造商 M_1 存在最优决策的条件为
$$\begin{cases}\hat{Q}<0\\ 4\hat{Q}\hat{R}e_{b1}-(\hat{S}e_{b1}+\hat{T})^2>0\end{cases}。$$

推理 5.8 线上线下市场并存下且考虑促销因素时,若线上制造商 M_2 处于次主导地位,当批发价格高于生产成本时,制造商 M_1 才会参与线上线下市场促销努力竞争。

5.3.4 供应链协调的实现条件

与 5.2.5 类似,此处不再赘述。

观察表 5-2,可以得到如下几项结论:

第一,品牌促销努力水平不影响各项最优变量,但会影响到制造商

M_1 与 M_2 的最优收益。

第二,$\hat{F}$ 作为判断条件,仅与强势制造商 M_1 的品牌促销水平有关,与其他促销努力水平均无关系。

第三,由于线下零售商 r 没有考虑到单位产品的店面租金等问题,故导致线下零售商 r 在较低价格情形下也会进行销售,实际上如果考虑进租金问题,零售商 r 的生存空间就微乎其微了。这种状态下,如果需要扶持和鼓励零售商 r 来维持线下市场的话,强势制造商 M_1 就应该采取对应措施,供应链协调问题也可以进一步展开分析。零售商 r 需要增加店面租金和员工费用等固定成本 F。

第四,供应链协调不存在。

5.4 考虑促销因素前后模型变量的比较分析

5.4.1 零售商 r 次主导:模型一与模型三的比较分析

首先考虑零售商 r 次主导的情形。为了便于区分,在变量下标加 $-yes$ 表示考虑促销因素时的变量,加 $-no$ 表示不考虑促销因素时的变量。比较模型一与模型三的相关函数,可以发现:

当不考虑促销因素时,制造商 M_2 的相关函数为,

$$D_{2-no} = a_e - (m+\theta)p_2 + np_1 + \theta(p_r - v), \pi_{2-no}$$
$$= (p_2 - c_2)D_{2-no}$$

当考虑促销因素时,制造商 M_2 的相关函数为

$$D_{2-yes} = [a_e - mp_2 + np_1 + \theta(p_r - p_2) + \gamma e_{d2} - \lambda e_{d1} - \varphi(e_r - e_{d2})]e_{b2}$$

$$\pi_{2-yes} = (p_2 - c_2)D_{2-yes} - f(e_{d2}) - f(e_{b2})$$

当不考虑促销因素时,零售商 r 的相关函数为

$$D_{r-no} = a_r - mp_r + \mu v + \theta(p_1 + v - p_r) + \theta(p_2 + v - p_r)$$
$$= a_r - (m+2\theta)p_r + \theta(p_1 + p_2) + (\mu + 2\theta)v$$

$$\pi_{r-no} = (p_r - w)D_r(p_r, v) - \eta v^2/2$$
$$= (p_r - w)[a_r - (m+2\theta)p_r + \theta(p_1 + p_2) + (\mu + 2\theta)v] - \eta v^2/2$$

当考虑促销因素时，零售商 r 的相关函数为

$$D_{r-yes} = a_r - mp_r + \theta(p_1 - p_r) + \theta(p_2 - p_r) + \gamma e_r + \varphi(e_r - e_{d1}) + \varphi(e_r - e_{d2})$$

$$\pi_{r-yes} = (p_r - w)D_{r-yes} - f(e_r) - F$$
$$= (p_r - w)[a_r - mp_r + \theta(p_1 - p_r) + \theta(p_2 - p_r) + \gamma e_r + \varphi(e_r - e_{d1}) + \varphi(e_r - e_{d2})] - \frac{\eta}{2}e_r^2 - F$$

当不考虑促销因素时，制造商 M_1 的相关函数为

$$\pi_{1-no} = (p_1 - c_1)D_{1-no} + (w - c_1)D_{r-no}$$
$$= (p_1 - c_1)[a_e - (m+\theta)p_1 + np_2 + \theta(p_r - v)] + (w - c_1)[a_r - (m+2\theta)p_r + \theta(p_1 + p_2) + (\mu + 2\theta)v]D_{1-no}$$
$$= a_e - mp_1 + np_2 + \theta(p_r - v - p_1)$$

当考虑促销因素时，制造商 M_1 的相关函数为

$$\pi_{1-yes} = (p_1 - c_1)D_{1-yes} + (w - c_1)D_{r-yes} - f(e_{d1}) - f(e_{b1})$$
$$= (p_1 - c_1)[a_e - mp_1 + np_2 + \theta(p_r - p_1) + \gamma e_{d1} - \lambda e_{d2} - \varphi(e_r - e_{d1})]e_{b1} + (w - c_1)[a_r - mp_r + \theta(p_1 - p_r) + \theta(p_2 - p_r) + \gamma e_r + \varphi(e_r - e_{d1}) + \varphi(e_r - e_{d2})] - f(e_{d1}) - f(e_{b1})$$

$$D_{1-yes} = [a_e - mp_1 + np_2 + \theta(p_r - p_1) + \gamma e_{d1} - \lambda e_{d2} - \varphi(e_r - e_{d1})]e_{b1}$$

比较汇总见下表 5-3 所示。

表 5-3 考虑促销因素前后的供应链成员最优变量比较(模型一与模型三)

		不考虑促销因素		考虑促销因素
制造商 M_2	D_{2-no}	$a_e-(m+\theta)p_2+np_1+\theta(p_r-v)$	D_{2-yes}	$[a_e-(m+\theta)p_2+np_1+\theta p_r]e_{b2}+[(\gamma+\varphi)e_{d2}-\lambda e_{d1}-\varphi e_r]e_{b2}$
	π_{2-no}	$(p_2-c_2)D_{2-no}$	π_{2-yes}	$(p_2-c_2)D_{2-yes}-\kappa e_{d2}-\omega e_{b2}$
零售商 r	D_{r-no}	$a_r-(m+2\theta)p_r+\theta(p_1+p_2)+(\mu+2\theta)v$	D_{r-yes}	$a_r-(m+2\theta)p_r+\theta(p_1+p_2)+(\gamma+2\varphi)e_r-\varphi(e_{d1}+e_{d2})$
	π_{r-no}	$(p_r-w)D_{r-no}-\eta v^2/2$	π_{r-yes}	$(p_r-w)D_{r-yes}-\eta e_r^2/2-F$
制造商 M_1	D_{1-no}	$a_e-mp_1+np_2+\theta(p_r-v-p_1)$	D_{1-yes}	$[a_e-mp_1+np_2+\theta(p_r-p_1)]e_{b1}+[\gamma e_{d1}-\lambda e_{d2}-\varphi(e_r-e_{d1})]e_{b1}$
	π_{1-no}	$(p_1-c_1)D_{1-no}+(w-c_1)D_{r-no}$	π_{1-yes}	$(p_1-c_1)D_{1-yes}+(w-c_1)D_{r-yes}-\kappa e_{d1}-\omega e_{b1}$

通过比较可以得出下面结论：

第一，当 $\gamma=\mu$, $\varphi=\theta$, $e_{d2}=0$, $e_{d1}=0$, $e_r=v$, $F=0$ 时，$D_{r-yes}=D_{r-no}$, $\pi_{r-yes}=\pi_{r-no}$;

第二，当 $\varphi=\theta$, $e_{d2}=0$, $e_{d1}=0$, $e_r=v$、$e_{b1}=1$ 时，$D_{1-yes}=D_{1-no}$ 并且在满足 $D_{r-yes}=D_{r-no}$ 即 $\gamma=\mu$ 时，且 $\omega=0$ 时, $\pi_{1-yes}=\pi_{1-no}$;

第三，当 $e_{d2}=0$, $e_{d1}=0$, $e_{b2}=1$, $e_r=v$, $\varphi=\theta$ 时，$D_{2-yes}=D_{2-no}$, $\pi_{2-yes}=\pi_{2-no}$;

因此总的来说，当满足参数 $\gamma=\mu$, $\varphi=\theta$, $e_{d2}=0$, $e_{d1}=0$, $e_r=v$, $F=0$, $e_{b2}=1$, $e_{b1}=1$ 时，$D_{r-yes}=D_{r-no}$, $\pi_{r-yes}=\pi_{r-no}$, $D_{1-yes}=D_{1-no}$, $\pi_{1-yes}=\pi_{1-no}$, $D_{2-yes}=D_{2-no}$, $\pi_{2-yes}=\pi_{2-no}$。故可以得出结论，模型三包含了模型一的情形，模型一为模型三的特例。

5.4.2 线上制造商主导：模型二与模型四的比较分析

继续研究线上制造商 M_2 处于次主导地位时的情形。为了便于区分,在变量下标加－pro 表示考虑促销因素时的变量,加－$nopro$ 表示不考虑促销因素时的变量。比较模型二与模型四的相关函数可以发现,当不考虑促销因素时,零售商 r 的相关函数为

$$D_{r-nopro} = a_r - mp_r + \mu v + \theta[(p_1+v-p_r)+(p_2+v-p_r)]$$
$$=a_r-(m+2\theta)p_r+\theta(p_1+p_2)+(\mu+2\theta)v$$
$$\pi_{r-nopro} = (p_r-w)D_{r-nopro} - \eta v^2/2$$

当考虑促销因素时,零售商 r 的相关函数为

$$D_{r-pro} = a_r - (m+2\theta)p_r + \theta(p_1+p_2) + (\gamma+2\varphi)e_r - \varphi(e_{d1}+e_{d2})$$
$$\pi_{r-pro} = (p_r-w)D_{r-pro} - \eta e_r^2/2 - F$$

当不考虑促销因素时,制造商 M_2 的相关函数为

$$D_{2-nopro} = a_e - mp_2 + np_1 + \theta[(p_r-v)-p_2]$$
$$=a_e-(m+\theta)p_2+np_1+\theta(p_r-v),$$
$$\pi_{2-nopro} = (p_2-c_2)D_{2-nopro}$$

当考虑促销因素时,制造商 M_2 的相关函数为

$$D_{2-pro} = [a_e - mp_2 + np_1 + \theta(p_r-p_2) + \gamma e_{d2} - \lambda e_{d1} - \varphi(e_r - e_{d2})]e_{b2}$$
$$=[a_e-(m+\theta)p_2+np_1+\theta p_r+(\gamma+\varphi)e_{d2} - \lambda e_{d1} - \varphi e_r]e_{b2}$$
$$\pi_{2-pro} = (p_2-c_2)D_{2-pro} - \kappa e_{d2} - \omega e_{b2}$$

当不考虑促销因素时,制造商 M_1 的相关函数为

$$D_{1-nopro} = a_e - mp_1 + np_2 + \theta(p_r-v-p_1)$$
$$=a_1-(m+\theta)p_1+np_2+\theta(p_r-v)$$
$$\pi_{1-nopro} = (p_1-c_1)D_{1-nopro} + (w-c_1)D_{r-nopro}$$

当考虑促销因素时，制造商 M_1 的相关函数为

$$D_{1-pro} = [a_e - mp_1 + np_2 + \theta(p_r - p_1) + \gamma e_{d1} - \lambda e_{d2} - \varphi(e_r - e_{d1})]e_{b1}$$

$$\pi_{2-pro} = (p_2 - c_2)D_{2-pro} - \kappa e_{d2} - \omega e_{b2}$$

比较汇总见下表 5-4 所示：

表 5-4 考虑促销因素前后的供应链成员最优变量比较（模型二与模型四）

		不考虑促销因素		考虑促销因素
零售商 r	$D_{r-nopro}$	$a_r - (m+2\theta)p_r + \theta(p_1+p_2) + (\mu+2\theta)v$	D_{r-pro}	$a_r - (m+2\theta)p_r + \theta(p_1+p_2) + (\gamma+2\varphi)e_r - \varphi(e_{d1}+e_{d2})$
	$\pi_{r-nopro}$	$(p_r - w)D_{r-nopro} - \eta v^2/2$	π_{r-pro}	$(p_r - w)D_{r-pro} - \eta e_r^2/2 - F$
制造商 M_2	$D_{2-nopro}$	$a_e - (m+\theta)p_2 + np_1 + \theta(p_r - v)$	D_{2-pro}	$[a_e - (m+\theta)p_2 + np_1 + \theta p_r]e_{b2} + [(\gamma+\varphi)e_{d2} - \lambda e_{d1} - \varphi e_r]e_{b2}$
	$\pi_{2-nopro}$	$(p_2 - c_2)D_{2-nopro}$	π_{2-pro}	$(p_2 - c_2)D_{2-pro} - \kappa e_{d2} - \omega e_{b2}$
制造商 M_1	$D_{1-nopro}$	$a_e - mp_1 + np_2 + \theta(p_r - v - p_1)$	D_{1-pro}	$[a_e - mp_1 + np_2 + \theta(p_r - p_1)]e_{b1} + [\gamma e_{d1} - \lambda e_{d2} - \varphi(e_r - e_{d1})]e_{b1}$
	$\pi_{1-nopro}$	$(p_1 - c_1)D_{1-nopro} + (w - c_1)D_{r-nopro}$	π_{1-pro}	$(p_1 - c_1)D_{1-pro} + (w - c_1)D_{r-pro} - \kappa e_{d1} - \omega e_{b1}$

通过比较可以得出与 5.4.1 相似的结论：

第一，当 $e_{d2} = 0$，$e_{d1} = 0$，$e_{b2} = 1$，$e_r = v$，$\varphi = \theta$ 时，$D_{2-pro} = D_{2-nopro}$，$\pi_{2-pro} = \pi_{2-nopro}$；

第二，当 $\gamma = \mu$，$\varphi = \theta$，$e_{d2} = 0$，$e_{d1} = 0$，$e_r = v$，$F = 0$ 时，$D_{r-pro} = D_{r-nopro}$，$\pi_{r-pro} = \pi_{r-nopro}$；

第三，当 $\varphi = \theta$，$e_{d2} = 0$，$e_{d1} = 0$，$e_r = v$，$e_{b1} = 1$ 时，$D_{1-pro} = D_{1-nopro}$ 且在满足 $D_{r-pro} = D_{r-nopro}$ 即 $\gamma = \mu$，$\omega = 0$ 时，$\pi_{1-pro} = \pi_{1-nopro}$；

因此，当满足参数 $\gamma = \mu$，$\varphi = \theta$，$e_{d2} = 0$，$e_{d1} = 0$，$e_r = v$，$F = 0$，$e_{b2} = 1$，$e_{b1} = 1$ 时，$D_{r-pro} = D_{r-nopro}$，$\pi_{r-pro} = \pi_{r-nopro}$，$D_{1-pro} = $

$D_{1-nopro}$，$\pi_{1-pro} = \pi_{1-nopro}$，$D_{2-pro} = D_{2-nopro}$，$\pi_{2-pro} = \pi_{2-nopro}$。

故也可以得出结论,模型四包含了模型二的情形,模型二为模型四的特例。

5.5 本章结语:"线上制造商"将成为线上线下竞争主流

模型三和模型四为考虑线上线下促销因素下,纯线上制造商与传统制造商、传统零售商之间博弈的两种通用模型,分别包含了模型一与模型二。现今,中国电子商务正抛弃泡沫成分,回归商务内涵本身,线上线下市场也进入了竞争更趋白热化的新阶段。纯线上制造商的另一种称呼为"网商",对于此概念阿里巴巴马云认为"网商是指那些在互联线上市场进行商务活动的企业和个人"。而在众多淘宝网商中,"前店后厂"式网商更具有代表性。"前店后厂"的概念历史,最初指港澳地区和珠江三角洲地区独特的经济合作模式。"前店"指港澳地区,利用海外贸易窗口的优势,承接海外订单,从事制造和开发新产品、新工艺,供应原材料、原器件,控制产品质量,进行市场推广和对外销售等工作;"后厂"指珠江三角洲地区,利用土地自然资源和劳动力优势,进行产品的加工、制造和装配。这里特指一些处于创业初期的中小企业,包括家庭作坊式企业在淘宝平台注册店铺,利用其全天候、跨地域、低成本等便利性特点,线上进行产品的宣传和展示,接受网络买家的订单;线下组织生产加工,以最少的利益分享者和中间环节、最准确快捷的交易方式等满足线上消费的需求。"前店后厂"式淘宝网商具有多项特征,如生产经营规模较小,资金有限,员工人数较少;产品线"少而专",但品牌知名度不高;处于创业阶段,市场份额微小;因有"后厂"支撑,网店信任度较高;持续地生产经营,有稳定的商品供应;"前店"与"后厂"的结合,贯通了产销环节。

"纯线上制造商"即"网商",在电子商务蓬勃发展下的增长势头极其迅猛。有关数据显示,以天猫原创品牌群即"纯线上制造商"为例,2010年刚创立时仅有数十家,现在已经发展至接近200家,平均年交易额集中在3 000万—5 000万元之间,部分原创品牌的年销售额甚至达到数亿元。据相关分析认为,这些"纯线上制造商"原创品牌群无论是盈利能力或再发展能力或已超过某些B2C企业。阿里巴巴马云在2013年全球网商大会上预言,"今年淘宝交易额将超过1万亿元,相当于去年陕西省整个GDP,未来还会从1万亿向10万亿挺进",认为未来网商将呈现"小而美"态势。且随着网络品牌影响力的日益扩大,电子商务服务业的市场潜力亦会全面扩张,譬如融资门槛降低、自建网购品牌成趋势等。有报道称从2010年到2013年两年间,淘品牌数量已由数十家发展到近200家,其中包含销售额5亿元规模的品牌。且原来需要用数十年甚至上百年成长的品牌,在互联线上市场可缩短到两三年。如网络品牌"ANTSZONE"(蚁族)的营业额从零做到3 000万元用了不到三年时间;网络童装品牌"绿盒子"在成立一年后获得两次超过1.2亿元的风投融资,公司本身已经盈利;而2013年天猫原创网络品牌韩都衣舍、七格格、裂帛等销售额均有望达到5亿元左右,未来几年将保持两到三倍以上的增速。

第六章 线上线下竞争优化拓展模型的模拟分析

——考虑促销因素

6.1 模型三的基本数值模拟分析

令 $a_r = 450$，$a_e = 400$，$m = 20$，$n = 10$，$\theta = 3$，$\eta = 2$，$\kappa = 1$，$\gamma = 0.5$，$\lambda = 0.3$，$\varphi = 0.2$，$c_1 = c_2 = 8$，可以得到，$\check{H} = -51.804 < 0$，$2\eta\check{H} + \check{I}^2 = -206.431 < 0$，$\check{P} = -20.658 < 0$，$4\check{Q}\check{P}e_{b1} - (\check{R}e_{b1} + \check{V})^2 = 5\,570.52 > 0$，$U_1 = -20.826 < 0$，$V1 = 1.217 < 0$，满足模型三的各项定理。下面深入探索各项最优变量的变化规律：

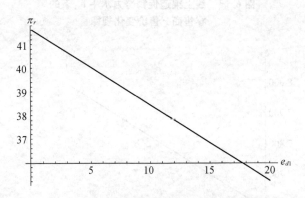

图 6-1 线上渠道促销努力水平 e_{d1} 下的零售商 r 收益变化规律

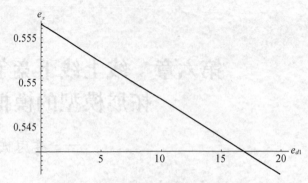

图 6-2　线上渠道促销努力水平 e_{d1} 下的
零售商 r 努力水平变化规律

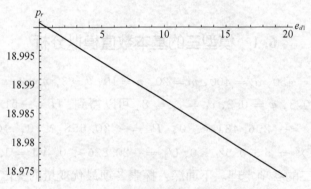

图 6-3　线上渠道促销努力水平 e_{d1} 下的
零售商 r 售价变化规律

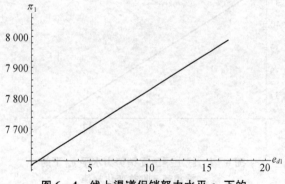

图 6-4　线上渠道促销努力水平 e_{d1} 下的
制造商 M_1 收益变化规律

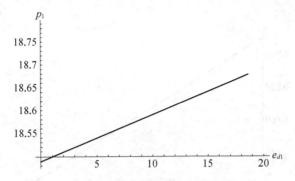

图 6-5　线上渠道促销努力水平 e_{d1} 下的
　　　　制造商 M_1 售价变化规律

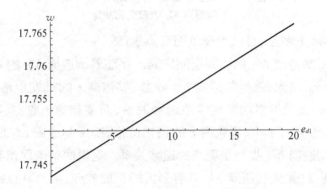

图 6-6　线上渠道促销努力水平 e_{d1} 下的
　　　　制造商 M_1 批发价变化规律

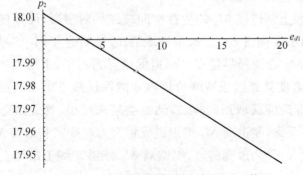

图 6-7　线上渠道促销努力水平 e_{d1} 下的
　　　　制造商 M_2 售价变化规律

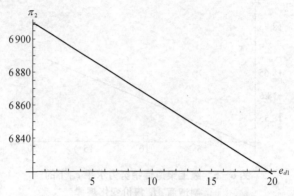

图 6-8 线上渠道促销努力水平 e_{d1} 下的
制造商 M_2 收益变化规律

观察以上图示,可以发现下面几点规律:

第一,制造商 M_1 的生存空间广阔。伴随着制造商 M_1 的渠道促销努力水平 e_{d1} 增大,强势制造商 M_1 收益、零售商 r 的批发价格、强势制造商 M_1 的直销价格均呈现线性递增关系,而零售商 r 收益、零售商 r 的渠道销售努力水平、零售商 r 的销售价格、线上制造商 M_2 的直销价格、线上制造商 M_2 收益呈现线性递减关系。这说明渠道促销努力水平 e_{d1} 的提高,对强势制造商 M_1 具有强大的正面效应,虽然其直销价格不断上升,批发价格不断上升,其收益还能够不降反增;而弱势线上制造商 M_2 迫于竞争压力将采取降价措施,以避免网络购物消费需求量下滑,导致其收益收缩过快。

第二,线上制造商 M_2 的生存空间减速相对缓慢,而零售商 r 则步履维艰。由于零售商 r 处于次主导地位,故是制造商 M_1 的最强竞争对手,制造商 M_1 会选择尽量提升渠道促销努力水平,来给零售商 r 制造巨大压力,迫使其通过采取降价措施才能保证线下市场消费者不至于过量流失,保证能获取正的收益,然收益越来越少,其促销努力的积极性也越低。反之,制造商 M_1 的渠道促销努力对线上制造商 M_2 的竞争压力还不太大,作为最弱势方,制造商 M_2 能够在线上市场上获得一定的生存空间。

第三,通过观察上述图示发现,零售商 r 的批发价格递增,销售价格递减,零售商 r 的收益下降幅度明显,其现存的固定成本日益成为巨大的负担,当其 $e_{d1}=150.396$ 时,其收益降为零。故 $0\leqslant e_{d1}<150.396$ 为零售商 r 参加三方博弈的条件。

6.2　模型四的基本数值模拟分析

鉴于最优变量表达式的复杂性,本节对部分参数进行赋值,旨在研究强势制造商 M_1 的渠道促销努力水平 e_{d1} 变化对相关最优决策的影响,发现内在的管理启示。

令 $a_r=300$, $a_e=400$, $m=19$, $n=10$, $\theta=3$, $\eta=2$, $\kappa=1$, $\gamma=0.5$, $\lambda=0.3$, $\varphi=0.2$, $c_1=c_2=8$,我们可以得到,$\hat{H}=-49.595$, $\hat{Q}=-19.4611$, $4\hat{Q}\hat{R}e_{b1}-(\hat{S}e_{b1}+\hat{T})^2=4756.52>0$, $\hat{U}=-19.727$, $\hat{W}=-24.795$,满足模型四的各项定理。并且,通过计算发现"制造商 M_1—零售商 r"的供应链协调不存在,强势制造商 M_1 角色的多重化、线上线下市场竞争且考虑促销努力水平因素的复杂作用,使得供应链协调的实现难度大大增强。下面重点研究制造商 M_1 渠道促销努力水平 e_{d1} 的变化对相关最优决策的影响,$e_{b1}=5$, $e_{b2}=4$, $e_{d1}=6$,得到如下系列图示。

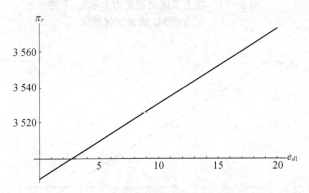

图 6-9　线上渠道促销努力水平 e_{d1} 下的
　　　　零售商 r 收益变化规律

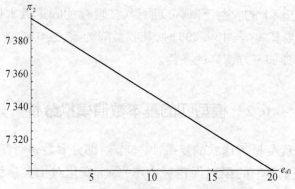

图 6-10 线上渠道促销努力水平 e_{d1} 下的制造商 M_2 收益变化规律

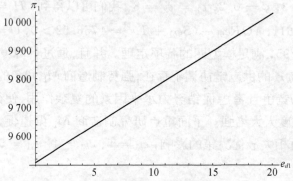

图 6-11 线上渠道促销努力水平 e_{d1} 下的制造商 M_1 收益变化规律

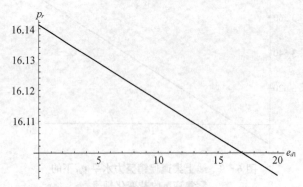

图 6-12 线上渠道促销努力水平 e_{d1} 下的零售商 r 售价变化规律

第六章　线上线下竞争优化拓展模型的模拟分析

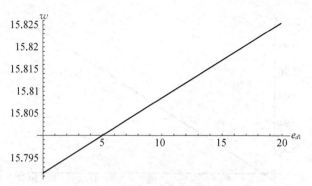

图6-13　线上渠道促销努力水平 e_{d1} 下的制造商 M_1 批发价变化规律

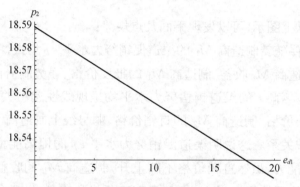

图6-14　线上渠道促销努力水平 e_{d1} 下的制造商 M_2 售价变化规律

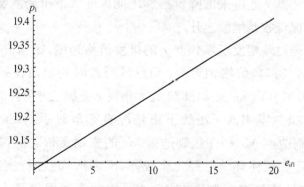

图6-15　线上渠道促销努力水平 e_{d1} 下的制造商 M_1 售价变化规律

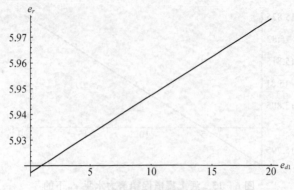

图 6-16　线上渠道促销努力水平 e_{d1} 下的
零售商 r 努力水平变化规律

观察以上图示,可以发现下面几点规律:

第一,伴随着制造商 M_1 的渠道促销努力水平 e_{d1} 增大,零售商 r 收益、强势制造商 M_1 收益、制造商 M_1 的批发价格、强势制造商 M_1 的直销价格及零售商 r 的渠道销售努力水平均呈现线性递增关系,而零售商 r 的销售价格、制造商 M_2 的直销价格、弱势线上制造商 M_2 收益呈现线性递减关系。这说明渠道促销努力水平 e_{d1} 的提高能增强制造商 M_1 的竞争能力,虽然直销价格不断上升,制造商 M_1 的收益还能够不降反增;促使弱势线上制造商 M_2 采取降价措施竞争,以避免网络购物消费需求量下滑,导致其收益收缩过快;在制造商 M_1 提升批发价格的前提下,零售商 r 通过采取降价措施才能保证线下市场消费者不至于流失过量,保证收益继续上升。

第二,通过观察发现零售商 r 的批发价格递增,销售价格递减,故当批发价格与销售价格相等时,可以求得此时的渠道促销努力水平 $e_{d1}=84.879$,$0 \leqslant e_{d1} < 84.879$ 为零售商 r 参加三方博弈的条件。

第三,虽然零售商 r 在线下市场没有竞争对手,其最优定价仍低于强势制造商 M_1 和在线制造商 M_2 的直销定价。这说明当电子商务的硬件和软件环境已经完全成熟,网络购物被消费者完全熟识时,线上市场直销商如制造商 M_1 和 M_2 的渠道促销努力水平提升时,很可能出现定价还高于线下零售商 r 定价的情形。该结论的启示意义很突出,由于网络广告的引诱功能,加之贪图便利等,消费者的网购产品定价可能比实体店铺的定价还高。部分行业已经出现了这种现象。

6.3 模型三的渠道促销效应模拟分析

已知假设 $e_{d2} = \alpha_1 e_{d1}$,α_1 为制造商 M_2 线上渠道促销努力的变化率,意味着相对于制造商 M_1 的线上市场渠道促销努力,制造商 M_2 线上渠道促销努力的变化程度。可以得到如下启示:

第一,观察图 6-17、6-18,根据 $\pi_r \geqslant 0$ 得出 $0 \leqslant \alpha_1 \leqslant 86.111$,在此范围内 $\pi_2 \geqslant 0, \pi_1 \geqslant 0$。故得出取值范围为 $0 \leqslant \alpha_1 \leqslant 86.111$。$\check{H} = -51.804 < 0, 2\eta\check{H} + \check{I}^2 = -206.43 < 0, \check{P} = -20.66 < 0, 4\check{Q}\check{P}e_{b1} - (\check{R}e_{b1} + \check{V})^2 = 5570.52 > 0$。进一步观察图 6-19,在 $0 \leqslant \alpha_1 \leqslant 86.111$ 范围内,$e_r \geqslant 0$ 恒成立。并且可以求出,$e_r \geqslant 0$ 的取值范围为 $0 \leqslant \alpha_1 \leqslant 293.592$。

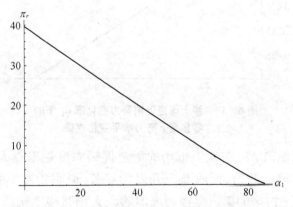

图 6-17 线上渠道促销努力变化率 α_1 下的
零售商 r 收益变化规律

第二,进一步观察图 6-17、6-18、6-19,在 $0 \leqslant \alpha_1 \leqslant 86.111$ 范围内,随着参数 α_1 逐渐增大,线下市场快速缩水,本来就生存维艰的线下零售商 r 处境更加恶化,面临着倒闭以退出市场竞争的危险。而随着

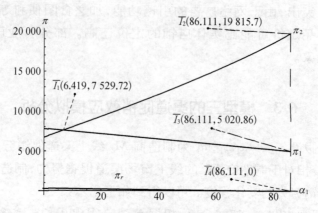

图 6-18 线上渠道促销努力变化率 α_1 下的供应链成员收益变化规律

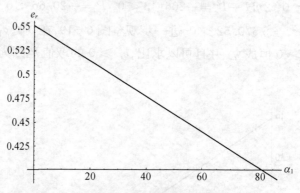

图 6-19 线上渠道促销努力变化率 α_1 下的零售商 r 努力水平变化规律

弱势线上制造商 M_2 在线上市场的渠道促销力度越来越大,其地位上的劣势明显得以改善,而收益上升最为显著,说明相对于强势制造商 M_1,提升线上市场的渠道促销力度能够大大增强线上制造商 M_2 的线上市场竞争能力。然而,强势制造商 M_1 一方面面临线下市场份额的快速缩水,另一方面其线上市场份额又被弱势线上制造商 M_2 侵占,导致其收益曲线呈现出单调递减的特点。直至 $\alpha_1 = 86.111$,此时 $\pi_1 = 5020.86$,$\pi_2 = 19815.7$,$\pi_r = 0$,$e_r = 0.39$。对于强势制造商 M_1 来说,要想保证其本身的渠道主导地位不变并且获得最大收益,参数 α_1 应该越小越好。如果要满足 $\pi_1 \geqslant \pi_2$ 的收益前提，合理的参数取值区间为 $0 \leqslant \alpha_1 \leqslant 6.419$。

第三，观察图 6-20、6-21，在 $0 \leqslant \alpha_1 \leqslant 86.111$ 范围内，随着参数 α_1 逐渐增大，曲线 p_2 分别超越了曲线 p_1 与曲线 p_r，交点分别为 $(6.057, 18.445)$ 及 $(9.378, 18.724)$。这意味着弱势线上制造商 M_2 在线上市场的渠道促销力度越来越大，必然会带来其线上市场销售价格的递增，以满足促销带来的高成本支出。然而，其他各类价格曲线均呈现出递减趋势。其中，随着弱势线上制造商 M_2 在线上市场的渠道促销力度逐步增大，曲线 p_r 始终处于曲线 w 上方，保证了线下零售商 r 能够获得正向收益，然两条曲线在递减过程中呈逐步靠拢的趋势。当 $\alpha_1 = 0$ 时 $(p_r - w) = 1.246$，当 $\alpha_1 = 86.111$ 时，$(p_r - w) = 0.88$，说明线下零售商 r 的收益逐步减少，且曲线 p_1 的递减速度低于曲线 p_r，故双方在 $\alpha_1 = 65.514$ 处相交，弱势线上制造商 M_2 的渠道促销努力对线下零售商 r 的影响高于强势制造商 M_1，直至 $\alpha_1 = 86.111$。此时，相关最优变量结果为 $p_2 = 25.167$，$p_r = 16.353$，$w = 15.472$，$p_1 = 16.485$。

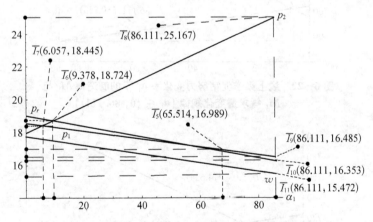

图 6-20　线上渠道促销努力变化率 α_1 下的供应链成员
定价变化规律 ($\alpha_1 \in (0, 86.111)$)

第四，观察图 6-22、6-23，在 $0 \leqslant \alpha_1 \leqslant 86.111$ 范围内，随着参数 α_1 逐渐增大，弱势线上制造商 M_2 在线上市场的渠道促销力度越来越大，强势制造商 M_1 的总需求曲线单调递减，线上制造商 M_2 的总需求

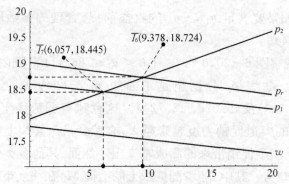

图 6-21　线上渠道促销努力变化率 α_1 下的供应链成员定价变化规律（$\alpha_1 \in (0, 20)$）

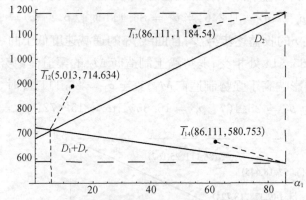

图 6-22　线上渠道促销努力变化率 α_1 下的制造商 M_1 与 M_2 需求量变化规律（$\alpha_1 \in (0, 86.111)$）

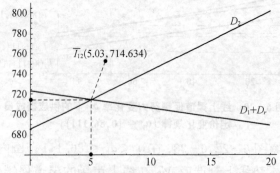

图 6-23　线上渠道促销努力变化率 α_1 下的制造商 M_1 与 M_2 需求量变化规律（$\alpha_1 \in (0, 20)$）

曲线单调递增。结合前面图 6-20、6-21 观察可得,参数 α_1 的增大能促使弱势线上制造商 M_2 的销售价格上升而需求曲线递增,故弱势线上制造商 M_2 必然会加大线上市场的渠道促销力度来提升收益。当 $\alpha_1 = 5.03$ 时,弱势线上制造商 M_2 的需求曲线超过了强势制造商 M_1 的需求曲线。当 $\alpha_1 = 86.111$ 时,$D_2 = 1184.54$,$D_1 + D_r = 580.753$。对强势制造商 M_1 来说,为保证其产能总量的第一地位,参数 α_1 应该越小越好,相对于弱势线上制造商 M_2,至少应该保证 $0 \leqslant \alpha_1 \leqslant 5.03$。

6.4 模型四的渠道促销效应模拟分析

第一,假设参数 $a_e = 400$,$a_r = 450$,$m = 20$,$n = 10$,$\theta = 3$,$\eta = 2$,$\kappa = 1$,$\gamma = 0.5$,$\lambda = 0.3$,$\varphi = 0.2$,$c_1 = c_2 = 8$。可以得到 $\hat{H} = -51.6 < 0$,$\hat{Q} = -20.57 < 0$,$e_{d1} = 6$,$e_{b1} = 4$,$e_{b2} = 3$,$4\hat{Q}\hat{R}e_{b1} - (\hat{S}e_{b1} + \hat{T})^2 = 4209.13 > 0$。

满足模型四的相关定理条件,然而不存在供应链协调。

第二,假设 $e_{d2} = \beta_1 e_{d1}$,参数 β_1 为制造商 M_1 线上市场的品牌促销努力变化率,意味着相对于制造商 M_1 的线上市场渠道促销努力,其品牌促销努力的变化程度。制造商 M_2 线上渠道促销努力的变化率,意味着相对于制造商 M_1 的线上市场渠道促销努力,制造商 M_2 线上渠道促销努力的变化程度。参数 β_1 越大,线上市场渠道促销努力水平 e_{d2} 也越强。研究得到系列图示如下:

第三,观察图 6-28 等得到,当线上制造商 M_2 不参与直销渠道促销努力竞争即 $\beta_1 = 0$ 时,最优定价及收益分别是,$p_r = 19.66$,$p_1 = 18.63$,$p_2 = 17.99$,$w = 17.8$,$e_r = 0.84$,$\pi_r = 88.84$,$\pi_1 = 9578.12$,$\pi_2 = 6877.84$,当 $\beta_1 = 293$ 时,$e_r = 0$。

第四,观察图 6-24、6-25 得到,从最优定价决策的变化规律来看,随着 β_1 逐步增大,即线上制造商 M_2 逐步加大线上市场的渠道促销努力效应时,无论是线下零售商 r 的定价还是强势制造商 M_1 的直销定价均呈现递减趋势,零售商 r 的批发价格也逐步递减,而线上制造商 M_2 的最优直销定价逐步上扬。具体来看,线下零售商 r 的定价整体高于

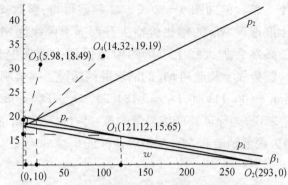

图 6-24 线上渠道促销努力变化率 β_1 下的供应链成员定价变化规律（$\beta_1 \in (0, 293)$）

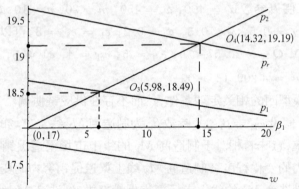

图 6-25 线上渠道促销努力变化率 β_1 下的供应链成员定价变化规律（$\beta_1 \in (0, 20)$）

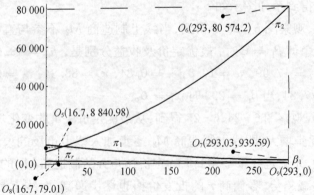

图 6-26 线上渠道促销努力变化率 β_1 下的供应链成员收益变化规律（$\beta_1 \in (0, 293)$）

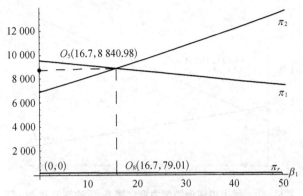

图 6-27 线上渠道促销努力变化率 β_1 下的供应链成员收益变化规律 ($\beta_1 \in (0, 50)$)

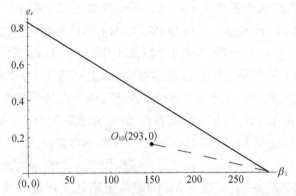

图 6-28 线上渠道促销努力变化率 β_1 下的零售商 r 努力水平变化规律 ($\beta_1 \in (0, 293)$)

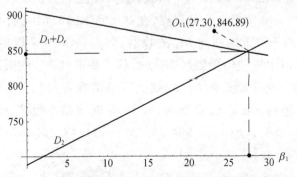

图 6-29 线上渠道促销努力变化率 β_1 下的制造商 M_1 与 M_2 需求量变化规律 ($\beta_1 \in (0, 30)$)

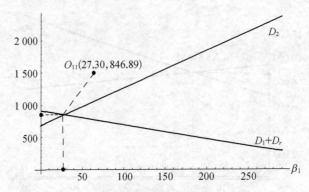

图6-30　线上渠道促销努力变化率 β_1 下的制造商 M_1 与 M_2 需求量变化规律（$\beta_1 \in (0, 293)$）

批发价格,否则线下零售商 r 将没有积极性参与线上线下市场竞争。当 $\beta_1 \geqslant 121.12$ 时,$p_r \leqslant p_1$,此时虽然零售商 r 有店铺租金等成本、批发价约束等困扰,却还必须使得零售价格低于制造商 M_1 的直销价格,说明线下零售商 r 的利润空间已经非常有限,线上制造商 M_2 的渠道促销努力吸引走了大部分线下市场消费者的眼球,线下市场份额急剧缩水。

在 $0<\beta_1<121.12$ 区间,随着 β_1 由零递增至 5.98 时,p_2 曲线超越了 p_1,说明制造商 M_1 对渠道促销努力重要性的忽视,给了线上制造商 M_2 通过加大渠道促销努力水平而实现提价策略的空间。当 β_1 由 5.98 递增至 14.32 时,线上制造商 M_2 的定价策略甚至超越了线下零售商 r 的零售定价,其渠道促销努力效应日益显著。

第五,观察图 6-26、6-27 得到,从供应链成员企业收益的变化规律来看,$\beta_1 = 16.7$ 是一个分界点,在 $0<\beta_1<16.7$ 区间,强势制造商 M_1 的收益高于线上制造商 M_2 的收益,而当 $\beta_1 \geqslant 16.7$ 以后,强势制造商 M_1 的渠道主导地位受到严重挑战,线上制造商 M_2 的渠道促销努力助其分享到了高于制造商 M_1 的线上市场消费者份额,直至 $\beta_1 = 293$ 时,线下零售商 r 收益 π_r 降至零,π_1 与 π_2 的收益差距扩至最大。

当 $\beta_1 = 293$, $p_r = 9.96452$, $p_1 = 11.42$, $p_2 = 42.54$, $w = 9.96432$;

当 $\beta_1 = 293$, $D_2 = 2383.34$, $D_1 + D_r = 277.81$;

当 $\beta_1 = 0$, $D_2 = 689.04$, $D_1 + D_r = 905.35$。

第六,观察图 6-29、6-30 得到,从企业的最优产能决策变化规律来看,$\beta_1 = 27.3$ 是一个分界点。在 $0 < \beta_1 < 27.3$ 区间,强势制造商 M_1 的产能决策高于线上制造商 M_2 的产能决策,而当 $\beta_1 \geqslant 27.3$ 以后,线上制造商 M_2 的渠道促销努力已经助其取得了高于制造商 M_1 的收益份额,其线上线下的市场份额争夺也获得决定性胜利,高于制造商 M_1 的线上线下市场份额,直至 $\beta_1 = 293$ 时,制造商 M_1 的线上线下市场份额降至 277.81,线上制造商 M_2 的线上市场份额增至 2 383.34。

第七,对于制造商 M_1 来说,为保证其供应链主导地位不变,应该将参数控制在 $0 < \beta_1 < 16.7$,并且其产能决策最好控制在 869.584($\beta_1 = 16.7$ 时的制造商 M_1 线上线下市场需求总量)。作为供应链主导方,制造商 M_1 不能忽视线上市场的渠道促销努力竞争导致自身陷入被动,同时更应该协调和控制好线上线下市场的产能总量及合理分配,谨防产能过剩导致收益出现不增反减的情形。

6.5 模型三的品牌促销效应模拟分析

第一,对参数赋值为 $a_e = 400$, $a_r = 450$, $m = 20$, $n = 10$, $\theta = 3$, $\eta = 2$, $\kappa = 1$, $\gamma = 0.5$, $\lambda = 0.3$, $\varphi = 0.2$, $c_1 = c_2 = 8$, $e_{d1} = 6$, $e_{b2} = 3$, $e_{d2} = 4$,可以得到 $\hat{H} = -51.6 < 0$, $\hat{Q} = -20.57 < 0$, $e_{d1} = 6$, $e_{b1} = 4$, $e_{b2} = 3$, $4\hat{Q}\hat{R}e_{b1} - (\hat{S}e_{b1} + \hat{T})^2 = 4 209.13 > 0$。满足模型三的相关定理条件,然而不存在供应链协调。

第二,假设 $e_{b1} = \alpha_2 e_{d1}$,参数 α_2 表示制造商 M_1 线上品牌促销努力的变化率,意味着相对于制造商 M_1 的线上市场渠道促销努力,其品牌促销努力的变化程度。参数 α_2 越大,线上市场品牌促销努力水平 e_{b1} 也越强。研究得到系列图示如下:

第三,观察图 6-31 和图 6-32,根据 $\pi_r \geqslant 0$ 得出 $0 \leqslant \alpha_2 \leqslant 2.56 \times 10^{-19}$,或者 $1.99 \times 10^{-4} \leqslant \alpha_2 \leqslant 0.904$,或者 $\alpha_2 \geqslant 2.016$。根据 $e_r \geqslant 0$ 可以近似得出 $7.1 \times 10^{-4} \leqslant \alpha_2 \leqslant 1.468$。根据 $\pi_1 \geqslant 0$ 得出 $1.5 \times 10^{-2} \leqslant \alpha_2 \leqslant 17.13$。因此,可以得出取值范围为 $0.015 \leqslant \alpha_2 \leqslant 0.904$。在此范围

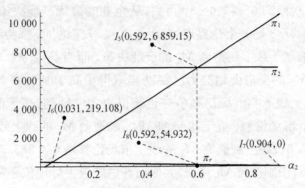

图 6-31 线上品牌促销努力变化率 α_2 下的
供应链成员收益变化规律

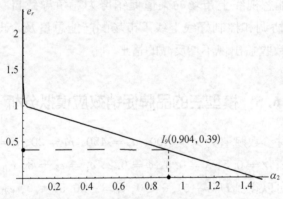

图 6-32 线上品牌促销努力变化率 α_2 下的
零售商 r 努力水平变化规律

内 $\pi_2 \geqslant 0$，$\check{H} = -51.804 < 0$，$\check{P} = -20.66 < 0$，$2\eta\check{H} + \check{I}^2 = -206.43 < 0$，且满足 $4\check{Q}\check{P}e_{b1} - (\check{R}e_{b1} + \check{V})^2 > 0$ 的条件是 $0.00071 < \alpha_2 < 38.82$。

第四，进一步观察图 6-30 及图 6-31，发现随着 α_2 逐渐增大，强势制造商 M_1 在线上市场的品牌促销力度越来越大，直接导致线下市场快速缩水，使得本来就步履维艰的线下零售商 r 生存更为艰难，制造商 M_1 的收益则快速上涨。而弱势线上制造商 M_2 则从中搭便车，制造商 M_1 的品牌促销给制造商 M_2 也带来了正面效应，收益得到提升。当

$\alpha_2 = 0.592$ 时,制造商 M_1 的收益超越了制造商 M_2,直至 $\alpha_2 = 0.904$,此时,$\pi_1 = 10\,503.6$, $\pi_2 = 6\,940.4$, $\pi_r = 0$, $e_r = 0.39$。根据 $\pi_1 \geqslant \pi_2$ 的寻优原理,合理的取值区间为 $0.592 \leqslant \alpha_2 \leqslant 0.904$。

第五,观察图 6-33、6-34、6-35,可以发现单方面增加强势制造商 M_1 在线上市场的品牌促销力度,制造商 M_1 收益曲线并非单调递增,而是存在一个收益上限,这说明品牌促销力度并非越大越好,而应该适中。制造商 M_2 的收益曲线则存在一个收益下限,α_2 在合理的取值范围内。这说明制造商 M_1 的品牌促销力度对制造商 M_2 的收益影响是有变化的,并非绝对正比例关系。在合理的 α_2 取值范围内,线下零售商 r 的收益单调递减。

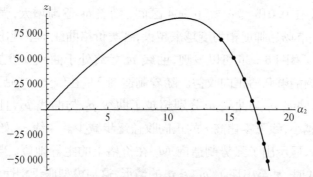

图 6-33 线上品牌促销努力变化率 α_2 下的
制造商 M_1 收益变化规律

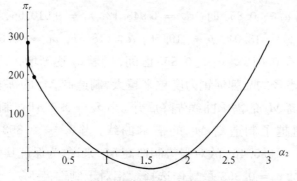

图 6-34 线上品牌促销努力变化率 α_2 下的
零售商 r 收益变化规律

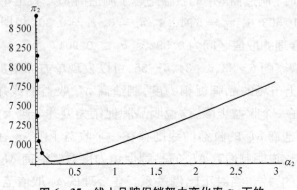

图 6-35　线上品牌促销努力变化率 α_2 下的制造商 M_2 收益变化规律

第四，在 $0.015 \leqslant \alpha_2 \leqslant 0.904$ 区间，随着 α_2 逐渐增大，强势制造商 M_1 的线上市场品牌促销力度越来越大，各类价格曲线均呈现出先降后升的趋势。观察图 6-36 可以发现，曲线 p_r 始终处于曲线 w 上方，保证了线下零售商能够获得正向收益。随着制造商 M_1 在线上市场品牌促销力度的加大，曲线 p_r 与曲线 w 分别超越了曲线 p_1 与曲线 p_2，且双方的价差也越来越小，线下零售商 r 的正向收益逐步减少。曲线 p_1 始终处于曲线 p_2 上方，显示出了强势制造商 M_1 在价格上的主导地位。当 $0.853 \leqslant \alpha_2 \leqslant 0.904$ 时，甚至出现了 $p_1 \geqslant w$ 的情形，这与模型假设相违背，因为此时线下零售商 r 可以选择在线上市场购买，放弃在线下市场与制造商 M_1 的批发合约。故进一步地，我们可以得到取值区间 $0.015 \leqslant \alpha_2 \leqslant 0.853$。具体数值为当 $\alpha_2 = 0.853$ 时，$\pi_2 = 6\,943.12$，$\pi_1 = 9\,910.55$，$\pi_r = 7.40$，$e_r = 0.43$，$p_2 = 18.04$，$p_r = 19.56$，$w = 18.61$，$p_1 = 18.61$。

第七，在 $0.015 \leqslant \alpha_2 \leqslant 0.853$ 区间，随着 α_2 逐渐增大，强势制造商 M_1 在线上市场的品牌促销力度越来越大，制造商 M_1 的需求曲线单调递增，制造商 M_2 的需求曲线先降后升。当 $\alpha_2 = 0.638$ 时，制造商 M_1 的需求曲线超越了制造商 M_2 的需求曲线，当 $\alpha_2 = 0.853$ 时，$D_2 = 692.50$，$D_1 = 935.46$。故对强势制造商 M_1 来说，为保证其渠道主导地位不变，参数 $\alpha_2 = 0.853$ 是最佳选择。相对于制造商 M_2，至少应该保证 $0.592 \leqslant \alpha_2 \leqslant 0.853$。

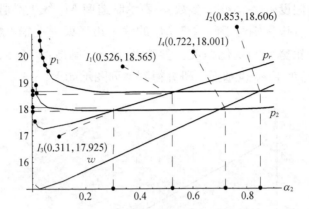

图 6-36 线上品牌促销努力变化率 α_2 下的
供应链成员定价变化规律

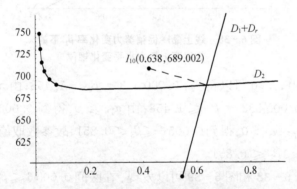

图 6-37 线上品牌促销努力变化率 α_2 下的制造商
M_1 与 M_2 需求量变化规律

6.6 模型四的品牌促销效应模拟分析

第一,对参数赋值为 $a_e=400$, $a_r=450$, $m=20$, $n=10$, $\theta=3$, $\eta=2$, $\kappa=1$, $\gamma=0.5$, $\lambda=0.3$, $\varphi=0.2$, $c_1=c_2=8$,可以得到 $\hat{H}=-51.6<0$, $\hat{Q}=-20.57<0$, $e_{d1}=6$, $e_{b1}=4$, $e_{b2}=3$, $4\hat{Q}\hat{R}e_{b1}-(\hat{S}e_{b1}+\hat{T})^2=4209.13>0$。满足模型四的相关定理条件,然而不存在供应链协调。

第二,假设 $e_{b1}=\beta_2 e_{d1}$,参数 β_2 表示制造商 M_2 线上品牌促销努力的变化率,意味着相对于制造商 M_1 的线上市场渠道促销努力,制造商 M_2 品牌促销努力的变化程度。参数 β_2 越大,制造商 M_2 线上市场品牌促销努力水平 e_{b1} 也越强。研究得到系列图示如下:

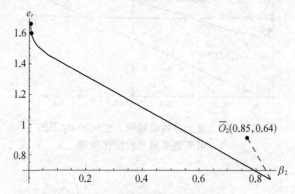

图 6-38　线上品牌促销努力变化率 β_2 下的零售商 r 努力水平变化规律

第三,由 $e_r \geqslant 0$ 可以得到,$0.000\,533 < \beta_2 \leqslant 1.458$;由 $\pi_r \geqslant 0$ 同样可以得到,$0.000\,533 < \beta_2 \leqslant 1.458$;由 $\pi_{11} \geqslant 0$,得到 $0.005\,6 \leqslant \beta_2 \leqslant 1.458$;由 $p_1 - w > 0$,得到 $0.005\,6 \leqslant \beta_2 \leqslant 0.851$,故参数取值范围确定,为 $0.005\,6 \leqslant \beta_2 \leqslant 0.851$。

观察图 6-38 和图 6-39 可以发现,在区间 $0.005\,6 \leqslant \beta_2 \leqslant 0.851$,强势制造商 M_1 提升线上市场的品牌促销努力水平,将严重挫伤线下零售商 r 参与线上线下市场竞争的积极性,其服务水平直线下降,零售商 r 的收益也直线下降。背后原因在于,强势制造商 M_1 对线上市场品牌促销力度的加大将吸引更多的线下市场消费者,线下市场迅速缩水,零售商 r 的竞争积极性急剧下降。反之,在强势制造商 M_1 几乎不采取线上市场品牌促销努力即参数 β_2 很小时,强势制造商 M_1 产品的品牌促销主要由线下市场的零售商来负责,因此线上市场上几乎没有消费者熟悉强势制造商 M_1 的产品,对强势制造商 M_1 的产品有品牌忠诚特征的消费者大部分被线下零售商 r 所有,故其收益和服务水平均极高。

观察图 6-40 可以发现,当强势制造商 M_1 的线上品牌促销努力变

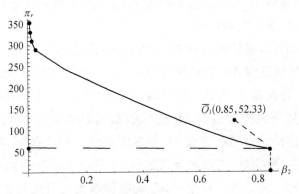

图 6-39 线上品牌促销努力变化率 β_2 下的
零售商 r 收益变化规律

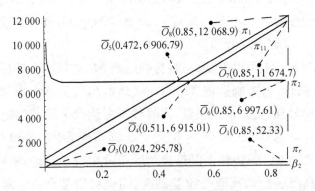

图 6-40 线上品牌促销努力变化率 β_2 下的
供应链成员收益变化规律

化率 β_2 很低近乎为零时,弱势线上制造商 M_2 的收益极为可观,线上市场的消费者份额绝大部分被弱势线上制造商 M_2 纳入囊中。同时,线下零售商 r、强势制造商 M_1 总收益、强势制造商 M_1 的在线收益均很低,且在 $\beta_2=0.024$ 处 π_{11} 与 π_r 相交于点 $\overline{O}_3$。也就是说,在区间 $0.0056 \leqslant \beta_2 \leqslant 0.024$ 线下零售商的收益甚至高于强势制造商 M_1 的在线收益,线上市场上强势制造商 M_1 处于十分不利的竞争地位,相对于线下零售商 r 而言其供应商角色强于其竞争对手角色,强势制造商 M_1 加大线上市场品牌促销的愿望将很急切。我们可以看出品牌促销对收益的巨大影响,在参数 β_2 很小时,强势制造商 M_1 与线下零售商 r 的收益均远远

低于线上制造商 M_2 的收益,忽略品牌的重要性将导致该供应链上所有成员面临严重的竞争劣势。

进一步地,当强势制造商 M_1 的线上品牌促销努力变化率 β_2 逐渐增强时,强势制造商 M_1 的总收益与线上市场收益均上升极快,而线上制造商 M_2 的收益先迅速下降后缓慢上升,存在一个极小值点,直至 $\beta_2=0.472$ 处与强势制造商 M_1 在线收益与总收益分别交于点 $\overline{O}_4$ 与 $\overline{O}_5$,该极小值给予强势制造商 M_1 控制弱势线上制造商 M_2 收益的良好机会。值得一提的是,随着强势制造商 M_1 的线上品牌促销努力变化率 β_2 进一步增大,弱势线上制造商 M_2 的收益缓慢上升的理由,在于其对强势制造商 M_1 品牌促销的搭便车效应。而线下零售商 r 的收益则迅速下降,直至降为 52.33。因此,作为供应链主导方,强势制造商 M_1 应该努力控制参数在 $0.472<\beta_2\leqslant 0.85$ 的合理区间,其收益变化相应为 $6906.79<\pi_1\leqslant 12068.9$。

观察图 6-41 可以发现,当强势制造商 M_1 的线上品牌促销努力变化率 β_2 很低时,强势制造商 M_1 的在线售价与弱势线上制造商 M_2 的在线售价均很高,批发价格极低,同时线下零售商 r 的销售定价相对较低,且在 $\beta_2=0.02$ 处 p_r 与 p_2 相交于点 $\overline{O}_{10}$。结合图 6-39 可以得出,在参数 β_2 很小时,弱势线上制造商 M_2 通过相对于制造商 M_1 的低线上售价和高市场份额获取的收益甚高,而强势制造商 M_1 因产品的品

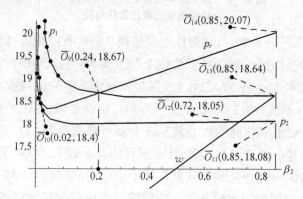

图 6-41 线上品牌促销努力变化率 β_2 下的供应链成员定价变化规律

牌在线上市场几乎无人知晓,被迫通过高售价来获取为数不多的市场份额,且强势制造商 M_1 通过极低的批发价格策略来维持线下市场的占有率,这种情形在现实生活中极少。

当强势制造商 M_1 的线上品牌促销努力变化率 β_2 逐渐增强时,线下零售商 r 的零售价格与批发价格均上涨得很快,在线售价 p_1 在经历了急剧减小之后呈极轻微的单调递减趋势,其售价在 18.65 左右波动;在线售价 p_2 亦经历急剧减小之后呈极轻微的先降后升趋势,这点与弱势线上制造商 M_2 的收益变化规律类似,其售价在 18.1 左右波动,比在线售价 p_1 便宜甚多。重要的是,随着 p_1 的降低和批发价格 w 的迅速上升,(p_1-w) 缩减显著直至点 $\overline{O}_{13}$,即 $\beta_2=0.85$ 处降为零。如果 $p_1<w$,则会出现强势制造商 M_1 的在线售价低于其线下市场批发价的情形,对于线下零售商 r 而言将会放弃传统的批发价格合约,而选择从线上市场采购产品,如此线上线下市场竞争将会发生质的改变,与模型四的假设不符。

而且,在参数 β_2 逐渐增大过程中,曲线 p_r 逐渐上升并在 $\beta_2=0.24$ 处超越曲线 p_1,可以看出线下零售商 r 不得不通过提高售价来维持线下市场的生存,与此同时批发价格 w 也逐渐递增并在 $\beta_2=0.72$ 处超越曲线 p_2,线下零售商 r 已经接近被驱逐出线上线下市场竞争的处境了。

观察图 6-42 可以发现,当 $\beta_2=0.0056$ 时强势制造商 M_1 的线上市场需求 D_1 近乎为零,故曲线 D_1+D_r 与曲线 D_r 近乎在此相交于点

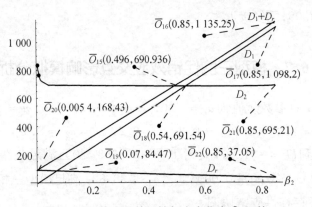

图 6-42 线上品牌促销努力变化率 β_2 下的供应链成员需求量变化规律

$\bar{O}_{20}$。如果 $\beta_2 \leqslant 0.0056$ 则强势制造商 M_1 因无法获得正的线上市场收益,将自动放弃线上市场的竞争角色。

随着强势制造商 M_1 的线上品牌促销努力水平逐渐增强时,线下零售商 r 的市场需求明显萎缩,而强势制造商 M_1 的线上市场需求迅猛增长,总市场需求也呈快速上升趋势,唯有弱势线上制造商 M_2 的市场需求经历了迅速下降后轻微上扬的趋势,与图 6-40 中 π_2 的变化规律类似。期间,强势制造商 M_1 的线上市场需求曲线与线下零售商 r 的需求相交于点 $\bar{O}_{19}$,结合图 6-40 的点 $\bar{O}_3$ 我们可以进一步得出,在区间 $0.0056 < \beta_2 \leqslant 0.024$ 线下零售商 r 收益高于强势制造商 M_1 的在线收益,在区间 $0.024 < \beta_2 \leqslant 0.07$ 曲线 π_{11} 虽高于 π_r,然在需求曲线上还是 D_r 高于 D_1。相对于线下零售商 r 来说,只有当 $\beta_2 > 0.07$ 时强势制造商 M_1 的竞争对手角色才强于其上游供应商角色,故想要突出竞争对手角色的话,强势制造商 M_1 应该将参数区间控制在 $0.07 < \beta_2 \leqslant 0.85$。进一步结合图 6-40,发现在 $0.07 < \beta_2 \leqslant 0.472$ 区间,强势制造商 M_1 虽说体现出了较之于线下零售商 r 供应商角色,其线下零售商 r 竞争对手角色更显著,然而其整体收益上还弱于弱势线上制造商 M_2,其供应链主导地位还不能体现出来,故应该尽量将参数控制在 $0.472 < \beta_2 \leqslant 0.85$。此后,曲线 $D_1 + D_r$ 与曲线 D_r 分别在点 $\bar{O}_{15}$ 与点 $\bar{O}_{18}$ 处与曲线 D_2 相交,直至 $\beta_2 = 0.85$ 处,四条曲线分别达到极限,其中线下零售商 r 的需求为 37.05,已经接近零。

6.7 模型三的促销效应交互影响模拟分析

第一,对参数赋值为 $a_e = 400, a_r = 450, m = 20, n = 10, \theta = 3, \eta = 2, \kappa = 1, \gamma = 0.5, \lambda = 0.3, \varphi = 0.2, c_1 = c_2 = 8, e_{d1} = 6, e_{b2} = 3$,可以得到 $\check{H} = -51.804 < 0, \check{P} = -20.658 < 0$ 且满足条件 $4\check{Q}\check{P}e_{b1} - (\check{R}e_{b1} + \check{V})^2 > 0$ 的是 $0.00071 < \alpha_3 < 38.82$,满足模型三相关定理条件,然而不存在供应链协调。

第二,假设 $e_{b1} = \alpha_3 e_{d1}, e_{d2} = \alpha_4 e_{d1}$,参数 α_3 表示制造商 M_1 线上

品牌促销努力的变化率,意味着相对于线上市场渠道促销努力,制造商 M_1 品牌促销努力的变化程度。参数 α_3 越大,制造商 M_2 线上市场品牌促销努力水平 e_{b1} 也越强。参数 α_4 表示制造商 M_2 线上渠道促销努力的变化率,意味着相对于制造商 M_1 的线上市场渠道促销努力,制造商 M_2 渠道促销努力的变化程度。参数 α_4 越大,制造商 M_2 线上市场品牌促销努力水平 e_{b1} 也越强。

第三,为了寻找满足所有最优变量存在的参数 α_3 取值范围,需要逐步寻找:

先假设 $\alpha_4=0$,则满足 $e_r\geqslant 0$ 的条件为 $0.00071<\alpha_3\leqslant 1.46865$;满足 $\pi_r\geqslant 0$ 的条件为 $0.00071<\alpha_3\leqslant 0.905$;满足 $\pi_1\geqslant 0$ 的条件为 $0.015<\alpha_3\leqslant 0.905$;满足 $\pi_{11}\geqslant 0$ 的条件为 $0.078<\alpha_3\leqslant 33.28$;满足 $D_1\geqslant 0$ 的条件为 $0.12<\alpha_3\leqslant 0.905$;满足 $p_1-w>0$ 的条件为 $0.12<\alpha_3<0.853$。因此在 $\alpha_4=0$ 的假设下,当 $0.12<\alpha_3<0.853$ 时满足所有最优变量有意义,供应链各方成员能同时参与线上线下市场竞争,尤其是强势制造商 M_1 在线上市场的竞争中能够占有一席之地。

值得一提的是,根据强势制造商 M_1 的线上市场收益 $\pi_{11}\geqslant 0$ 得到参数范围 $0.078<\alpha_3\leqslant 0.905$,大于根据强势制造商 M_1 在线需求量 $D_1\geqslant 0$ 求得的 $0.12<\alpha_3\leqslant 0.905$,这是因为参数 α_3 对线上市场收益 π_{11} 的作用复杂于在线需求量,如公式 (p_1-c_1) 等的存在。在 $0.00071<\alpha_3\leqslant 0.12$ 区间内,强势制造商 M_1 将放弃线上市场竞争,而仅仅作为线下零售商 r 的上游供应商角色存在,这与模型三本意有悖,不作深入探讨。在 $0.853<\alpha_3\leqslant 0.905$ 区间,线下零售商 r 将放弃与制造商 M_1 签订批发合约的形式采购商品,而直接从制造商 M_1 的线上市场购买会更便宜。这种情形也不是本模型的研究重点。

当 $\alpha_3=0.12$ 时,根据 $\pi_r\geqslant 0$ 可以得到 $0<\alpha_4\leqslant 193.84$。基于此当 $\alpha_3=0.853$ 时,根据 $\pi_r\geqslant 0$ 可以得到 $0<\alpha_4\leqslant 22.43$。后面会进一步结合图示详细解释,将会得到在 $0<\alpha_4\leqslant 22.43$ 范围内,其他相关变量均为非负值。此外,考虑到在 $0<\alpha_4\leqslant 193.84$ 区间函数 π_r 存在负值的可能性,且实际情形下参数 α_4 过大的概率较小,模型三的重点研究参数范围为 $0.120493<\alpha_3\leqslant 0.853$、$0<\alpha_4\leqslant 22.43$ 之下的变量变化规律。下

面为数值分析及相关图示：

第四，根据图 6-43 可以得到，在 $\alpha_4=0$ 时，随着 α_3 逐渐增大，零售商服务水平 e_r 呈现出单调递减的趋势，从点 P_1 降至点 P_2，说明强势制造商 M_1 单方面增加线上市场的品牌促销力度，将会给零售商的服务水平带来负面影响，线上市场促销力度的增加势必会争夺走部分线下市场的消费者，这是线下零售商服务积极性降低的根本原因。另外，α_4 的逐渐增大意味着弱势线上制造商 M_2 加强了渠道促销力度，同样会导致线下市场消费者向线上市场迁移，线下零售商服务积极性也被打击。在 $\alpha_3=0.12$ 时，随着 α_4 的逐渐增大，零售商服务水平 e_r 从点 P_1 单调递减至点 P_4。同时增大 α_3 和 α_4 将会使得线下零售商的服务积极性最低，从点 P_1 最终单调降至点 P_3。

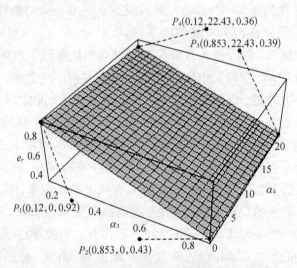

图 6-43　线上品牌与渠道促销交互影响下的零售商 r 努力水平三维图（$\alpha_4 \in (0, 22.43)$）

第五，根据图 6-44 得到，在 $\alpha_4=0$ 时，随着 α_3 逐渐增大，零售商 r 收益 π_r 单调递减，从点 P_5 降至点 P_6，强势制造商 M_1 的双重角色性得以明显体现，上游供应商角色让位于线上线下市场竞争者角色，通过增加线上市场的品牌促销力度，强势制造商 M_1 终将瓜分去线下市场本就不多的蛋糕份额，线下零售商 r 面临越来越恶劣的收益状况。特别

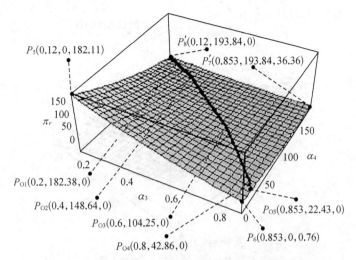

图 6-44 线上品牌与渠道促销交互影响下的零售商 r 收益三维图 ($\alpha_4 \in (0, 193.84)$)

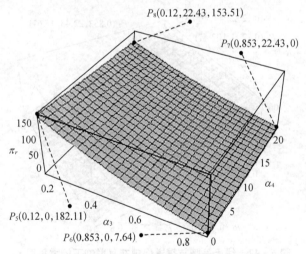

图 6-45 线上品牌与渠道促销交互影响下的零售商 r 收益三维图 ($\alpha_4 \in (0, 22.43)$)

地,在 $\alpha_3 = 0.12$ 时,随着 α_4 从 0 递增至 193.84,线下零售商 r 收益将从 182.11 逐步递减降至 0。同时,如果弱势线上制造商 M_2 也增大渠道促销力度 α_4,将进一步吸引走部分线下市场消费者的眼球,线下零售商 r 面临破产并退出市场竞争的随时可能性。如果 α_3 与 α_4 同时增大

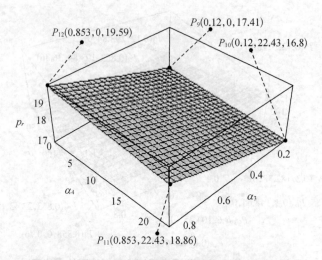

图 6-46 线上品牌与渠道促销交互影响下的零售商 r 定价三维图 ($\alpha_4 \in (0, 22.43)$)

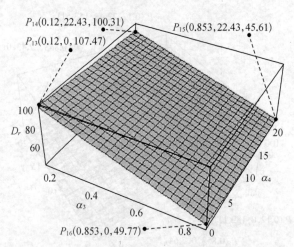

图 6-47 线上品牌与渠道促销交互影响下的零售商 r 需求量三维图 ($\alpha_4 \in (0, 22.43)$)

至水平曲线 $P'_8 P_{O1} P_{O2} P_{O3} P_{O4} P_{O5}$，则线下零售商因收益减小至零而将退出市场竞争，如图 6-44 所示，水平曲线 $P'_8 P_{O1} P_{O2} P_{O3} P_{O4} P_{O5}$ 为空间曲面 $P_5 P_6 P'_7 P'_8$ 与平面 $\pi_r = 0$ 的交线，曲面 $P_5 P_6 P_{O5} P'_8$ 为线下零售商 r 能够在线上线下市场竞争中存活的范围。

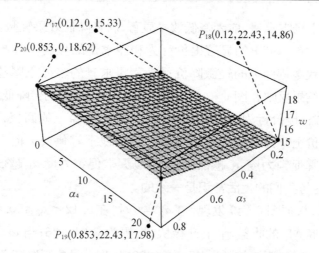

图 6-48 线上品牌与渠道促销交互影响下的批发价 w 三维图（$\alpha_4 \in (0, 22.43)$）

第六，图 6-45 为取值范围为 $0.120493 < \alpha_3 \leqslant 0.853$、$0 < \alpha_4 \leqslant 22.43$ 之下的线下零售商 r 收益的变化规律。在该曲面下，零售商 r 收益函数的所有取值均为非负。与图 6-44 相比较，最大的区别在于，在 $0.120493 < \alpha_3 \leqslant 0.853$、$0 < \alpha_4 \leqslant 22.43$ 范围外，仍存在非负的零售商 r 收益。α_3 取值越小，使得零售商 r 收益为非负的 α_4 取值范围就越广，$\alpha_3 = 0.853$ 时，使得零售商 r 收益为非负的 α_4 取值范围为 $0 < \alpha_4 \leqslant 22.43$，达到最小；直至 $\alpha_3 = 0.12$ 时，使得零售商 r 收益为非负的 α_4 取值范围为 $0 < \alpha_4 \leqslant 193.84$，达到最大。

第七，从零售商 r 的定价策略来看，观察图 6-46 与图 6-48 可以发现，图 6-48 中，随着强势制造商 M_1 的线上市场品牌促销力度 α_3 增加，其对批发价策略也随之提高以实现总收益的最优，这直接导致线下市场中零售商 r 连带提高销售价格，如图 6-46 所示，来抵抗批发价格上升带来的成本压力。同时，随着弱势线上制造商 M_2 对渠道促销力度 α_4 的提升，强势制造商 M_1 将采取压低线下市场批发价的办法来抗衡线上渠道的促销竞争，与之相应线下零售商 r 也将降低零售价格来抗衡线上线下市场竞争。再分析图 6-47 可以发现，线上市场品牌促销力度 α_3 的增加，与线上市场渠道促销力度 α_4 的增加，均会降低线下零

售商 r 的市场需求量,前者降低效果显著,后者降低效果轻微。故 α_3 的增加会导致零售商 r 的显著提价行为和需求量的显著下降趋势,α_4 的增加会导致零售商 r 的轻微降价行为和需求量的轻微下降趋势,最终混合作用结果反映在图 6-45 上,即 α_3 与 α_4 的增加均会降低线下零售商 r 的收益,提价行为并不能给零售商 r 带来收益上的回报,而更多是出于批发价上升而产生的被动结果。对于线下零售商 r 而言,如果线上市场品牌促销力度 α_3 越低,线上市场渠道促销力度 α_4 越低,则其收益越高,这与我们的生活常识是一致的。

第八,根据图 6-49 发现,在 $\alpha_4=0$ 时,在 $0.12<\alpha_3\leqslant 0.853$ 区间,强势制造商 M_1 的收益 π_1 上升极快,增幅为 8 641.76;当 α_4 逐渐增大时,收益 π_1 增速逐渐放缓,直至 $\alpha_4=22.43$ 时,强势制造商 M_1 收益的增幅减为 7 782.1,说明弱势线上制造商 M_2 对渠道促销力度 α_4 的不断加大,给强势制造商 M_1 带来的影响逐步减小。进一步地,观察 $\alpha_3=0.12$ 与 $\alpha_3=0.853$ 两个平面上的 π_1 曲线变化规律,发现在 $\alpha_3=0.12$ 平面上 π_1 的减幅为 126.44,在 $\alpha_3=0.853$ 平面上 π_1 的减幅为 986.1,这说明当弱势线上制造商 M_2 在增大线上市场渠道促销力度 α_4 时,如果强势制造商 M_1 同时增加线上市场品牌促销力度 α_3,则 α_3 越大,增大线

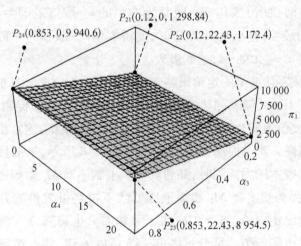

图 6-49　线上品牌与渠道促销交互影响下的制造商 M_1 收益三维图 ($\alpha_4\in(0,22.43)$)

上市场渠道促销力度 α_4 对强势制造商 M_1 的预期高收益带来的压制作用就越大。α_3 与 α_4 同时增加得越大,这种压制作用就越显著。

第九,从强势制造商 M_1 的线上市场定价策略来看,如图 6-48 与图 6-50,发现空间曲面 $P_{25}P_{26}P_{27}P_{29}$ 始终处于空间曲面 $P_{17}P_{18}P_{19}P_{20}$ 之上,且点 P_{25} 与点 P_{20} 重合为同一点,这与基本假设是一致的,即 $p_1 > w$。α_3 的增加让强势制造商 M_1 的线上市场售价变化不大,略有降低甚至存在极小值,说明线上市场品牌促销力度的增加主要是为了扩大线上市场占有量,如图 6-52 所示,同时明显提升线下市场批发价格,来保证图 6-49 中的收益持续上升。同时,α_4 增加会让强势制造商 M_1 同时采取降低线下市场批发价格和线上市场售价的策略,来应对竞争对手制造商 M_2 的在线渠道促销度加大带来的自身整体收益过快下跌趋势。结合图 6-52、6-53、6-54 进一步发现,在 $0.12 < \alpha_3 \leqslant 0.1521$ 范围内强势制造商 M_1 的线上市场需求量单调微增,在 $0.1522 < \alpha_3 \leqslant 0.853$ 范围内单调下降,然继续观察图 6-51 发现,在整个 $0.12 < \alpha_3 \leqslant 0.853$ 区间范围内,随着 α_4 的增加强势制造商 M_1 的线上市场收益均呈现出单调递减的趋势,在线需求量的轻微上升对整个线上市场的收益变化不大,线上市场售价的极小值对整个强势制造商 M_1 的线上市场收益变化也不大,可以忽

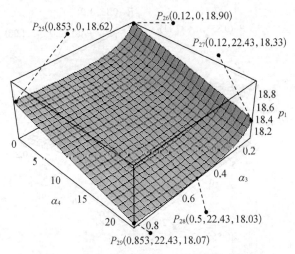

图 6-50 线上品牌与渠道促销交互影响下的制造商 M_1 定价三维图 ($\alpha_4 \in (0, 22.43)$)

略不计。细细探究来,线上市场需求量在 $0.12 < \alpha_3 \leqslant 0.1521$ 范围内的微增可能是制造商 M_2 的品牌促销力度带给制造商 M_1 的线上市场搭便车效应。图 6-53 呈现出与图 6-49 近似的变化规律,此处不再详述。在制造商 M_1 的定价曲线中,$0.235 \leqslant \alpha_3 \leqslant 0.25$,取值均为 17.8654。

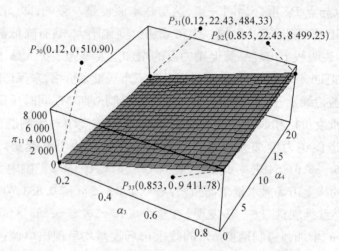

图 6-51　线上品牌与渠道促销交互影响下的制造商 M_1 线上收益三维图($\alpha_4 \in (0, 22.43)$)

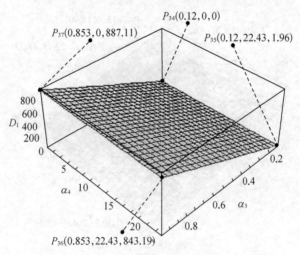

图 6-52　线上品牌与渠道促销交互影响下的制造商 M_1 线上需求量三维图($\alpha_4 \in (0, 22.43)$)

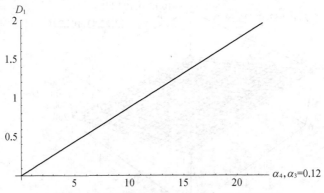

图 6-53 线上品牌促销变化率 α_4 下的制造商 M_1 线上需求量图示（$\alpha_3 = 0.12$）

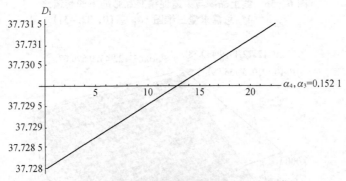

图 6-54 线上品牌促销变化率 α_4 下的制造商 M_1 线上需求量图示（$\alpha_3 = 0.1521$）

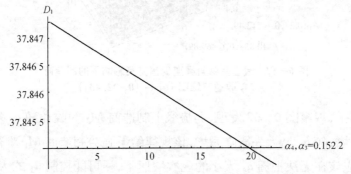

图 6-55 线上品牌促销变化率 α_4 下的制造商 M_1 线上需求量图示（$\alpha_3 = 0.1522$）

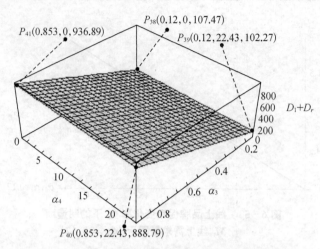

图 6-56 线上品牌与渠道促销交互影响下的制造商
M_1 总需求量三维图（$\alpha_4 \in (0, 22.43)$）

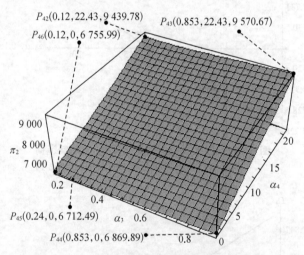

图 6-57 线上品牌与渠道促销交互影响下的制造商
M_2 收益三维图（$\alpha_4 \in (0, 22.43)$）

第十，观察图 6-57 发现，弱势线上制造商 M_2 的收益随 α_4 增大而单调递增，随 α_3 增大先微降后增，该规律给予强势制造商 M_1 难得的机会，即应该在无法把握 α_4 大小的现实情形下，尽可能控制 α_3 的大小，在 α_4 一定下选择实现 α_3 制造商 M_2 的收益最低值。具体而言，

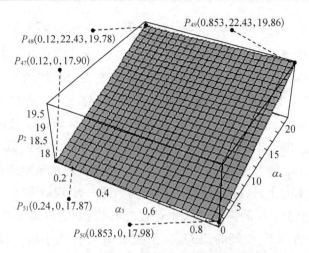

图 6-58 线上品牌与渠道促销交互影响下的制造商
M_2 定价三维图 ($\alpha_4 \in (0, 22.43)$)

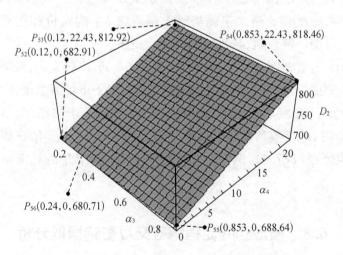

图 6-59 线上品牌与渠道促销交互影响下的制造商
M_2 需求量三维图 ($\alpha_4 \in (0, 22.43)$)

$$\alpha_3 = 0.245, \alpha_4 = 1, \pi_2 = 6821.5, \alpha_3 = 0.243,$$
$$\alpha_4 = 10, \pi_2 = 7846.45,$$
$$\alpha_3 = 0.235—0.24, \alpha_4 = 50, \pi_2 = 13358.7,$$
$$\alpha_3 = 0.23—0.235, \alpha_4 = 100, \pi_2 = 22445.5,$$

$\alpha_3 = 0.22$—0.23, $\alpha_4 = 150$, $\pi_2 = 33\,973.1$

合理的 α_3 应控制在制造商 M_2 收益达到最小前的取值范围,即 $0.12 < \alpha_3 \leqslant \mathrm{argmin}[\pi_2 | \alpha_4]$。进一步观察图 6-58 和图 6-59 可以发现,弱势线上制造商 M_2 的最优定价策略也存在弱点,即在 α_4 给定的情形下,空间曲线 p_2 关于变量 α_3 存在极小值。且该极小值的存在规律与弱势线上制造商 M_2 的最优收益的极小值存在规律近似。另外可以看出,随着 α_4 增大,弱势线上制造商 M_2 将通过提价策略来应对在线渠道促销成本的上升,同时获得更多收益。进一步观察图 6-59,发现弱势线上制造商 M_2 的需求曲线也存在与其收益/定价类似的规律,即在 α_4 给定的情形下,空间曲线 D_2 关于变量 α_3 存在极小值,且该极小值的存在规律与弱势线上制造商 M_2 最优收益的极小值存在规律近似。随着 α_4 增大,弱势线上制造商 M_2 的需求量逐步增大。故结合图 6-57 可以得到,α_4 的增大带来了弱势线上制造商 M_2 的定价和需求量的同时增大,可谓一箭双雕,其收益必将增大更多。

第十一,观察图 6-47、图 6-52 及图 6-56,比较发现,随着强势制造商 M_1 的线上市场品牌促销力度 α_3 增加,线下市场需求量减小,制造商 M_1 的线上市场需求量增加,制造商 M_1 的总需求量增加。特别地,当 $\alpha_4 = 0$ 时,线下零售商需求量的减幅为 57.7,制造商 M_1 在线渠道的需求量增幅为 887.11,两者相加正好等于制造商 M_1 的总需求量增幅 829.42。

6.8 模型四的促销效应交互影响模拟分析

第一,对参数赋值为 $a_e = 400$, $a_r = 450$, $m = 20$, $n = 10$, $\theta = 3$, $\eta = 2$, $\kappa = 1$, $\gamma = 0.5$, $\lambda = 0.3$, $\varphi = 0.2$, $c_1 = c_2 = 8$, $e_{d1} = 6$, $e_{b2} = 3$,可以得到 $\hat{H} = -51.6 < 0$, $\hat{Q} = -20.57 < 0$,且满足条件 $4\hat{Q}\hat{R}e_{b1} - (\hat{S}e_{b1} + \hat{T})^2 > 0$ 的是 $0.00053 < \alpha_1 < 50.65$,满足模型四相关定理条件,然而不存在供应链协调。

第二,假设 $e_{b1} = \alpha_1 e_{d1}$,$e_{d2} = \alpha_2 e_{d1}$,参数 α_1 表示制造商 M_1 线上

品牌促销努力变化率,意味着相对于线上市场渠道促销努力,制造商 M_1 品牌促销努力的变化程度。参数 α_1 越大,制造商 M_2 线上市场品牌促销努力水平 e_{b1} 也越强。参数 α_2 表示制造商 M_2 线上渠道促销努力的变化率,意味着相对于制造商 M_1 的线上市场渠道促销努力,制造商 M_2 渠道促销努力的变化程度。参数 α_2 越大,制造商 M_2 线上市场品牌促销努力水平 e_{b1} 也越强。结合 6.7 节可以得到,$\alpha_1 = \alpha_3$,$\alpha_2 = \alpha_4$。

第三,为了寻找满足所有最优变量存在的参数 α_3 取值范围,需要逐步寻找:

先假设 $\alpha_2 = 0$,则满足 $p_1 - w \geqslant 0$ 的条件为 $0 < \alpha_1 \leqslant 0.851$;满足 $\pi_r \geqslant 0$ 并且 $e_r \geqslant 0$ 的条件为 $0 < \alpha_3 \leqslant 1.458$;满足 $D_1 \geqslant 0$ 的条件为 $0.0054 < \alpha_1 \leqslant 3.77 \times 10^{17}$。因此,当 $0.0054 < \alpha_1 < 0.851$ 时满足所有最优变量都有意义,供应链各方成员能同时参与线上线下市场竞争,尤其是强势制造商 M_1 在线上市场的竞争中能够占一席之地。接着再寻找参数 α_2 的取值范围:

首先假设 $\alpha_1 = 0.851$,则满足 $\pi_1 \geqslant 0$ 的条件为 $0 < \alpha_2 \leqslant 325.7$,进一步得到,当参数取值范围在 $0.0053 < \alpha_1 \leqslant 0.851$、$0 < \alpha_2 \leqslant 325.7$ 时,满足所有变量均为非负,如图 6-60、6-61、6-62 所示。故需要重点研究当参数 $0.0053 < \alpha_1 \leqslant 0.851$、$0 < \alpha_2 \leqslant 325.7$ 时,各项最优变量的变化规律。

第四,通过观察图 6-60、6-61 可以得到,当 $\alpha_2 = 0$ 时,随着 α_1 增大,线下市场弱势零售商 r 的努力水平 e_r 从点 Q_4 到点 Q_1 单调递减,意味着线上市场品牌促销努力水平对零售商 r 有负面影响,α_1 越大则强势制造商 M_1 将夺去更多线下市场的消费者份额。另外,随着 α_2 递增即线上市场制造商 M_2 提升线上市场渠道促销水平,线下零售商 r 的促销努力热情将越来越低。同时提升参数 α_1 与 α_2,则会在空间曲线 $Q_{C1} Q_{C2} Q_{C3} Q_{C4} Q_{C5} Q_{C6} Q_{C7}$ 处将零售商的服务热情打击至顶点,服务水平降为零。此处,空间曲线 $Q_{C1} Q_{C2} Q_{C3} Q_{C4} Q_{C5} Q_{C6} Q_{C7}$ 是空间曲面 $Q_1 Q_2 Q_3 Q_4$ 与平面 $e_r = 0$ 的交界线。

第五,线下市场弱势零售商 r 的收益函数变化规律如图 6-61 所示。

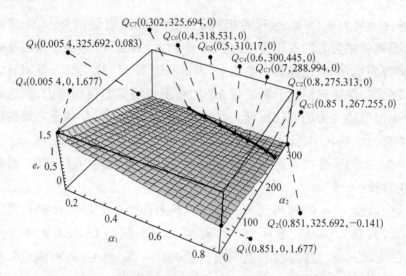

图 6-60　线上品牌与渠道促销交互下的零售商 r 努力水平三维图

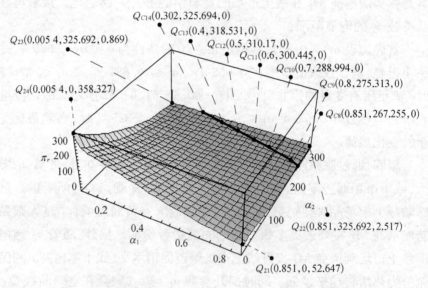

图 6-61　线上品牌与渠道促销交互下的零售商 r 收益三维图

提升 α_1 将使得制造商 M_1 分享更多线下市场弱势零售商 r 的消费者份额，零售商 r 的收益越变越小。因此提升 α_1 不仅意味着线下市场消费者越来越多转移至线上市场，更意味着线下市场弱势零售商 r 将面临退出市场的风险。若参数 α_1 与 α_2 同时增大至空间曲线 $Q_{C8}Q_{C9}Q_{C10}Q_{C11}Q_{C12}Q_{C13}Q_{C14}$ 时，零售商 r 的收益将降为零。此处，空间曲线 $Q_{C8}Q_{C9}Q_{C10}Q_{C11}Q_{C12}Q_{C13}Q_{C14}$ 是空间曲面 $Q_{21}Q_{C8}Q_{C14}Q_{24}$ 与平面 $\pi_r=0$ 的交界线。

第六，观察供应链成员的定价变化如图 6-62 至图 6-65 所示，可以发现一些有趣的规律。

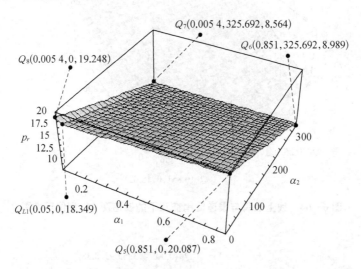

图 6-62　线上品牌与渠道促销交互下的零售商 r 定价三维图

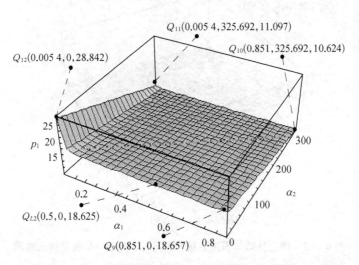

图 6-63　线上品牌与渠道促销交互下的制造商 M_1 定价三维图

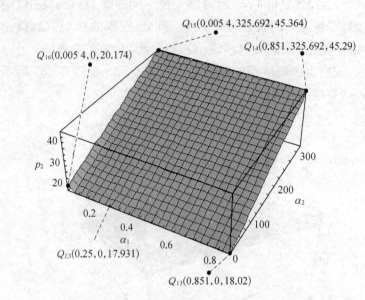

图 6-64　线上品牌与渠道促销交互下的制造商 M_2 定价三维图

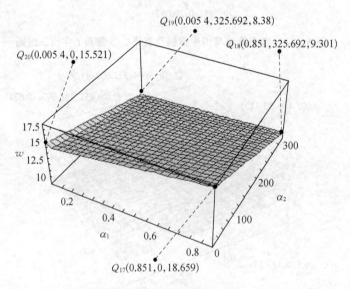

图 6-65　线上品牌与渠道促销交互下的制造商 M_1 批发价三维图

首先假设 $\alpha_2=0$,当参数 α_1 从 0.005 4 递增到 0.851 时,所有的最优变量均有最小值。也就是说,变量 p_r 在点 Q_{L1}(0.05,18.349)处实现最小值,变量 p_1 在点 Q_{L2}(0.5,18.625)处实现最小值,变量 p_2 在点 Q_{L3}(0.25,17.253)处实现最小值。其中,变量 p_r 呈上凹曲线形状,从 $\alpha_1=0.005\,4$ 先单调下降至最低点,后上升至 $\alpha_1=0.851$ 处,变量 p_1 和 p_2 呈现同样规律。零售商 r 的售价曲线 p_r 在 $\alpha_1=0.05$ 处率先达到最低点,然后线上市场制造商 M_2 的售价曲线 p_2 在 $\alpha_1=0.25$ 达到最低点,最后是制造商 M_1 售价曲线 p_1 的最低点出现在 $\alpha_1=0.5$ 处,这进一步证明了线下零售商 r 的竞争最弱势地位。此外,图 6-65 也清晰地揭示了制造商 M_1 批发价的图示规律。

第七,观察供应链成员的收益变化,如图 6-61、图 6-66、图 6-67 所示,一些深层次的规律可以被揭示出来。随着参数 α_1 递增,零售商 r 的最优收益变量呈单调递减趋势,同样地,随着参数 α_2 递增,其仍呈单调递减趋势。因此,虽然线下零售商 r 也提供了附加服务水平,然而仍然改变不了其最弱势地位的现状。另外,随着参数 α_1 单调递增,制造商 M_1 逐步提升其线上市场品牌促销努力水平,其收益也单调递增;然而,随着参数 α_2 单调递增,其收益则呈单调递减趋势。

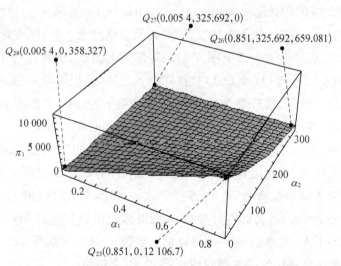

图 6-66 线上品牌与渠道促销交互下的制造商 M_1 收益三维图

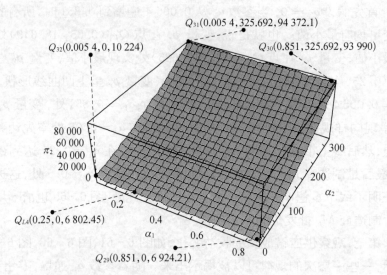

图 6-67　线上品牌与渠道促销交互下的制造商 M_2 收益三维图

进一步地,当参数 $\alpha_2 = 0$ 时,随着参数 α_1 从 0.005 4 递增至 0.851,线上市场制造商 M_2 的最优收益函数 π_2 曲线在点 Q_{L4}(0.25, 6 802.45)处达到最低点,与其定价曲线的最低点一致,即此时均有 $\alpha_1 = 0.25$。因此,对于强势制造商 M_1 来说,应该理性制定自己的线上市场品牌促销努力变化率 α_1,合理的区间应该是 $0.005\ 4 < \alpha_1 \leqslant \arg\min[\pi_2 | \alpha_2]$,因为在此之后,随着参数 α_1 进一步变大,线上市场制造商 M_2 将会获得比之前更多的收益。

第八,观察图 6-68 至图 6-71,可以轻易发现,供应链每个成员的需求量 D_r、D_1 与 (D_1+D_r) 均与参数 α_2 无关,这也可以从基本模型分析中得出。然而,提升参数 α_1 将降低零售商 r 的最优需求量,同时强势制造商 M_1 的总需求与线上市场需求均保持同时增长的态势。

此外,在 $\alpha_2 = 0$ 时,线上市场制造商 M_2 的需求曲线在点 Q_{L5}(0.25, 685.256)处达到最低点,也与其售价曲线 p_2 的最低点一致。进一步说明了强势制造商 M_1 应该将参数 α_1 控制在合理区间 $0.005\ 4 < \alpha_1 \leqslant \arg\min[\pi_2 | \alpha_2]$,而提升参数 α_2 则对线上市场制造商 M_2 的需求量增加帮助不大。当参数 $\alpha_1 = 0.851$ 时,参数 α_2 从 0 增加到 325.7 时,线上市场制造商 M_2 的需求量仅仅提高了 11 个单位。

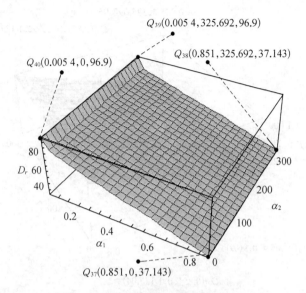

图6-68 线上品牌与渠道促销交互下的
零售商 r 需求量三维图

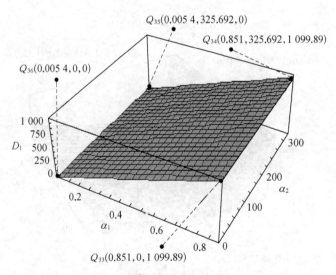

图6-69 线上品牌与渠道促销交互下的制造商
M_1 线上市场需求量三维图

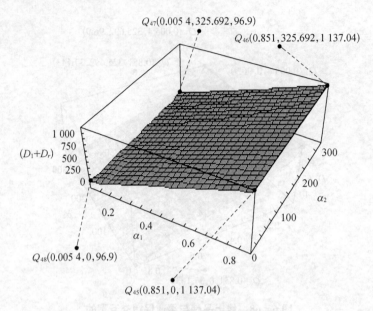

图 6-70 线上品牌与渠道促销交互下的制造商 M_1 总需求量三维图

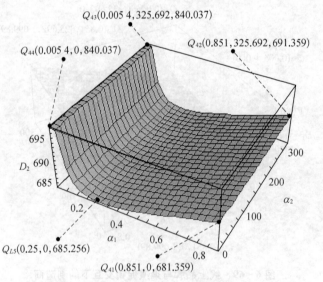

图 6-71 线上品牌与渠道促销交互下的制造商 M_2 需求量三维图

6.9 本章结语：供应链失调的根本原因

无论是模型三的渠道促销效应、品牌促销效应、促销效应交互影响等各种数值模拟分析结果，均显示出供应链协调不存在，供应链处于失调状态；模型四的数值模拟分析结果相同，供应链协调不存在。本书的研究重点是线上线下需求交互、促销作用交互下的供应链产能运作优化策略，而非供应链协调的实现。然而，探究本研究对象供应链失调的根源，在于强势传统制造商的双重角色，导致供应链链内协调难度很大。本书研究中的供应链成员企业有强势传统制造商及其传统市场零售商、弱势线上纯制造商三类，供应链竞争优化形态包含供应链链内竞争优化、供应链链间竞争优化两类。供应链链内，强势传统制造商既是传统零售商的上游供应商，又是其在线上市场的竞争对手，需要借助合约设计等协调措施才能实现供应链链内利益共享及供应链链内协调。不借助合约设计等措施展开的单纯供应链竞争优化，势必是供应链三方企业分散化决策的结果，供应链上强势传统制造商产能优化策略实现时，供应链系统会处于失调状态，供应链协调不会存在。采取合约设计等策略实现供应链协调将是本研究内容未来的发展方向。

第七章 产能优化与风险防范策略的数值分析
——产能过剩、产能不足与缺货研究

7.1 模型三下产能优化与风险防范的数值分析

为了探讨线上线下市场互融对供应链产能竞争优化及风险防范决策的影响,本节对参数假设赋值,$c_1 = 0.0002(K-250)^2 + 4$,$c_2 = 0.7c_1$,$\theta = \varphi = \eta = \gamma = 2$,$\lambda = 0.5$,$\kappa = 1$,$F = 100$,$m = 12$,$n = 5$,$a_e = ja_r(j>0)$,$a_r = 500$,$e_{b1} = j_1 e_{d1}$,$e_{b2} = j_2 e_{b1} = j_1 j_2 e_{d1}$,$e_{d2} = j_3 e_{d1}$。其中,参数 j 为线上市场容量变化率,意味着相对于线下市场容量,线上市场容量所占比例,其反映了行业电子商务的发展程度。参数 j 越大,行业电子商务发展程度越高;参数 j_1 为制造商 M_1 品牌促销努力的变化率,意味着相对于制造商 M_1 的线上市场渠道促销努力,其品牌促销努力的变化程度;参数 j_2 为制造商 M_2 品牌促销努力的变化率,意味着相对于制造商 M_1 的线上市场品牌促销努力,线上制造商 M_2 品牌促销努力的变化程度;参数 j_3 为制造商 M_2 线上渠道促销努力的变化率,意味着相对于制造商 M_1 的线上市场渠道促销努力,制造商 M_2 线上渠道促销努力的变化程度。

7.1.1 线上市场促销努力水平的影响

首先,观察图 7-1 可以发现,随着制造商 M_2 线上渠道促销努力变化率 j_3 的增加,制造商 M_1 的最优产能呈极缓慢的下降趋势,说明提高

第七章 产能优化与风险防范策略的数值分析

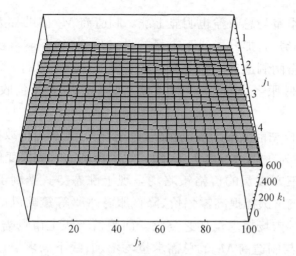

图 7-1 线上促销努力变化率下的制造商 M_1 最优产能决策

制造商 M_2 的线上市场渠道促销水平会降低制造商 M_1 的最优产能,然降低速度很慢,影响效果极为有限。进一步观察附录 7-1,发现参数 j_3 的增加使得制造商 M_1 与 M_2 的生产成本均有下降,而制造商 M_1 的产能分配比例保持略偏向线上市场的趋势,从 0.788 增加至 0.793。相对于线下市场,制造商 M_1 的产能分配比例也保持略偏向线上市场的趋势,从 2.026 增加至 2.048。并且,参数 j_3 的增加使得制造商 M_2 需求量与收益均上升,线上售价同步上升。而制造商 M_1 则采取降低批发价的策略来提高线下市场需求量并减缓线上市场的竞争压力,同时降低线上市场售价来保持线上市场需求量的适当上升,而总收益略有下降。零售商 r 则得益于批发价的下降而略微调低了零售价格,实现其总收益下降速度的减缓。

其次,进一步观察图 7-1 与附录 7-1、7-2,发现在制造商 M_1 线上品牌促销努力变化率 j_1 的攻势下最优产能决策明显上升,两制造商的生产成本均上升。制造商 M_1 的产能分配比例明显偏向线上市场,从 0.146 增加至 1.233。而相对于线下市场,线上市场的产能分配比例也明显增大,从 0.488 增加至 3.122。制造商 M_1 线上品牌促销努力对制造商 M_2 呈现出明显的"搭便车效应",伴随其线上售价的上涨,需求量与总收益也明显上涨。制造商 M_1 借助加大线上市场的品牌促销努力,提升了线下市场的批发价,将线下需求量转移至线上市场,使得两制造商的线上需求量明显提升。零售商 r 则采取提高零售价、降低服务水平等应对策略,来减缓线下零售收益的下降趋势。

第三,根据前文假设需满足条件 $p_1 > w$, $p_r > p_1$,故参数 j 的近似取值范围为 $0.71 \leqslant j \leqslant 1.1$。随着线上市场需求规模变化率 j 的增大,供应链三方成员的价格策略均呈现上涨态势。受制于批发价的上升,零售商 r 选择提高零售价、降低服务水平等策略以减缓收益受损的速度,其市场需求量随之萎缩。而受益于线上市场需求的增大,制造商 M_1 与制造商 M_2 的总需求量均增加,线下需求量被转移到线上市场。伴随着制造商 M_1 产能的递增,制造商 M_1 与制造商 M_2 的生产成本同时上升。从产能分配来看,制造商 M_1 的产能分配逐渐偏向线上市场,以应对线上需求增大导致的线上市场竞争加剧局面。相对于线下市场,线上市场的产能分配比例也逐步增加,从 1.341 增加至 2.291。

此外,参数 j_2 的增大只会影响到制造商 M_2 的需求量及收益,带动两者的增大,而不影响其他参数的变化。

7.1.2 产能优化的三维数值模拟分析

首先本节基于"线上市场容量变化率"与"线下市场容量"两个变量分析产能优化问题。行业电子商务的发展程度直接决定了线上市场容量变化率 j 的大小,根据上文继续假设 $e_{d1} = 0.5$, $j_1 = 1.5$, $j_2 = 1.2$, $j_3 = 0.8$,可以得到图 7-2 及附录 7-3。观察图 7-2 可以发现,最优产能决策随线下市场容量 a_r 的增大而增大,随线上市场容量变化率 j 的增大而增大。然而,当 j 较低时,最优产能决策随线下市场容量 a_r 的增速明显减缓。随着 j 逐步变大,增速减缓的速率放慢。这说明在行业电子商务发展程度较低时,扩大线下市场容量、刺激消费将增加供应链的最优产能决策,但这种增速比较缓慢。随着行业电子商务前进步伐的加快,刺激线下市场容量的增加,将明显增加供应链的最优产能值。此时供应链最优产能决策的增速效应变大了。

其次,观察后文附录7-3,发现当线上市场容量变化率 j 较小时,制造商 M_1 的线上需求量随线下市场容量 a_r 的增大而降低。然而 j 增大时,制造商 M_1 的线上市场需求量随线下市场总需求量 a_r 增大而增大。这说明,在行业电子商务发展程度较低时,零售商 r 是制造商 M_1 线上直销的主要竞争对手,制造商 M_2 还不具备显著竞争力。此时线下市场容量 a_r 增大会进一步增强零售商 r 的竞争力,而线上市场容量 a_e 的增大对线上市场需求增加的影响不大,不过制造商 M_1 的线上市场需求量减速将放缓。进一步地,在行业电子商务发展程度较高时,制造商 M_1 与 M_2 的线上市场需求均随线下市场容量 a_r 的增大而增大,随线上市场容量 a_e 的增大均加速增大。线上市场上制造商 M_1 与制造商 M_2 竞争激烈。

第三,当线上市场容量变化率 j 较小时,零售商 r 的市场需求量随 a_r 增大而增大。然而 j 增大时,零售商 r 的市场需求量随 a_r 增大而降低。这与第二点的理由是一致的。在行业电子商务发展程度较低时,零售商 r 是制造商 M_1 线上直销的主要竞争对手,线下市场容量 a_r 增大会显著增强零售商 r 的竞争力,而线上市场容量 a_e 的增大对零售商 r 需求量的影响不大,不过零售商 r 需求量的增速将放缓。进一步地,在行业电子商务发展程度较高时,线下市场总需求量 a_r 的增大对提升零售商 r 竞争力的正向效应有限,线上市场容量 a_e 的增大进一步减轻了这种正向效应,线下市场的潜在需求群体迁移至线上市场。

第四,关于线上线下市场的产能分配问题,在下节会详述。观察附录7-3发现,无论是制造商 M_1 还是线上市场整体,随着线下市场容量 a_r 及 j 的增加,线上市场的产能分配比例明显上升。单独提升两者其一均会带来线上市场产能分配比例的增加。而制造商 M_1 总产能与制造商 M_2 的产能分配比例,随着线下市场容量 a_r 及 j 的增加,制造商 M_1 的产能相对于制造商 M_2 明显下降,源于线上市场容量上升带来的制造商 M_2 竞争力急速上升,制造商 M_1 的主导地位受到挑战,基于行业电子商务的发展现状,这种情形模型三暂不考虑。

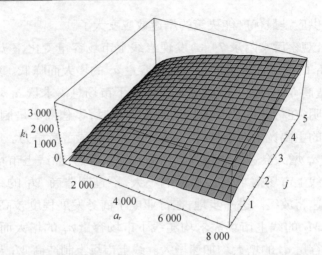

图 7-2 行业电子商务发展程度影响下的最优产能决策变化规律

7.1.3 双因素作用边界范围的数值分析

随着行业电子商务发展程度的提高,其线上市场容量发生变化。而行业竞争的加剧、新竞争对手的进入、产品创新的突破等也会导致线下市场的容量发生改变。"线上市场容量变化率"与"线下市场容量"双因素的变化如何决定了供应链的产能优化决策。假设 $a_r \leqslant 2\,000$,可以找出"线上市场容量变化率"与"线下市场容量"双变量影响下的边界范围,即固定参数 j,找出线下市场容量 a_r 的取值范围,进一步找出线上市场容量变化率 j 的取值范围,如下表 7-1 所示。

表 7-1 参数赋值下供应链产能决策的约束条件

j	D_1	D_r	D_2	p_1-w	p_r-p_1	p_1-c_1	p_2-c_2	$w-c_1$	π_r
0.65	$\geqslant$ 154.259	$\geqslant$ 161.694	—	$\leqslant$ 213.517 或 $\geqslant$ 1 776.42	$\geqslant$ 169.693	$\geqslant$ 156.242	—	$\geqslant$ 160.433	$\geqslant$ 201.814
	情形一:$j=0.65$ 时,满足所有约束条件的参数范围为 $201.814 \leqslant a_r \leqslant 213.52$									
	情形二:$j=0.65$ 时,满足所有约束条件的参数范围为 $1\,776.42 \leqslant a_r \leqslant 2\,000$									

续　表

j	D_1	D_r	D_2	p_1-w	p_r-p_1	p_1-c_1	p_2-c_2	$w-c_1$	π_r
0.7	⩾148.633	⩾158.138	—	⩽325.183 或⩾523.71	⩾170.478	⩾150.897	—	⩾156.366	⩾198.827
情形三：$j=0.7$ 时,满足所有约束条件的参数范围为 $198.827\leqslant a_r\leqslant 325.183$									
情形四：$j=0.7$ 时,满足所有约束条件的参数范围为 $523.71\leqslant a_r\leqslant 2\,000$									
1	—	⩾140.335	—	—	⩾202.587 或⩽770.213	⩾126.276	—	⩾135.854	⩾183.807
情形五：$j=1$ 时,满足所有约束条件的参数范围为 $202.587\leqslant a_r\leqslant 770.213$									
1.11	—	⩾134.984	—	—	⩾289.055 或⩽349.04	⩾119.474	—	⩾129.662	⩾183.483
情形六：$j=1.11$ 时,满足所有约束条件的参数范围为 $289.055\leqslant a_r\leqslant 349.04$									
1.112694	—	⩾134.859	—	—	⩾315.868 或⩽316.368	⩾119.319	—	⩾129.517	⩾183.475
情形七：$j=1.112\,694$ 时,满足所有约束条件的参数范围为 $315.868\leqslant a_r\leqslant 316.368$。									
注释	上面数值的含义为,满足以上变量不小于零时 a_r 的取值范围。其中求不出来的边界值为无理数或不存在。附录 7-3 以情形一、二、五为例。|								

首先,通过观察表 7-1 发现线上市场容量变化率 j 的边界范围为 $0.54\leqslant j\leqslant 1.112\,694$。这意味着在已知参数赋值条件下,无论线下市场容量如何改变,线上市场容量占线下市场的比例存在固定边界范围,即

$0.54 \leqslant j \leqslant 1.112694$。若"行业电子商务发展程度"脱离边界范围以外，则模型研究没有意义。

第二，当行业电子商务发展程度一定时，线下市场容量的增减会影响某些变量的走向，详见附录 7-3。图 7-3 将情形一与情形二相结合，在 $j=0.65$ 时，$0 \leqslant a_r \leqslant 2\,000$ 范围内曲线 (p_1-w) 呈现上凹形状，其中 $213.52 \leqslant a_r \leqslant 1\,776.42$ 区间函数 (p_1-w) 为负值。说明在行业电子商务发展程度较低时，即区间 $201.814 \leqslant a_r \leqslant 213.52$ 内，函数 (p_1-w) 逐步降低，制造商 M_1 与 M_2 的线上直销价格均下降，零售商 r 的线下市场售价增大。制造商 M_1 的产能分配逐步偏向线下市场，行业产能整体也逐步向线下市场偏移，制造商 M_1 的行业产能比重明显增加，最优产能决策增加。反之，在 $1\,776.52 \leqslant a_r \leqslant 2\,000$ 时，函数 (p_1-w) 逐步增加，制造商 M_1 的线上市场优势逐渐增加，最优产能决策增加，其产能分配逐步偏向线上市场，行业产能整体也向线上市场偏移，制造商 M_1 的行业产能比重明显减少。这进一步揭示出，在行业电子商务发展程度较低时，线下市场容量很高的行业，更适合开展线上市场业务，线上市场竞争更激烈，制造商 M_2 的生存空间更大。反之线下市场容量较低的行业，其线上市场竞争力则较弱。

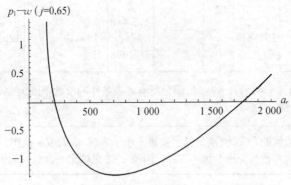

图 7-3 p_1-w 的变化规律（情形一与情形二）

第三，曲线 (p_r-p_1) 在情形一至情形四中均呈现出单调递增趋势，表示在行业电子商务发展程度不太高时，线下市场容量的增大对线上消费者更为有利,从线上市场购物能够获得更多的福利。然而,当线上市场容量变化率 j 变大如情形五所示,曲线 (p_r-p_1) 呈现出下凹形状。这意味着当行业电子商务程度较高时,线下市场容量的增大使得线上消费者福利 (p_r-p_1) 呈现出先多后少的规律。而在 $a_r < 202.587$ 或 $a_r > 770.213$ 两种情形下,将会出现 $p_r \leqslant p_1$ 的情形。随着线上市场竞争的加剧,越来越多的年轻化消费者对线上市场购物已经形成依赖性消费,而线下市场迫于竞争压力加大促销力度,某些行业如日用品等已经存在 $p_r \leqslant p_1$ 的现象。

第四,在行业电子商务程度较高时(如情形五),制造商 M_1 的短期生产成本曲线呈上凹状,即曲线存在最低点。这意味着虽然线下市场容量的调整难度较大,但制造商 M_1 可以通过调整渠道或品牌促销水平(e_{d1} 或 e_{b1})等措施来尽量使得 c_1 曲线达到最低点。并且,此时曲线 $\dfrac{D_1}{D_r}$、$\dfrac{D_1+D_2}{D_r}$ 均呈现出上凹状,曲线 $\dfrac{D_1+D_r}{D_2}$ 呈现下凹状。这意味着在行业电子商务程度较高时,随着线下市场容量的增大,线上市场的竞争力呈现出先弱后强的特点,制造商 M_1 的产能分配也如此,这与其短期生产成本 c_1 曲线的特点有内在一致性。说明了线上市场竞争力的爆发能力较强。进一步地,行业产能分配曲线 $\dfrac{D_1+D_r}{D_2}$ 的下凹状进一步验证了线下市场容量的增大,对线上市场竞争力具有正向效应,制造商 M_1 的行业产能所占份额由增速减缓变为减速下降,而制造商 M_2 的行业产能所占份额则呈现相反规律。

7.1.4 风险防范之产能过剩、不足与缺货的数值分析

基于 7.2.1 的基准值,即 $c_1 = 0.0002(K-250)^2 + 4$,$c_2 = 0.7c_1$,$m=12$,$n=5$,$\theta=\varphi=\eta=\gamma=2$,$\lambda=0.5$,$\kappa=1$,$F=100$,$a_e = ja_r (j>0)$,$a_r = 500$,$e_{b1} = j_1 e_{d1}$,$e_{b2} = j_2 e_{b1} = j_1 j_2 e_{d1}$,$e_{d2} = j_3 e_{d1}$,$e_{d1} = 0.5$,且假设 $j=1$,$j_1 = 1.5$,$j_2 = 1.2$,$j_3 = 0.8$,得到 $K^* = 416 > 250$,如表 7-2 与表 7-3 第一栏所示。

表7-2 模型三产能优化的数值模拟分析

	e_{d1}	j_3	c_1	K_1^*	p_r	p_1	w	p_2	e_r
基准量	0.500 0	0.8	9.52	416	39.597	37.876	31.24	33.380	24.374
第一种缺货情况	0.423 2	0.8	8.5	400	39.188	37.789	30.304	33.191	25.911
	0.423 9	1.5	8.5	400	39.161	37.785	30.291	33.240	25.874
	0.425 4	3.0	8.5	400	39.104	37.777	30.260	33.347	25.794
	0.432 4	10	8.5	400	38.832	37.742	30.119	33.856	25.413
	0.442 8	20	8.5	400	38.428	37.695	29.909	34.615	24.847
第二种缺货情况	0.423 2	0.8	8.5	400	39.188	37.789	30.304	33.191	25.911
	0.199 0	0.8	6.0	350	38.490	40.698	28.013	33.325	30.582
	0.158 1	0.8	4.5	300	38.310	42.383	27.194	33.502	32.420
	0.143 1	0.8	4.0	250	38.307	43.415	26.953	33.657	33.117
	0.158 1	0.8	4.5	200	38.310	42.383	27.195	33.502	32.420
	0.199 0	0.8	6.0	150	38.498	40.697	28.013	33.324	30.582
产能不足加剧	0.500 0	0.8	9.52	416	39.597	37.876	31.240	33.380	24.374
	0.519 3	0.8	9.78	420	39.706	37.932 7	31.481	33.435	23.989
	0.534 3	0.8	9.98	423	39.790	37.984	31.668	33.479	23.691
	0.544 3	0.8	10.1	425	39.848	38.022	31.793	33.509	23.492

制造商 M_1 的最优产能决策显示出其短期产能处于不足状态。此处,短期产能不足的含义是,制造商 M_1 的最优产能决策 $K^* = 416$ 高于其总生产成本 ATC 的最佳生产能力 $K_0 = 250$,反之则是产能过剩情形。而制造商 M_1 缺货的含义,既可以是产能过剩下的缺货,也可以是产能不足下的缺货。基于上文假设分析当制造商 M_1 暂时缺货,如上游供应商出现质量问题、原材料不足等问题,而制造商 M_2 不受影响即其生产成本 $c_2 = 6.661$ 不变时,供应链竞争体现出来的规律。

表7-3 缺货与产能不足加剧的数值分析(续)

	π_r	π_1	π_2	K_1^*	D_r	D_1	D_2	D_1/D_r	$\dfrac{D_r}{(D_1+D_2)}$	$\dfrac{D_1+D_r}{D_2}$
基准量	1 249.71	10 648.4	7 708.55	416	232.6	183.471	288.559	0.789	0.441	2.029
第一种缺货情形	1 425.31	10 309.2	6 433.67	400	247.269	152.732	242.55	0.617	0.382	1.598
	1 420.93	10 308.2	6 467.97	400	246.913	153.087	243.399	0.620	0.383	1.606
	1 411.51	10 306.0	6 542.27	400	246.148	153.852	245.232	0.625	0.385	1.621
	1 367.14	10 296.8	6 903.63	400	242.508	157.492	254.037	0.649	0.394	1.697
	1 302.53	10 285.7	7 464.72	400	237.108	162.892	267.375	0.687	0.407	1.814
第二种缺货情形	1 425.31	10 309.2	6 433.67	400	247.269	152.732	242.55	0.618	0.382	1.599
	2 024.81	9 203.61	3 055.85	350	291.844	58.156	114.627	0.199	0.166	0.592
	2 287.83	9 500.2	2 460.24	300	309.379	40.620 7	91.674	0.131	0.116	0.428
	2 391.53	9 623.48	2 253.4	250	316.026	33.973 7	83.484 1	0.108	0.097	0.371
	2 287.83	9 500.20	2 460.24	300	309.379	40.620 7	91.674	0.131	0.116	0.427
	2 024.81	9 203.61	3 055.85	150	291.844	58.156 3	114.627	0.199	0.166	0.592
产能不足加剧	1 249.71	10 648.4	7 708.55	416	232.6	183.471	288.559	0.789	0.441	2.029
	1 207.35	10 727.9	8 039.87	420	228.921	191.079	300.341	0.835	0.455	2.147
	1 175.14	10 787.5	8 298.48	423	196.916	226.084	309.49	0.871	0.465	2.239
	1 153.75	10 826.8	8 473.68	425	224.179	200.821	315.666	0.896	0.472	2.304

第一种缺货情形为制造商 M_1 暂时缺货,变量为 j_3 和 e_{d1},其他参数赋值不变。此时制造商 M_1 的产能由 $K^* = 416$ 的最佳状态降为 $K^* = 400$ 时,生产成本 c_1 随之由 9.52 降为 8.5,促销努力 e_{d1} 由 0.5 降为 0.423 2。此时如果制造商 M_1 与 M_2 继续展开线上市场的促销竞争,在假设 M_1 与 M_2 的线上品牌促销努力变化率不变时,制造商 M_2 需要付出远甚于制造商 M_1 的线上渠道促销努力,才能维系竞争的平衡,见表7-2与表7-3第二栏所示。线上市场的促销竞争提升了制造商 M_1 与 M_2 的需求量,降低了零售商 r 的线下市场需求量,行业产能

分配整体偏向线上市场,制造商 M_1 的线上市场产能分配比例变大。因此促销努力越大,越能激励制造商 M_2 扩大产能,缓解由于制造商 M_1 缺货带来的供应短缺。

第二种缺货情形为制造商 M_1 短期急剧缺货,变量为 K^* 与 e_{d1},其他参数赋值不变。当制造商 M_1 的产能从 400 降为 150 时,观察表 7-2 与表 7-3 第三栏可以发现,以 $K^* = 250$ 为分水岭,传统零售商 r 的零售价 p_r 先降后升,收益与需求量均先升后降;制造商 M_1 的零售价 p_1 先升后降,收益与需求量均先降后升,制造商 M_1 的产能分配比例也先降后升;制造商 M_2 的零售价 p_2 先升后降,收益与需求量均先降后升。且随着制造商 M_1 缺货程度的加大,出现了 $p_r < p_1$ 的情形。这意味着高额缺货将导致制造商 M_1 抬高线上市场的售价,在稀缺性产品等行业可能出现这种情形,而传统零售商 r 的收益显著上升。

第三种情形,属于制造商 M_1 短期产能不足情形下的产量进一步扩大,产能不足加剧,属于低水平过度扩张情形。变量为 K^* 与 e_{d1},其他参数赋值不变。随着制造商 M_1 的产能从 400 逐步递增,线上促销努力 e_{d1} 同步递增,$(p_r - p_1)$ 的数值逐渐减小。虽然线上市场促销的强化提升了制造商 M_1 与 M_2 的需求量、总收益,降低了零售商 r 的线下市场需求量、总收益,但制造商 M_1 的生产成本 c_1 由 9.52 升至 10.1,明显处于边际收益递减的低效率状态。产能不足的现状迫使制造商 M_1 进一步扩大规模,降低单位生产成本,如图 7-4 所示。

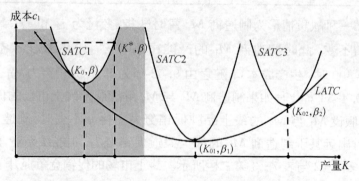

图 7-4 模型三下制造商 M_1 的长期生产成本曲线

图 5-2 的短期生产成本曲线 ATC 对应为图 7-4 的 $SATC1$,阴影区域为前文的研究重点,可以看出点 (K^*,β) 处于严重的短期产能不足位置,制造商 M_1 急需扩大规模,将 $SATC1$ 向前推进至 $SATC2$,曲线 $LATC$ 为制造商 M_1 的长期生产成本曲线。由经济学相关理论可知,在长期生产成本曲线 $LATC$ 上,各短期生产成本曲线的曲线变化率 α 通常假设不变,会改变的多是 β 与 K_0。且由于短期生产成本曲线逐步向右向下移动,最终使得长期生产成本曲线 $LATC$ 呈现出上凹的二次曲线形态。

前文短期生产成本曲线 $SATC1$ 面临突然缺货时,由于初始最优状态为产能不足,点 (K^*,β) 严重偏右,少量缺货反而使得短期生产成本下降,产能回归到合理的状态。从表 7-3、7-4 第三栏数据可以看出,当产能降为 250 时,制造商 M_1 的线上渠道促销努力最小,线上需求量最低,批发价格最低,线上直销价格最高,总收益最高(排除产能严重不足或过剩情形)。零售商 r 的线下售价最低,服务水平最高,线下需求量最高,线下收益最高。制造商 M_2 的线上需求量最小,线上直销价格最高,总收益最低。制造商 M_1 的线上产能分配比例最小,线上市场的产能分配比例最小。供应链博弈在制造商 M_1 产能为 250 时达到最佳均衡状态。

随着制造商 M_1 扩大产能的要求提高,短期生产成本曲线 $SATC1$ 逐步向右下移动。图 7-4 中当 (K^*,β) 变为 (K_{01},β_1) 时,供应链博弈达到长期均衡的理想状态,效率实现最优。

7.2 模型四下的产能优化与风险防范的数值分析

本节的基本参数假设赋值,$c_1 = 0.0002(K-250)^2 + 4$,$c_2 = 0.7c_1$,$m = 19$,$n = 10$,$e_{b1} = h_1 e_{d1}$,$F = 100$,$\theta = 3$,$\eta = 2$,$\kappa = 1$,$\gamma = 0.5$,$\lambda = 0.3$,$\varphi = 0.2$,$a_e = g a_r (g > 0)$,$e_{b2} = h_2 e_{b1} = h_1 h_2 e_{d1}$,$e_{d2} = h_3 e_{d1}$。

7.2.1 促销努力水平的影响

为了探讨促销努力水平的影响作用,此处进一步对参数赋值为, $a_r=500$, $e_{d1}=0.5$, $h_2=1.2$, $g=0.8$,变量为 h_1、h_3。其中,参数 g 为线上市场容量变化率,意味着相对于线下市场容量,线上市场容量所占比例,反映了行业电子商务的发展程度。参数 g 越大,行业电子商务发展程度越高;参数 h_1 为制造商 M_1 线上市场的品牌促销努力变化率,意味着相对于制造商 M_1 的线上市场渠道促销努力,其品牌促销努力的变化程度;参数 h_2 为制造商 M_2 线上市场的品牌促销努力的变化率,意味着相对于制造商 M_1 的线上市场品牌促销努力,线上制造商 M_2 品牌促销努力的变化程度;参数 h_3 为制造商 M_2 线上市场的渠道促销努力变化率,意味着相对于制造商 M_1 的线上市场渠道促销努力,制造商 M_2 线上渠道促销努力的变化程度。

分析附录 7-4、7-5 中状态 1 的最优变量结果,并观察图 7-5 可以发现,随着制造商 M_2 线上渠道促销努力变化率 h_3 的增加,制造商 M_1 的最优产量呈极其缓慢的下降趋势,几乎可以忽略不计,故提升制造商 M_2 的线上市场渠道促销水平,对制造商 M_1 的最优产量决策影响不大,效果有限。进一步观察附录 7-4、7-5,发现参数 h_3 的增加使得

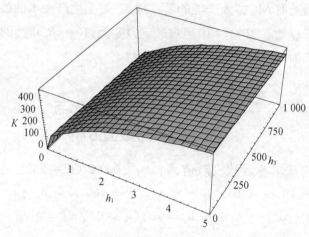

图 7-5 线上市场促销努力下的制造商 M_1 最优产量决策

制造商 M_1 与 M_2 的生产成本均有上升,行业产能分配比例保持略偏向线上市场的趋势,从 2.390 增加至 2.398。并且,参数 h_3 的增加使得制造商 M_2 需求量与收益均上升,线上售价同步上升;而制造商 M_1 则通过采取降低批发价的策略来减缓竞争压力,减缓总收益的下降速度;零售商 r 得益于批发价的下降而略微调低了零售价格,减缓了总收益的下降速度。

进一步观察图 7-5 与附录 7-4、7-5 中状态 2,发现在线上品牌促销努力 h_1 攻势下,零售商 r 的需求量与收益却呈现先升后降的规律。相反地,制造商 M_1 与 M_2 的最优产量均明显上升,且两者的生产成本、定价策略均呈现出先降后升的特点。制造商 M_1 的最优产量决策也从产能过剩逐步过渡为产能不足。这些意味着,当制造商 M_1 线上品牌促销努力水平较低如 $h_1 = 0.5$ 时,提升制造商 M_1 线上品牌促销努力水平程度,能促使两个制造商短期生产成本的进一步降低,制造商 M_1 的产能过剩问题得到缓解,零售商 r 也获得较显著的"搭便车效应",需求和收益均上升;当制造商 M_1 线上品牌促销努力水平上升至 $h_1 = 1$ 时,制造商 M_1 与 M_2 均实现了短期生产成本的相对最优,制造商 M_1 的产量决策已接近最优值即 $K^* = 232.277$,逼近 250 的最优值,零售商 r 的最优收益也达到相对最大;随着制造商 M_1 线上品牌促销努力水平的继续上升,零售商 r 的"搭便车效应"消失,竞争能力明显减弱,制造商 M_1 与 M_2 的短期生产成本上升,制造商 M_1 出现产能不足状态。不过,随着制造商 M_1 线上品牌促销努力的加大,制造商 M_1 与 M_2 的需求量及总收益均呈现明显的正向效应,制造商 M_2 获得显著的"搭便车效应";制造商 M_1 的产能分配明显偏向线上市场,从 0.432 增加至 2.145;相对于线下市场,线上市场的产能分配比例也明显增大,从 1.172 增加至 5.303。

继续分析附录 7-4、7-5 中状态 3,根据前文假设需满足条件 $p_1 > w$, $p_r > p_1$,可以得到参数 g 的近似取值范围为 $0.5527 < g < 0.92874$。随着线上市场需求规模变化率 g 的增大,各项最优变量的规律呈现出与附录 7-4、7-5 中状态 2 类似的规律,制造商 M_1 的最优产

量决策从产能过剩 $K_1^* = 171.607 < 250$ 转化为 $K_1^* = 350.626 > 250$；制造商 M_1 与 M_2 的生产成本均先降后升；零售商 r 的"搭便车效应"先出现后消失，即其收益与需求量均先增后减；制造商 M_2 获得显著的"搭便车效应"；两个制造商的需求量及总收益均明显增加；制造商 M_1 的产能分配比例明显偏向线上市场，从 0.588 增加至 1.885；相对于线下市场，线上市场的产能分配比例也明显增大，从 1.590 增加至 4.583。然而不同的是，附录 7-4、7-5 中状态 2 中随着制造商 M_1 线上品牌促销努力 h_1 的递增，零售商 r 的零售价先降后升，需求量与收益均先升后降，而在附录 7-4、7-5 中状态 3 中零售商 r 的收益与需求量依旧呈现出先升后降，唯有零售价保持上升。这说明制造商 M_1 提升线上品牌促销努力 h_1 能为消费者带来更多福利；在附录 7-4、7-5 中状态 2 中，制造商 M_1 与 M_2 的各项定价策略均先降后升，而附录 7-4、7-5 中状态 3 中制造商 M_1 与 M_2 的各项定价策略均保持上升，且收益递增速度远超过附录 7-4、7-5 中状态 2 时的收益增速。故提升制造商 M_1 线上品牌促销努力 h_1 能为消费者带来更多福利。且线上市场需求规模变化率 g 的增大对行业市场规模总量的影响，远超过线上品牌促销努力 h_1 增大对其的影响，这也解释了为何附录 7-4、7-5 中状态 3 里零售商 r 的"搭便车效应"比附录 7-4、7-5 中状态 2 更显著。

7.2.2 市场需求总量改变下的最优变量分析

首先，行业电子商务的发展程度决定了线上市场容量变化率 g 的大小。本节对参数赋值为，$h_2 = 1.2$，$h_1 = 1$，$h_3 = 1.5$，$e_{d1} = 0.5$，变量为 a_r、g。可以得到图 7-6 及附录 7-6。观察图 7-6 可以发现，制造商 M_1 的最优产量决策 K^* 随线下市场容量 a_r 的增大而增大，随线上市场容量变化率 g 的增大而增大。然而，当 g 较低时，K^* 随线下市场容量 a_r 的增速明显减缓。随着 g 逐步变大，K^* 随线下市场容量 a_r 的增速逐步加快。这说明在行业电子商务发展程度较低时，扩大线下市场容量可以扩大需求量，但增速不够明显；随着行业电子商务前进步伐的加快，提升线下市场容量将显著提高市场需求量，即最优产量决策

K^* 的"增速效应"变大。

其次,观察后文附录 7-6,发现制造商 M_1 与 M_2 的线上需求量均随线下市场容量 a_r 的增大而单调递增,随着线上市场容量变化率 g 的增大而进一步增大。这说明由于制造商 M_2 处于博弈的次主导地位,故无论行业电子商务发展程度的高低,制造商 M_2 均为制造商 M_1 的主要竞争对手。

再次,零售商 r 的最优决策变量均呈现一个共同特征,即随着线下市场容量 a_r 的逐步增大,需求量、最优收益、最优服务水平的"最大值"均随着线上市场容量变化率 g 的递减而出现,且"最大值"轨迹的极大值点均近似出现在(a_r 最大,g 最小)处。这与现实情形一致,即对于处在博弈最弱势地位的零售商 r 来说,行业电子商务发展程度越低,线下市场容量越大,则零售商 r 的收益将越高,服务水平和需求量也越大。

最后,后文将详述线上线下市场的产能分配问题,此处通过附录 7-6 可以发现,制造商 M_1 的产能分配比例随线下市场容量 a_r 的增大而逐步倾斜于线上市场,随着线上市场容量变化率 g 的增大进一步倾斜于线上市场。

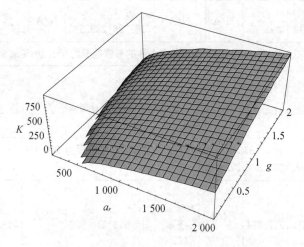

图 7-6　模型四市场需求总量下的制造商 M_1 最优产量决策

7.2.3 双因素作用边界范围的数值分析

随着行业电子商务发展程度的提高,线上市场容量发生变化。而行业竞争的加剧、新竞争对手的进入、产品创新的突破等也会导致线下市场的容量发生改变。"线上市场容量变化率 g"与"线下市场容量 a_r"的变化如何决定供应链的产能优化决策?假设 $a_r \leqslant 2\,000$,通过固定变量 g,可以逐步找出 a_r 的取值范围,进一步找出线上市场容量变化率 g 的取值范围,如表7-4所示。

表7-4 模型四双因素作用下的变量边界范围

g	D_1	D_r	D_2	p_1-w	p_r-p_1	p_1-c_1	p_2-c_2	$w-c_1$	π_r
0.9	≥243.502	≥258.049	N/A	N/A	419.377≤a_r≤872.41	≥244.03	N/A	≥256.342	≥318.21
	情形一:$g=0.9$ 时,满足所有约束条件的参数范围为 419.377≤a_r≤872.409									
0.7	≥277.744	≥287.177	N/A	N/A	≥319.763	≥278.832	N/A	≥286.367	≥343.937
	情形二:$g=0.7$ 时,满足所有约束条件的参数范围为 343.937≤a_r≤2 000									
0.65	≥288.38	≥295.75	N/A	N/A	≥315.728	≥289.386	N/A	≥295.179	≥351.401
	情形三:$g=0.65$ 时,满足所有约束条件的参数范围为 351.401≤a_r≤2 000									
0.572	≥307.282	≥310.443	N/A	≤594.22 或≥894.468	≥316.084	≥307.823	N/A	≥310.239	≥364.074
	情形四:$g=0.572$ 时,满足所有约束条件的参数范围为 364.074≤a_r≤594.22,以及 894.468≤a_r≤2 000									
0.56	≥310.483	≥312.864	N/A	≤402.204 或≥2 491.07	≥316.813	≥310.904	N/A	≥312.715	≥366.147
	情形五:$g=0.56$ 时,满足所有约束条件的参数范围为 366.147≤a_r≤402.204									

续 表

g	D_1	D_r	D_2	p_1-w	p_r-p_1	p_1-c_1	p_2-c_2	$w-c_1$	π_r
0.552 7 (下界)	$g=0.552\,7$ 时,满足 $p_1-w\geqslant0$ 与 $\pi_r\geqslant0$ 的参数范围为 $367.426\leqslant a_r\leqslant367.462$								
注释	上面各项数值的含义为,满足以上变量不小于零时 a_r 的取值范围。N/A 表示"无解,无有理数解", $e_{d1}=0.5$, $h_1=1$, $h_2=1.2$, $h_3=1.5$,基准值 $g=0.8$, $343.937\leqslant a_r\leqslant2\,000$								

首先,通过观察表 7-4 发现线上市场容量变化率 g 的边界范围为 $0.552\,7\leqslant g\leqslant0.928\,74$。这说明在参数赋值条件下,无论线下市场容量如何改变,线上市场容量占线下市场的比例存在固定边界范围。具体来说,当 $g=0.552\,7$ 时,满足 $p_1-w\geqslant0$ 与 $\pi_r\geqslant0$ 的参数范围为 $367.426\leqslant a_r\leqslant367.462$;当 $g=0.928\,74$ 时,满足 $p_r-p_1\geqslant0$(此时求解 $p_r-p_1=0$ 变量求得为实数)的参数范围为 $560.413\leqslant a_r\leqslant562.609$。本节的数值模拟研究暂不考虑行业电子商务发展程度离边界范围 $0.552\,7\leqslant g\leqslant0.928\,74$ 以外的情形。

其次,当行业电子商务发展程度一定时,线下市场容量 a_r 的增减会影响某些变量的走向,这里重点分析几种状态:

第一种状态,在线上市场容量变化率较低即 $g=0.7$ 时,如附录 7-7 所示。根据表 7-4 得到线下市场容量的取值范围为 $343.937\leqslant a_r\leqslant2\,000$。该范围内随着 a_r 的增大,多个变量曲线呈上凹形状且存在极小值。具体为,制造商 M_1 的产能分配曲线 $\dfrac{D_1}{D_r}$ 极小点为 $(649.25,\ 0.827\,25)$,曲线 $\dfrac{D_1+D_2}{D_r}$ 的极小点为 $(648.5,\ 2.092)$;定价曲线中,制造商 M_1 的线上直销价曲线 p_1 极小点为 $(364.7,\ 14.321\,8)$,制造商 M_2 的线上直销价曲线 p_2 极小点为 $(363.2,\ 12.715\,9)$,制造商 M_1 的批发价曲线 w 极小点为 $(371,\ 12.898\,5)$,制造商 M_1 的生产成本曲线 c_1 极小点为 $(568.2,\ 4)$。相反地,行业产能分配比例曲线 $\dfrac{D_1+D_r}{D_2}$ 呈下凹形状,其极大点为 $(648.07,\ 1.444\,9)$。

此外，曲线 D_r、(p_r-p_1) 随线下市场容量 a_r 的增加而增大，增速显著减缓，其他变量曲线均随线下市场容量 a_r 的增加而增大，且呈近似线性形状。这些极值的存在暗示了诸多特性，如分析制造商 M_1 的生产成本曲线 c_1，发现当行业电子商务发展程度在 $g=0.7$ 时，适度的线下市场容量即 $a_r=568.2$ 能实现制造商 M_1 生产成本最低即 $c_1=4$，如果线下市场容量此时发生任何改变，均不利于制造商 M_1 最佳生产成本的实现。

综合分析产能分配曲线 $\dfrac{D_1}{D_r}$、$\dfrac{D_1+D_2}{D_r}$，发现当行业电子商务发展程度达到 $g=0.7$ 时，零售商 r 的最大需求量出现在 $a_r\approx 649$ 处，此时线下市场的产能分配比例也最大。结合曲线 D_r 的变化规律可以得出结论，线下零售商 r 的竞争能力最弱，随着线下市场规模即 a_r 的增大虽然最初能提升其需求量，且制约了制造商 M_1 与 M_2 的产能分配过度向线上市场倾斜，然终究制约能力有限，在 $a_r\approx 649$ 处零售商 r 的竞争优势达到最大，此后逐步减弱。行业产能分配比例曲线 $\dfrac{D_1+D_r}{D_2}$ 在 $a_r\approx 649$ 处也达到极大值，这进一步暗示出制造商 M_2 的竞争力逐步加强，自 $a_r\approx 649$ 起其总产量已经超越了制造商 M_1 的总产量，线下市场容量 a_r 的增大将不利于制造商 M_1 供应链主导地位的维护。

表 7-5　模型四双因素作用下的变量边界范围(续)

g	p_r	π_r	π_2	p_2	π_1	w	p_1	K	c_1
0.928 74 (上界)	$g=0.92874$ 时，满足 $p_r-p_1\geqslant 0$(此时求解 $p_r-p_1=0$ 变量求得为实数)的参数范围为 $560.413\leqslant a_r\leqslant 562.609$									
0.9	N/A	N/A	N/A	N/A	N/A	N/A	N/A	$\geqslant$ 248.804	N/A
	情形一：$g=0.9$ 时，满足所有约束条件的参数范围为 $419.377\leqslant a_r\leqslant 872.409$								
0.7	N/A	$\geqslant$ 287.177	N/A	N/A	N/A	N/A	N/A	$\geqslant$ 282.406	N/A
	情形二：$g=0.7$ 时，满足所有约束条件的参数范围为 $343.937\leqslant a_r\leqslant 2\,000$								

续 表

g	p_r	π_r	π_2	p_2	π_1	w	p_1	K	c_1
0.65	N/A	$\geqslant$ 295.75	N/A	N/A	N/A	$\geqslant$ 126.276	N/A	292.274	N/A
	情形三：$g=0.65$ 时，满足所有约束条件的参数范围为 $351.401\leqslant a_r\leqslant 2\,000$									
0.572	N/A	$\geqslant$ 310.443	N/A	N/A	N/A	N/A	N/A	$\geqslant$ 309.126	N/A
	情形四：$g=0.572$ 时，满足所有约束条件的参数范围为 $364.074\leqslant a_r\leqslant 594.22$，以及 $894.468\leqslant a_r\leqslant 2\,000$									
0.56	N/A	$\geqslant$ 312.864	N/A	N/A	N/A	N/A	N/A	$\geqslant$ 311.892	N/A
	情形五：$g=0.56$ 时，满足所有约束条件的参数范围为 $366.147\leqslant a_r\leqslant 402.204$									
注释	上面各项数值的含义为，满足以上变量不小于零时 a_r 的取值范围，N/A 表示"无解，无有理数解"，$e_{d1}=0.5$，$h_1=1$，$h_2=1.2$，$h_3=1.5$，基准值 $g=0.8$，$343.937\leqslant a_r\leqslant 2\,000$									

此外，定价曲线 p_1、p_2 随着线下市场容量 a_r 的增大较早出现了极小值，暗示出当 a_r 较小时，提升线下市场容量 a_r 能增大线上消费者的福利。同时，在区间 $343.937\leqslant a_r\leqslant 371$ 内零售商 r 零售价上升，批发价下降，需求量上升，线下市场容量的增大给零售商 r 收益带来了显著的增加；在区间 $371\leqslant a_r\leqslant 2\,000$ 内零售商 r 的收益增速逐步放缓，这从曲线 D_r 的规律走向也可印证。

第二种状态如附录 7-8 所示，当行业电子商务发展程度达到 $g=0.9$ 时，较之于 $g=0.7$ 时的规律，有几个显著的区别：

第一，是曲线 (p_r-p_1) 由单调递增变为上凹状，且得到 $419.377\leqslant a_r\leqslant 872.409$，这意味着零售商 r 在 (p_r-p_1) 上凹曲线最低点处的竞争优势最差。

第二，是极值点发生变化，上凹曲线 $\dfrac{D_1}{D_r}$、$\dfrac{D_1+D_2}{D_r}$ 的极值点均向左上方移动，分别由 $(649.25, 0.82725)$、$(648.5, 2.092)$ 变为 $(571.2, 1.05965)$、$(571, 2.63552)$。这种向左向上移动的趋势，说明了行业电

子商务水平的提升会加剧供应链三方博弈的激烈程度,对于制造商 M_1 向线上市场倾斜产能分配的趋势,线下市场容量较低时(由 649.25 降为 571.2)零售商 r 的制约能力已经降至最弱,而曲线 $\frac{D_1+D_2}{D_r}$ 的极小值点变化,更凸显了制造商 M_2 的博弈次主导地位上升。

下凹曲线 $\frac{D_1+D_r}{D_2}$ 的极大值点向左下方移动,由(648.07, 1.444 9)变为(571, 1.306 69),这说明了同样在线下市场规模达到 $a_r \approx 571$ 处,制造商 M_1 的总产能增速开始下降,制造商 M_2 的次主导地位进一步凸显,线下市场容量 a_r 增大与线下零售商 r 的弱势,进一步威胁到了制造商 M_1 的供应链主导地位。同样地,制造商 M_1 生产成本 c_1 曲线的极值点发生了水平左移,由(568.2, 4)变为(500.5, 4),行业电子商务水平的提升弥补了扩充线下市场需求容量的压力,使得制造商 M_1 的最佳生产成本提前到来。

第三,是各定价曲线的极小点消失,也就是线下市场容量 a_r 增大,给零售商 r 带来的"零售价增加,批发价下降"好处不再。

第三种状态是基于状态 $g=0.7$ 与状态 $g=0.9$,进一步比较研究行业电子商务发展程度降为 $g=0.65$ 时的规律,如附录 7-9 所示。在状态 $g=0.65$ 处,线下市场容量范围为 $351.401 \leqslant a_r \leqslant 2\ 000$,区别有以下几点:

第一是极值点发生变化,上凹曲线 $\frac{D_1}{D_r}$、$\frac{D_1+D_2}{D_r}$ 的极值点均向右下方移动,由状态 $g=0.9$ 时的(571.2, 1.059 65)、(571, 2.635 52)向右下方移动为状态 $g=0.7$ 时的(649.25, 0.827 25)、(648.5, 2.092),继续右移至状态 $g=0.65$ 时的(672.65, 0.768 763),(671.3, 1.954 94)。随着行业电子商务发展程度的降低,产能分配曲线的极值点保持向右下方移动的趋势,进一步印证了一个事实,即行业电子商务水平的增大,会加剧供应链三方博弈的激烈程度,零售商 r 对制造商 M_1 向线上市场倾斜产能分配比例的制约能力减弱,制造商 M_2 的博弈次主导地位凸显。反之,行业电子商务水平的减缓则使得供应链成员竞争减缓,

零售商 r 对制造商 M_1 的产量分配倾向制约能力加强,制造商 M_2 的博弈次主导地位弱化。

下凹曲线 $\frac{D_1+D_r}{D_2}$ 的极值点向右上方移动,由状态 $g=0.9$ 时的 (571, 1.306 69) 向右上方移动为状态 $g=0.7$ 时的 (648.07, 1.444 9),继续右移至状态 $g=0.65$ 时的 (670.8, 1.491 15),这种向右上移动的趋势,进一步说明行业电子商务水平的降低会减缓制造商 M_2 带给供应链主导方的竞争压力,线下零售商 r 的竞争能力也相对增强。

第二是定价曲线的规律也发生变化。曲线 p_1 的极小点自状态 $g=0.7$ 时的 (364.7, 14.321 8) 向右下移为状态 $g=0.65$ 时的 (379.5, 14.060 6),p_2 的极小点自状态 $g=0.7$ 时的 (363.2, 12.715 9) 向右下移为状态 $g=0.65$ 时的 (378.3, 12.453 1)。两条线上市场售价曲线均向右下方偏移,这说明行业电子商务水平的减缓能进一步增大线上消费者的福利,线下市场规模增大给消费者带来福利的区间也拉长,由 $343.937 \leqslant a_r \leqslant 364$ 变化为 $351.401 \leqslant a_r \leqslant 379$。制造商 M_1 的批发价 w 曲线的极小点自状态 $g=0.7$ 时的 (371, 12.898 5) 向右上移为状态 $g=0.65$ 时的 (381.9, 13.115 8),这又说明当行业电子商务发展程度较低时,制造商 M_1 对线下市场的控制能力更强,零售商 r 对批发价的议价能力变弱。

进一步比较状态 $g=0.9$ 时的各项定价曲线已经由上凹曲线变为单调递增曲线,各定价曲线的极小点消失,也就是行业电子商务水平的增大,给零售商 r 带来的"零售价增加,批发价下降"好处不再,线上直销价降低带来的消费者福利不再。唯有制造商 M_1 生产成本 c_1 曲线的极值点发生了水平右移,由状态 $g=0.9$ 时的 (500.5, 4) 向右方平移动为状态 $g=0.7$ 时的 (568.2, 4),继续右移至状态 $g=0.65$ 时的 (588, 4),说明了行业电子商务水平的增大会使得制造商 M_1 的最佳生产成本提前到来。

第四种状态是基于状态 $g=0.7$、$g=0.9$、$g=0.65$,进一步比较研究行业电子商务发展程度降为 $g=0.572$ 时的规律,如附录 7-10 所示。在 $g=0.572$ 处,受制于 $(p_1-w)\geqslant 0$ 的限制,合理的线下市场容量范围变为两个,即 $364.074 \leqslant a_r \leqslant 594.22$ 与 $894.468 \leqslant a_r \leqslant 2\,000$。较之于 $g=0.7$、$g=0.65$ 两种情形下的变量变化规律,区别主要体现在以下几点:

第一个是随着行业电子商务发展程度的持续减弱,产能分配曲线的极值点继续转移,上凹曲线 $\dfrac{D_1}{D_r}$、$\dfrac{D_1+D_2}{D_r}$ 的极值点分别为 $(716.2,0.676\,95)$、$(710.5,1.740\,13)$,落到了合理区间之外。一方面这可以揭示出,行业电子商务水平越低,供应链三方博弈的激烈程度就越低,零售商 r 对制造商 M_1 产能分配比例的制约能力就越强,制造商 M_2 的博弈次主导地位就更弱。另一方面也意味着,当行业电子商务发展程度较低($g=0.572$)时,在线下市场容量区间 $364.074 \leqslant a_r \leqslant 594.22$,$a_r$ 的增大可能导致线下市场零售价低于采购批发价的情形,零售商 r 为了追逐线下市场容量的增大带来的丰厚需求量诱惑,一味地采取以低价换数量的策略,可能导致微利经营直至亏损倒闭,而制造商 M_1 与 M_2 则采取降低直销价的策略来与零售商 r 展开竞争,销售收益持续增长。当线下市场规模进一步增大至区间 $894.468 \leqslant a_r \leqslant 2\,000$ 时,零售商 r 方可再次进入竞争。下凹曲线 $\dfrac{D_1+D_r}{D_2}$ 的极值点进一步向右上方移动,为 $(709.6,1.577\,31)$,也落在了合理区间之外。这种向右上移动的趋势,更突出了既有规律,即行业电子商务水平越低,制造商 M_2 带给供应链主导方的竞争压力就越小,线下零售商 r 的竞争能力也越强。

第二个是定价曲线的极小值也发生变化。制造商 M_1 的线上直销价 p_1 曲线极小点为 $(405.5,13.611)$,制造商 M_2 的线上直销价 p_2 曲线极小点为 $(404.8,12.000\,4)$,随着行业电子商务发展程度持续走低,线上市场售价曲线 p_1 与 p_2 继续向右下方偏移,这进一步说明行业电子商务水平越低,线上消费者的福利就越大;而制造商 M_1 的批发价 w 曲线极小点变为 $(400.5,13.484\,2)$,向右上方继续偏移,这更揭示出电子商务发展程度越低,制造商 M_1 对线下市场的控制能力越强,零售商 r 对批发价的议价能力越弱。

第三个是制造商 M_1 生产成本 c_1 曲线的极值点发生了水平右移,

为 (621.85, 4), 说明了行业电子商务水平的减缓推迟了制造商 M_1 的最佳生产成本的到来。

7.2.4 风险防范之产能过剩、不足与缺货的数值分析

基于表 7-6、7-7 的基准值, 即 $c_1 = 0.0002(K-250)^2 + 4$, $c_2 = 0.7c_1$, $m = 19$, $n = 10$, $e_{b1} = h_1 e_{d1}$, $F = 100$, $\theta = 3$, $\eta = 2$, $\kappa = 1$, $\gamma = 0.5$, $\lambda = 0.3$, $\varphi = 0.2$, $a_e = g a_r (g > 0)$, $e_{b2} = h_2 e_{b1} = h_1 h_2 e_{d1}$, $e_{d2} = h_3 e_{d1}$, $h_1 = 1$, $h_2 = 1.2$, $g = 0.8$, $a_r = 500$, 且 $K^* = 232.277 < 250$, 制造商 M_1 的最优产能决策显示出其短期产能处于过剩状态, 见表 7-6、7-7 第一栏所示。基于此假设分析制造商 M_1 暂时产能过剩, 生产成本 $c_2 = 2.844$ 不变时, 供应链竞争体现出来的规律。

表 7-6 模型四产能优化的数值模拟分析

	e_{d1}	h_3	K^*	c_1	c_2	p_r	p_1	w	p_2	e_r
基准量	0.5	1.5	232.28	4.063	2.844	19.335	17.716	14.574	15.860	2.143
产能过剩情形	0.5737	0.8	250	4.0	2.8	19.337	17.560	14.603	15.794	2.1304
	0.5739	1.5	250	4.0	2.8	19.335	17.558	14.601	15.799	2.1301
	0.5742	3.0	250	4.0	2.8	19.330	17.554	14.598	15.812	2.1290
	0.5756	10.0	250	4.0	2.8	19.310	17.535	14.585	15.871	2.1260
	0.5766	15.0	250	4.0	2.8	19.295	17.520	14.576	15.912	2.1240
产能不足情形	0.5739	1.5	250	4.00	2.800	19.335	17.558	14.601	15.799	2.130
	0.663	1.5	270	4.08	2.856	19.391	17.497	14.721	15.819	2.101
	0.811	1.5	300	4.50	3.150	19.586	17.620	15.079	16.011	2.028
	1.111	1.5	350	6.00	4.20	20.204	18.376	16.148	16.755	1.825
	1.514	1.5	400	8.50	5.950	21.185	19.797	17.806	18.028	1.520
	2.098	1.5	450	12.00	8.400	22.526	21.872	20.051	19.829	1.114
长期产能优化	0.766	1.5	300	3.5	2.450	19.234	17.062	14.498	15.509	2.131
	0.951	1.5	350	4.0	2.100	19.143	16.650	14.401	15.237	2.134
	1.186	1.5	400	3.5	2.450	19.410	16.858	14.890	15.482	2.034
	1.492	1.5	450	5.0	3.500	20.036	17.693	15.964	16.245	1.833
	1.912	1.5	500	7.5	5.200	21.022	19.159	17.625	17.529	1.529

表7-7 模型四产能优化的数值模拟分析(续)

	π_r	π_1	π_2	K^*	D_r	D_1	D_2	D_1/D_r	$\dfrac{D_1+D_2}{D_r}$	$\dfrac{D_1+D_r}{D_2}$
基准量	462.010	2 796.38	2 233.66	232.28	119.016	113.260	171.762	0.952	2.394	1.352
产能过剩情形	455.785	3 038.85	2556.16	250	118.356	131.644	196.806	1.112 3	2.775	1.270
	455.615	3 038.49	2 558.67	250	118.338	131.662	196.943	1.112 6	2.777	1.269
	455.251	3 037.72	2 564.08	250	118.299	131.701	197.237	1.113	2.781	1.268
	453.550	3 034.09	2 589.55	250	118.118	131.882	198.613	1.117	2.798	1.259
	452.330	3 031.49	2607.96	250	117.987	132.013	199.605	1.119	2.811	1.252
产能不足情形	455.615	3 038.49	2 558.67	250	118.338	131.662	196.943	1.112 6	2.777	1.269
	440.688	3 297.15	2 939.25	270	116.737	153.263	226.876	1.313	3.256	1.190
	403.611	3 648.14	3 538.53	300	112.664	187.336	275.318	1.663	4.107	1.090
	307.825	4 103.41	4 619.70	350	101.385	248.615	368.186	2.452	6.084	0.951
	183.090	4 347.43	5 827.54		84.469	315.531	482.814	3.735	9.451	0.828
	52.009	4325.57	7 228.90		61.897	388.103	633.030	6.270	16.497	0.711
长期产能优化	456.188	3 763.60	3 444.92	300	118.399	181.601	263.965	1.534	3.763	1.137
	457.528	4 508.95	4 331.44	350	118.541	231.459	329.917	1.953	4.736	1.061
	406.712	5 118.36	5 312.31	400	113.01	286.990	407.893	2.540	6.149	0.981
	311.233	5 532.79	6395.62	450	101.808	348.192	502.121	3.420	8.352	0.892
	186.214	5 695.36	7 607.50	500	84.934	415.066	619.964	4.887	12.186	0.806

第一,产能过剩情形的解决,可以通过制造商 M_1 与 M_2 提升线上促销努力水平实现。制造商 M_1 产能短期过剩,变量为 h_3 和 e_{d1},其他参数赋值不变,见表7-6、7-7第二栏。制造商 M_1 最优产量由 $K^*=232.277$ 上涨为250时,生产成本 c_1 由4.062 8 降为4,达到短期生产成本的最优状态。在其他参数赋值不变下,最优产量由232.277上涨为250时,制造商 M_1 实现了生产成本降低,批发价抬升,线上直销价微降而线上需求量上升,总收益上升。制造商 M_2 同比例提升线上促销努力

得到,线上直销价微降而需求量显著提升,收益显著提升。而零售商 r 在竞争压力逼迫下,销售价格、需求量与收益均出现微降,最优服务水平也随之微降。制造商 M_1 的线上市场产能分配比例明显变大。

此时,若制造商 M_1 与 M_2 展开线上促销竞争,保持制造商 M_1 的最优产量 250 不变,逐步提升促销努力 e_{d1} 由 0.573 8 升为 0.576 6,发现价格变量 p_r、p_1、w 都随着促销努力 e_{d1} 的微升呈微降趋势,且零售商 r 的最优服务水平亦下降。而制造商 M_2 的线上促销努力比例由 $h_3=1.5$ 陡升至 $h_3=15$,其直销价上升。这意味着在假设相关参数不变时,制造商 M_2 付出了远甚于制造商 M_1 的线上渠道促销努力,从收益上体现出相对显著的提升,需求量也明显上升。而制造商 M_1 收益增速低于制造商 M_2,零售商 r 收益下降。线上市场的促销竞争提升了制造商 M_1 与 M_2 的需求量,降低了零售商 r 的线下市场需求量,行业产能分配整体偏向线上市场,制造商 M_1 的线上市场产能分配比例变大。

第二,基于产能过剩情形,考虑制造商 M_1 出于增加收益的动机,进一步扩大产能,使得最优产量决策由产能过剩状态变为产能最佳甚或不足状态的情形,即产能不足情形,见表 7-6、7-7 第三栏。属于制造商 M_1 短期产能过剩情形下的产能优化问题,变量为 K^* 与 e_{d1},其他参数赋值不变。随着制造商 M_1 的最优产量由 240 逐步上涨为 250 达到产能最佳时,生产成本 c_1 由 4.062 8 降为 4,达到短期生产成本的最优状态。在其他参数赋值不变下,最优产量由 232.277 上涨为 450 前后,制造商 M_1 总收益同步上升但增速逐步放缓,制造商 M_2 同比例提升线上促销努力下,总收益显著提升且增速加快。而零售商 r 在竞争压力逼迫下,总收益显著下降且减速增加。

第三种情形,长期产能优化,属于制造商 M_1 短期产能过剩情形下的长期产能优化,变量为 K^* 与 e_{d1},其他参数赋值不变,见表 7-6、7-7 第四栏。短期生产成本曲线变为 $c_1 = 0.0002(K-350)^2 + 4$,当此时最优产量达到 350 时,比较短期生产成本曲线 $c_1 = 0.000\ 2(K-250)^2 + 4$ 产量达到 350 时的情形,可以看出制造商 M_1 的生产成本明显降低,各项最优定价决策明显下降,零售商 r 的最优服务水平也

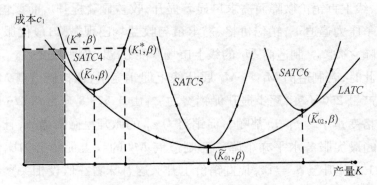

图 7-7 模型四下制造商 M_1 的长期生产成本曲线数值分析

下降;行业产能分配明显偏向于线下市场,零售商 r 的总收益显著上升,线下市场需求量也上升;制造商 M_1 与 M_2 的线上市场需求量均下降,得益于零售商 r 需求量的上升,制造商 M_1 的总收益上升而 M_2 的总收益明显下降。整体比较而言,当制造商 M_1 采取长期产能优化策略,实现短期生产成本曲线由 $c_1 = 0.0002(K-250)^2 + 4$ 右移为 $c_1 = 0.0002(K-350)^2 + 4$ 时,线上市场的竞争激烈程度下降,消费者福利明显增大,而零售商 r 获益最大,制造商 M_2 的线上售价、需求量等均被明显抑制。而如果此时制造商 M_1 为了追求更大收益增大产量的话,又将陷入第二种情形类似的局面,即随着产量增加,制造商 M_1 与 M_2 的生产成本增加,各项定价变大,线上需求量上升,总收益变大,线上市场竞争激烈;而零售商 r 的需求量下降,服务水平下降,收益降低,处于竞争的不利地位。

图 5-2 的短期生产成本曲线 ATC 对应为图 7-7 的 $SATC4$,阴影区域为基准量部分,可以看出点 (K^*, β) 处于短期产能过剩位置,制造商 M_1 应该加大促销力度,实现短期生产成本的进一步降低、市场需求量扩大从而使得短期产能实现最优化,达到最优点 $(\widetilde{K}_0, \beta)$;如果制造商 M_1 进一步扩大生产量至点 (K_1^*, β),结合表 7-6、7-7 第三栏可以得到,随着制造商 M_1 的产量递增,其线上市场促销水平相应递增,其收益递增速度递减,直至收益转为不增反降,零售商 r 的收益下降迅速,直至接近退出线上线下市场竞争的边缘(收益接近为零),而制造商

M_2 的收益则呈现急剧上升势头,直至其收益远远超出制造商 M_1 的收益,这种情况显然是不合理的,应该改进。对于制造商 M_1 来说,扩大厂房、设备等固定资产规模,实现将 $SATC4$ 向前推进至 $SATC5$,曲线 $LATC$ 为制造商 M_1 的长期生产成本曲线。前文已经解释,在长期生产成本曲线 $LATC$ 上,各短期生产成本曲线的曲线变化率 α 不变,β 与 K_0 会改变。且由于短期生产成本曲线逐步向右向下移动,最终使得长期生产成本曲线曲线 $LATC$ 呈现出上凹的二次曲线形态。

7.3 产能风险防范的案例分析

模型三和模型四通过数值分析,详细探讨了产能过剩、不足及缺货三类风险出现下,供应链三方成员的得失,尤其是作为强势领导者的制造商 M_1,应该如何规避此类风险,选择长期产能优化策略是方向之一。

具体而言,在模型三的数值分析中,关于产能不足与过剩、缺货等风险情形得出多个有效结论,如线上市场促销努力越大,越能激励制造商 M_2 扩大产能,缓解由于制造商 M_1 缺货带来的供应短缺;在初始最优状态为产能不足情形下,制造商 M_1 少量缺货反而会使得短期生产成本下降,产能回归到合理的状态;随着制造商 M_1 缺货程度的加大,出现了 $p_r < p_1$ 的情形,高额缺货将导致制造商 M_1 抬高线上市场的售价,这在稀缺类产品等行业可能出现,美国很多线上线下双运营的企业如 Banana Republic、Ann Taylor 等甚至将此作为一种销售策略,来清仓处理实体店的过季库存品;产能不足情形加剧下,供应链成员企业的收益明显处于边际收益递减的低效率状态,制造商 M_1 会主动进一步扩大规模,降低单位生产成本。

模型四数值分析中,关于产能不足与过剩、缺货等风险情形得出的结论有,在制造商 M_1 的短期产能处于过剩状态下,提升最优产量由 232.277 上涨为 250 即最佳生产能力点处,能帮助制造商 M_1 实现生产成本降低、批发价抬上升、线上直销价下降而线上需求量上升、总收益上升的目的。制造商 M_2 在同比例提升线上促销努力水平时,线上直销价会微降而需求量显著提升,收益显著提升。而零售商 r 在竞争压力逼迫下，其销售价格、需求量与收益均出现微降，最优服务水平也随之微降。制造商 M_1 的线上市场产能分配比例明显变大。

如果制造商 M_1 出于增加收益的动机，进一步扩大产能，使得最优产量决策由产能过剩状态变为产能最佳后，继续扩大至产能不足情形，即最优产量由 232.277 上涨为 450 前后，制造商 M_1 总收益同步上升但增速逐步放缓，制造商 M_2 同比例提升线上促销努力下，总收益显著提升且增速加快。而零售商 r 在竞争压力逼迫下，总收益显著下降且减速增加。

而如果制造商 M_1 在短期产能过剩情形下展开长期产能优化，即短期生产成本曲线由 $c_1 = 0.0002(K-250)^2 + 4$ 右移为 $c_1 = 0.0002(K-350)^2 + 4$ 时，线上市场的竞争激烈程度下降，消费者福利明显增大，而零售商 r 获益最大，制造商 M_2 的线上售价、需求量等均被明显抑制。制造商 M_1 的生产成本明显降低，各项最优定价决策明显下降，行业产能分配明显偏向于线下市场，零售商 r 的总收益显著上升，最优服务水平也下降，制造商 M_1 与 M_2 的线上市场需求量均下降，制造商 M_1 的总收益上升而 M_2 的总收益明显下降。

上述模型研究的结论能为企业的产能决策实践运作提供指导。进一步地，产能过剩问题已经成为电子商务高度关注的焦点，各自从中挖掘利润。线上市场成为化解传统实体市场过剩产能风险的最佳途径，甚至蕴藏着丰富的商机。如下案例实证分析：

案例一："线下市场过剩产能释放：电商大佬扎堆尾货"：

2012 年鞋服行业高库存所带来的利润诱惑，吸引了众多线上电商平台争抢。相关数据显示，2012 年已经公布的纺织服装行业上市公司的库存合计 570 亿，库存积累重地泉州吸引了各路电商大户。如当当网 CEO 李国庆带领八位招商经理走访深圳、泉州等地；凡客诚品 CEO 陈年带领十多人团队参加在泉州举行的"中国鞋服行业高峰论坛"，并举办了"凡客之夜"；淘宝、京东、亚马逊和腾讯电商等均派出高管奔赴泉州。在此之前，"唯品会"已经通过限时特卖的模式揭示了国内鞋服行业库存产业链巨大的利润空间。

相关资料表明，泉州坐拥鞋服行业的两条千亿产业链，仅晋江就有鞋类企业3 000多家，年产鞋10亿双。数据进一步显示，产自泉州的运动鞋服、休闲鞋、绒服棉服线上市场销售量分别占全国70％、55％、68％，2012年的泉州鞋服行业库存超过100亿元。导致鞋服行业高库存的原因来自多方面：外贸订单下滑使得国内的鞋服行业闲置产能转移至内贸。各种纯线上品牌如淘品牌系列，借助线上平台销量剧增，对传统线下品牌商市场形成一定冲击。受制于消费者购买习惯、及线上市场不成熟等因素，导致线上品牌产品产能过剩。鞋服行业的产品同质化、价位接近，行业增长受到渠道增长极限的制约等多种因素，导致库存出现。此外，鞋服品牌的扩张速度超出市场的增长速度，也是原因之一。进一步地，由于一线品牌的尾货输出让二三线品牌的需求减少，导致库存压力已经从一线品牌开始向二三线品牌传递，从而使其库存也逐渐增多。

在泉州召开的第四届中国鞋服行业电子商务峰会论坛上，安踏董事长丁志忠坦承，"三年前安踏认为发展电商会与线下销售产生极大矛盾，因此一直采取观望状态。但后来发现，电商发展太快，在库存增多的情形下，迅猛增长的线上市场销售，让泉州鞋服企业意识到，这种商业模式的改变是任何人都抵挡不住的。"泉州鞋服多名企业主均表示，2012年的"双十一"大促销，深深震撼了他们。泉州鞋服企业表现突出，七匹狼最终销售额突破5 000万元，特步突破2 000万元，九牧王、卡宾、安踏、361度等品牌也全部突破千万元。七匹狼董事长周少雄表示，"泉州鞋服业正饱受高库存问题困扰，但泉州鞋服企业发展电商最大的挑战是当前电商平台不规范所带来的渠道管理难度。全新且常变的电商游戏规则让人有点看不懂，七匹狼将抱着学习的态度按自身品牌特点投入电商洪流，加快七匹狼的线上市场销售，借助电商，最大限度地去库存化。"

一些鞋服行业的垂直电商网站也在奋起直追。2012年营业额超过两亿元的淘鞋网董事长王冬竹介绍，"淘鞋网并不把自己纯粹定位为一个代销平台，而是对业务模式作了进一步延伸——为当当网提供20款鞋服产品的代运营。将上游的鞋服客户的商业价值进行深度挖掘，也借力大平台,成为一个链接的纽带"。鞋服业一直的观点是,"新品在线下卖、成熟品和应季品在线上和线下同时卖、过季品和尾货找一个'下水道'进行倾销",但目前高库存的压力让传统的倾销"下水道"不堪重负,电子商务恰能为其找到一个更好的回笼资金的办法。

而重新评估产能过剩、产能不足及缺货等风险内涵,通过线上线下融合协调实现供应链各方成员收益最优化,充分释放线上线下行业产能,已经被各行业所深深认同。

案例二:"苏宁张近东:未来零售业是线上线下融O2O":

据《每日经济新闻》2013年12月2日报道,以苏宁为代表的传统企业已经认识到借助技术升级融入并拥抱互联网的重要性,2013年,民企苏宁在互联网对零售业的冲击之下也迎来了"弯道时刻",苏宁控股集团董事长张近东以公司的实践为例,给出观点,"我们正在步入虚实融合的O2O时代,将原先要么线上、要么线下的单一购物体验全面升级、融合,唤醒了消费者潜藏内心的深层次、全方位的购物需求,必将引领中国零售业的第三次变革。"张近东在美国斯坦福大学的一次演讲中进一步总结,从以连锁经营为代表的实体零售阶段到以电商为代表的虚拟零售阶段,美国用了150年,中国却压缩为20多年,"可以想象中国零售企业面临转型创新的压力和迫切性。"

当转型成为必然后,零售业更应该思考找出合适的节奏,进军电商。"苏宁就像一列火车,创新不能盲目冲动。"张近东比喻说,"就如同转弯,一列高速飞驰的火车与一辆小轿车转弯的节奏完全不一样。小轿车可以轻松转过的弯,对于火车来说,则需要早转、慢转、急了不行,那是要翻车的。"然而,互联网的本质也应该看清楚,即只是一种工具,不可能完全取代实体市场。张近东说,"传统电商虽然获得迅猛增长,对实体零售产生了模式冲击、销售分流,但简单地将线上线下割裂开来,讲谁比谁更好,都不客观、不专业","因为传统电商平台依然存在商品性能展示不充分,商户信息不对称,不能满足消费者立体式购物体验等诸多局限"。

实施O2O必须满足两个条件:"一是必须有两个'O',即同时在线上和线下都拥有自身能够掌控的渠道;二是必须实现两个'O'的无缝协同和高度融合。而中国大多数企业要么只有线上,要么只有线下,同时兼具的屈指可数"。苏宁的"一体两翼互联网路线图"已经明晰,即以互联网零售为主体,以O2O的全渠道经营模式和线上线下开放平台为两翼。"未来的零售企业,不单是在线下,也不只在线上,而一定是要线上线下完美融合的O2O模式",张近东深信O2O将是未来中国零售业转型的方向,"纯电商只是一个过渡模式"。

7.4 本章结语:体验经济是传统零售商的出路之一

在线上线下市场信息透明、消费者需求彼此相关的研究背景下,基于强势品牌制造商 M_1、弱势线上制造商 M_2、线下零售商 r 间的主从对策博弈,本章重点探讨了促销水平影响下的强势品牌制造商 M_1 产能决策及产能分配问题,以及缺货、产能不足与过剩的解决。行业电子商务发展程度的高低、线上市场促销努力的强弱对供应链的产能决策影响较大,而传统零售商的未来则充满危机,亟待转型寻找出路。

针对传统零售商的未来,模型三数值分析的主要研究结论如下:

第一,当制造商 M_2 提高线上市场渠道促销水平时,制造商 M_1 会采取缓慢降低批发价的策略以提高线下市场需求量,从而减缓自身总收益的下降速度,而传统零售商得益于批发价的下降而微调低了零售价格,实现其总收益下降速度的减缓。

第二,在制造商 M_1 线上品牌促销努力的攻势下,线下需求量被显著转移至线上市场,两制造商的线上需求量均明显提升。制造商 M_1 的产能分配比例明显偏向线上市场,制造商 M_2 借助制造商 M_1 线上品牌促销努力获得明显的"搭便车效应"。传统零售商 r 只能通过采取提高零售价、降低服务水平等应对策略,来减缓其收益的下降趋势。

第三,在行业电子商务发展程度较低时,扩大线下市场容量、刺激消费将增加制造商 M_1 的最优产能决策,但增速较缓慢,零售商 r 是制造商 M_1 线上直销的主要竞争对手,线下市场容量 a_r 增大会显著增强零售商 r 的竞争力,而线上市场容量 a_e 的增大对零售商 r 需求量的影响不大,制造商 M_2 还不具备显著竞争力;在行业电子商务发展程度较高时,制造商 M_1 与 M_2 的线上市场需求均随线下市场容量 a_r 的增大而增大,而 a_r 的增大对提升零售商 r 竞争力的正向效应有限,a_e 的增大进一步减轻了这种正向效应,线下市场的潜在需求群体迁移至线上市场。

第四,第一种缺货情形,当制造商 M_1 暂时缺货,产能由 $K^* = 416$ 的最佳状态降为 400 时,如果制造商 M_1 与 M_2 继续展开线上市场的促销竞争,制造商 M_2 需要付出远甚于制造商 M_1 的线上渠道促销努力,才能维系竞争的平衡。线上市场的促销竞争提升了制造商 M_1 与 M_2 的需求量,降低了零售商 r 的线下市场需求量,行业产能分配整体偏向线上市场,制造商 M_1 的线上市场产能分配比例变大。第二种缺货情形,当制造商 M_1 的产能从 400 降为 150 时,以 $K^* = 250$ 为分水岭,传统零售商 r 的零售价 p_r 先降后升,收益与需求量均先升后降。随着制造商 M_1 缺货程度加大,出现了 $p_r < p_1$ 的情形,这意味着高额缺货将导致制造商 M_1 抬高线上市场的售价。

第五,短期产能不足下产量进一步扩大,随着制造商 M_1 的产能从 400 逐步递增,线上促销努力 e_{d1} 同步递增,$(p_r - p_1)$ 的数值逐渐减小。线上市场促销的强化提升了制造商 M_1 与 M_2 的需求量、总收益,降低了零售商 r 的线下市场需求量、总收益。

模型四数值分析的主要研究结论如下:

第一,$K^* = 232.277 < 250$,制造商 M_1 的最优产能决策显示出其短期产能处于过剩状态最优产量由 232.277 上涨为 250 时,制造商 M_1 提升线上促销努力水平时,传统零售商 r 在竞争压力逼迫下,销售价格、需求量与收益均出现微降,最优服务水平也随之微降。

第二,基于产能过剩情形,考虑制造商 M_1 出于增加收益的动机,进一步扩大产能,使得最优产量决策由产能过剩状态变为产能最佳甚或不足状态的情形,即产能不足情形,最优产量由 232.277 上涨为 450 前后,制造商 M_1 总收益同步上升但增速逐步放缓,制造商 M_2 同比例提升线上促销努力下,总收益显著提升且增速加快。而传统零售商 r 在竞争压力逼迫下,总收益显著下降且减速增加。

第三，长期产能优化，属于制造商 M_1 短期产能过剩情形下的长期产能优化，短期生产成本曲线变为 $c_1 = 0.0002(K-350)^2 + 4$。传统零售商 r 的总收益显著上升，线下市场需求量上升，最优服务水平下降，行业产能分配明显偏向于线下市场。得益于零售商 r 需求量的上升，制造商 M_1 的总收益上升而 M_2 的总收益明显下降。

从上述两个模型的结论均可以看出，虽然依靠制造商 M_1 的产能扩大可以适当减轻传统零售商 r 的竞争压力，然整体而言传统零售商 r 在线上线下市场的竞争中处于劣势地位，前途堪忧。传统零售商的出路在何方，是如今相关业界高度关注的话题。其中话题之一，如《北京晨报》2013年12月16日报道，"体验经济"正成为传统零售商 r 转型的出路之一，而一些百货店则致力于探索自营化，将与品牌商的联营变成独自经营，追寻利润最大化。

转型一：弱化商场的购物功能，将其升级为购物、餐饮、休闲"1∶1∶1"消费模式。虽然电子商务对传统零售商带来的冲击巨大，然而难以取代百货、购物中心等提供的餐饮、娱乐、休闲等线下综合服务性消费，"经常去那里逛一逛，顺便吃饭看场电影，一天耗在里面也不觉得单调"。一名业内人士指出，原有购物、餐饮、娱乐"52∶18∶30"的"黄金比例"正在被打破，取而代之的是购物、餐饮、休闲"1∶1∶1"联袂主演的消费模式。体育场馆、博物馆、儿童游乐设施、博物馆、水族馆、体验式运动城等均被搬至购物中心。

对于线下实体经济来说，体验式购物中心是反攻电商的绝佳出路。单纯的零售类业态正逐步让位，各类购物中心和传统百货商场中，休闲娱乐业态正成为大势所趋，近年来部分儿童职业体验馆、儿童百货、游乐场在大型购物中心里的增长速度惊人。据有关业内分析人士指出，儿童业态具有连带消费多、持续性强、对楼层和位置要求不高、易汇聚人气等特点，会带动大批家庭型消费人群，并形成持续不断的规律性消费群体。总之，消费者在养成网络购物习惯的同时，并不会减少对购物中心的造访频率。实体商场应该适当弱化购物功能，增强其社交娱乐属性，形成如运动、交友、聚会、看时尚展览、看电影、溜冰、KTV 等多功能综合一体的购物中心。

转型二：拥抱 O2O。零售企业有望通过 O2O 模式打通实体、网上商城、移动应用三大核心渠道，创新零售业模式。譬如，2013 年"双十一"期间，狂欢的不只是电商，还有启动 O2O 模式的实体零售。银泰百货率领旗下 35 个实体商场参加"双十一"，充当商品展示店，支持客户线下试衣、线上购买。实体零售商的持续低迷与网络购物的持续升温，令"触网"成为实体零售商的必然选择。尽管 PC 及移动端等为实体零售带来潜在的新增流量入口，消费者也在观望，然而短期内现有 O2O 模式还无法解决大多数实体零售企业面临的根本问题。O2O 模式有望成为零售行业未来的发展趋势，通过与线上企业合作发展 O2O，传统零售商既能更好发挥在体验、服务上的差异化优势，减缓电商冲击，又便于零售企业展开精准营销，全渠道互动能提升消费者购物体验，为线下门店吸引更多客流，提升单店业绩。

转型三：商场自营。发展自营业务正成为百货企业寻找新利润的一项积极尝试。百货企业要对消费者需求有精准的定位，对运营者是巨大的考验。尽管提升自营能力会给企业带来丰厚的利润和增长潜力，但加大自有品牌投入也意味着资金压力增大及经营风险增加，完全自营是"死路一条"。如今中国的传统百货业与品牌商正尝试采用联营模式，品牌在百货公司商场里设立专柜，产生销售额后，双方按照合同的约定，按比例分成。自营则让百货店从"房东"摇身变成充满话语权的"掌控者"。业内人士指出，在联营模式下，百货企业的管理重点是商场运营，而在自营模式下，百货企业要对消费者需求有精准的定位，并担负起采购、商品管理、市场推广、品牌建设的重任。

在美国，知名的连锁百货如 Walgreen、Pick in Save 等百货店均拥有众多自营品牌，采用自营与联营结合的混合售卖方式。而从日本、韩国的经验中也可发现，一线大城市的百货店很难做到完全自营，故应探索自营与联营结合的新模式。中国连锁经营协会与德勤中国近日联合发布《中国零售力量 2013》报告指出，目前中国百货企业的自营比例仅为 5% 到 8%；而欧美和日韩的百货企业自营商品比例超过 30%。总体来说，商场自营模式对运营者是巨大的考验，然而也是中国百货业必然的发展趋势。

7.5 本章附录

附录 7-1 模型三参数赋值假设下的最优变量结果

	j	e_{d1}	j_1	j_2	j_3	c_1	c_2	p_r	p_1	w	p_2	e_r
1	1	0.5	1.5	1.2	0.4	9.522	6.666	39.617	37.879	31.255	33.350	24.390
	1	0.5	1.5	1.2	0.8	9.516	6.661	39.597	37.876	31.240	33.380	24.374
	1	0.5	1.5	1.2	1.6	9.503	6.652	39.556	37.871	31.210	33.440	24.343
	1	0.5	1.5	1.2	3.2	9.478	6.634	39.473	37.860	31.149	33.560	24.279
2	1	0.5	0.5	1.2	0.8	5.652	3.957	38.286	41.904	27.602	32.192	31.160
	1	0.5	1	1.2	0.8	7.325	5.127	38.613	37.913	29.133	32.265	27.653
	1	0.5	1.5	1.2	0.8	9.516	6.661	39.597	37.876	31.240	33.380	24.374
	1	0.5	2	1.2	0.8	11.991	8.394	40.776	38.907	33.537	34.831	21.115
3	0.71	0.5	1.5	1.2	0.8	6.824	4.777	36.458	27.821	27.624	23.924	25.765
	0.85	0.5	1.5	1.2	0.8	8.047	5.633	37.948	32.628	29.329	28.446	25.141
	1	0.5	1.5	1.2	0.8	9.516	6.661	39.597	37.876	31.240	33.380	24.374
	1.1	0.5	1.5	1.2	0.8	10.576	7.403	40.722	41.424	32.557	36.713	23.814

附录 7-2 模型三参数赋值假设下的最优变量结果(续)

	π_r	π_1	π_2	K^*	D_r	D_1	D_2	D_1/D_r	$\dfrac{D_1+D_2}{D_r}$
1	1 251.47	10 650.9	7 688.79	416.168	232.752	183.416	288.185	0.788	2.026
	1 249.71	10 648.4	7 708.55	416.072	232.600	183.471	288.559	0.789	2.029
	1 246.20	10 643.4	7 748.14	415.879	232.298	183.582	289.307	0.790	2.036
	1 239.19	10 633.3	7 827.63	415.495	231.692	183.803	290.801	0.793	2.048
2	2 105.81	8 961.02	2 869.28	340.895	297.354	43.541	101.646	0.146	0.488
	1 637.20	9 795.33	5 301.60	378.929	263.885	115.044	195.394	0.436	1.176
	1 249.71	10 648.4	7 708.55	416.072	232.600	183.471	288.559	0.789	2.029

续 表

	π_r	π_1	π_2	K^*	D_r	D_1	D_2	D_1/D_r	$\dfrac{D_1+D_2}{D_r}$
2	912.887	11 341.3	10 062.6	449.888	201.498	248.390	380.690	1.233	3.122
3	1 408.08	7 705.80	3 957.87	368.833	245.858	122.965	206.783	0.500	1.341
	1 335.92	9 040.68	5 619.40	392.245	239.913	152.331	246.381	0.635	1.662
	1 249.71	10 648.4	7 708.55	416.072	232.600	183.471	288.559	0.789	2.029
	1 188.40	11 821.2	9 277.01	446.123	227.256	204.068	316.553	0.898	2.291

附录 7-3　模型三行业电子商务发展程度影响下的最优决策变量组图

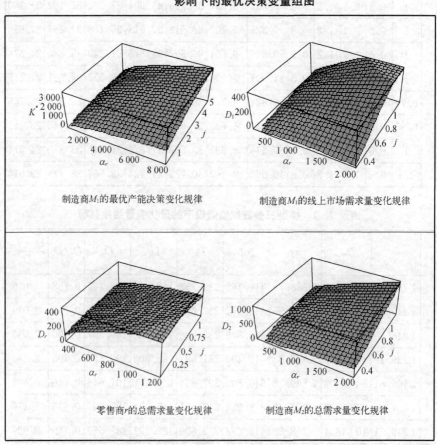

制造商 M_1 的最优产能决策变化规律　　制造商 M_1 的线上市场需求量变化规律

零售商 r 的总需求量变化规律　　制造商 M_2 的总需求量变化规律

续 表

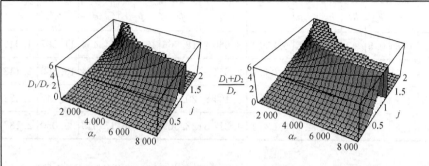

制造商M_1线上市场需求量与零售商r需求量的比例　　线上需求量与线下需求量的比例

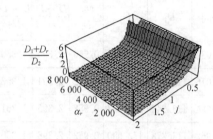

制造商M_1总需求量与零售商M_2总需求量的比例

附录 7-4　模型四参数赋值假设下的最优变量结果

	g	e_{d1}	h_1	h_2	h_3	c_1	c_2	p_r	p_1	w	p_2	e_r
1	0.8	0.5	1	1.2	0.8	4.062 6	2.843 8	19.340	17.720	14.580	15.850	2.144
	0.8	0.5	1	1.2	1.5	4.062 8	2.844 0	19.335	17.716	14.574	15.860	2.143
	0.8	0.5	1	1.2	2.5	4.063 1	2.844 2	19.333	17.714	14.573	15.864	2.142
	0.8	0.5	1	1.2	4.0	4.053 6	2.844 2	19.329	17.710	14.570	15.875	2.141
2	0.8	0.5	0.5	1.2	1.5	5.431 4	3.802 0	19.784	19.411	15.163	16.752	2.079
	0.8	0.5	1	1.2	1.5	4.062 8	2.844 0	19.335	17.716	14.574	15.860	2.143
	0.8	0.5	1.5	1.2	1.5	4.290 5	3.003 4	19.496	17.539	14.914	15.907	2.062
	0.8	0.5	2	1.2	1.5	5.378 2	3.764 7	19.959	18.039	15.723	15.434	1.906

续 表

	g	e_{d1}	h_1	h_2	h_3	c_1	c_2	p_r	p_1	w	p_2	e_r
3	0.5	0.5	1	1.2	1.5	5.229 1	3.660 4	18.766	13.530	14.454	11.867	1.945
	0.8	0.5	1	1.2	1.5	4.062 6	2.844 0	19.335	17.716	14.574	15.860	2.143
	1.2	0.5	1	1.2	1.5	4.435 5	3.104 8	20.717	24.405	15.778	22.147	2.223
	1.6	0.5	1	1.2	1.5	6.025 1	4.217 6	22.509	31.796	17.649	29.050	2.187

附录7-5 模型四参数赋值假设下的最优变量结果(续)

	π_1	π_1	π_2	K^*	D_r	D_1	D_2	D_1/D_r	$\dfrac{D_1+D_2}{D_r}$	$\dfrac{D_1+D_r}{D_2}$
1	462.15	2 797.06	2 232.28	232.306	119.032	113.274	171.695	0.950	2.390	1.350
	462.01	2 796.38	2 233.66	232.277	119.016	113.260	171.762	0.952	2.394	1.352
	461.80	2 795.39	2 235.64	232.240	118.994	113.242	171.857	0.952	2.396	1.351
	461.49	2 793.92	2 238.62	232.175	118.962	113.213	172.000	0.952	2.398	1.350
2	429.46	1 820.76	1 105.70	165.401	115.519	49.882	85.467	0.432	1.172	1.935
	462.01	2 796.38	2 233.66	232.277	119.016	113.260	171.762	0.952	2.394	1.352
	420.58	3 515.04	3295.13	288.114	114.546	173.568	255.492	1.515	3.746	1.128
	344.98	3 969.34	4 235.30	333.012	105.903	227.109	334.460	2.145	5.303	0.996
3	363.19	1 524.36	887.74	171.607	108.048	63.559	108.333	0.588	1.590	1.584
	462.01	2 796.38	2 233.66	232.277	119.016	113.260	171.762	0.952	2.394	1.352
	504.93	4 858.11	4 784.77	296.663	123.477	173.185	251.350	1.403	3.438	1.180
	485.92	7 315.69	8 138.58	350.626	121.522	229.104	327.791	1.885	4.583	1.069

附录7-6 模型四行业电子商务发展程度影响下的最优决策变量组图

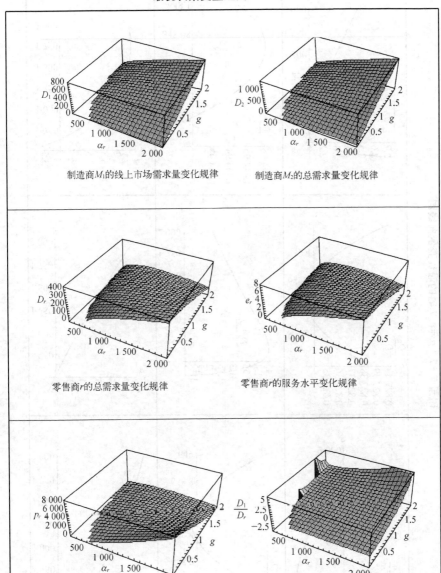

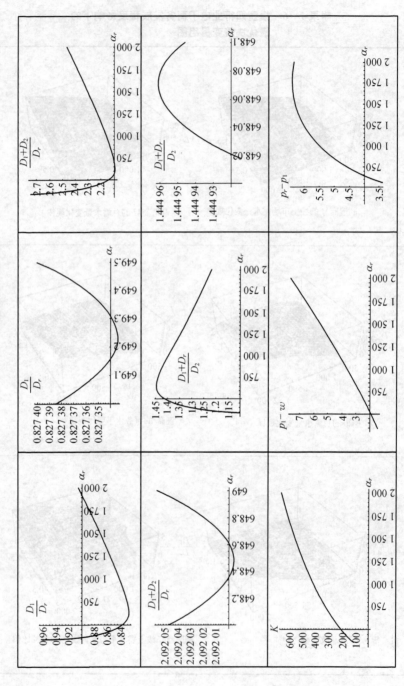

附录 7-7　$g=0.7$ 时的最优变量曲线图

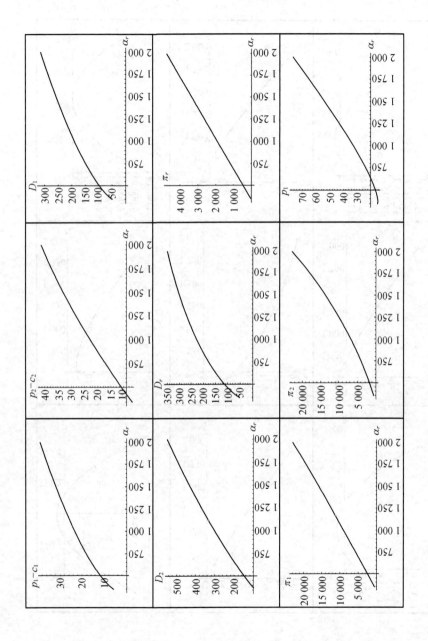

供应链线上线下的产能运作与风险防范

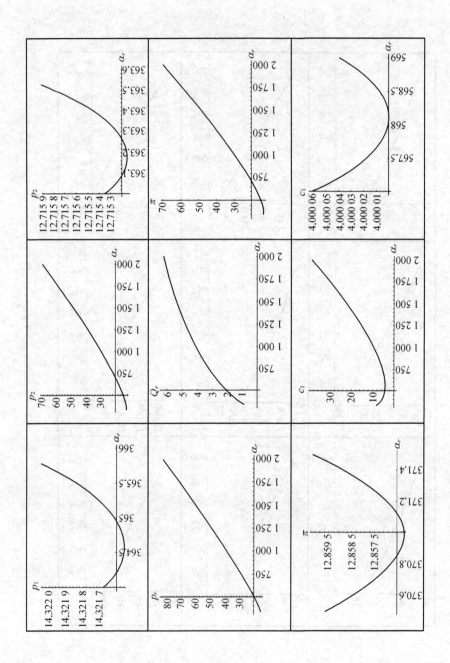

第七章 产能优化与风险防范策略的数值分析

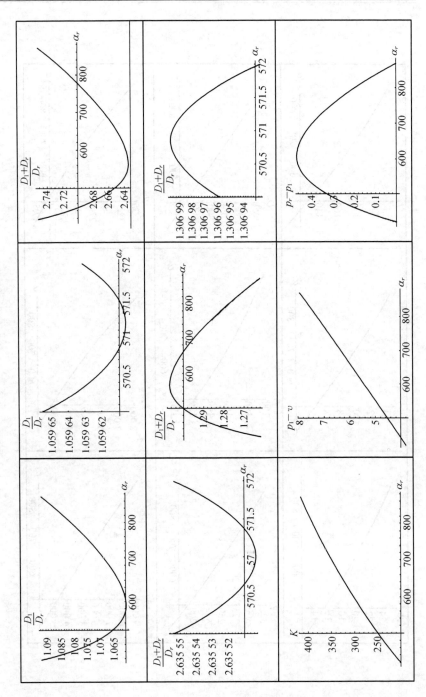

附录 7-8　$g=0.9$ 时的最优变量曲线图

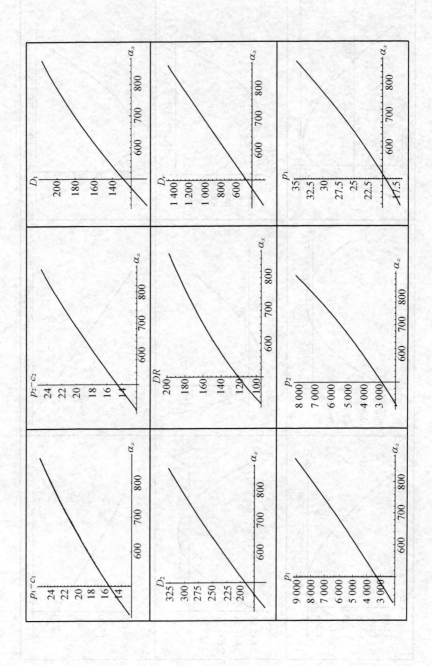

第七章 产能优化与风险防范策略的数值分析

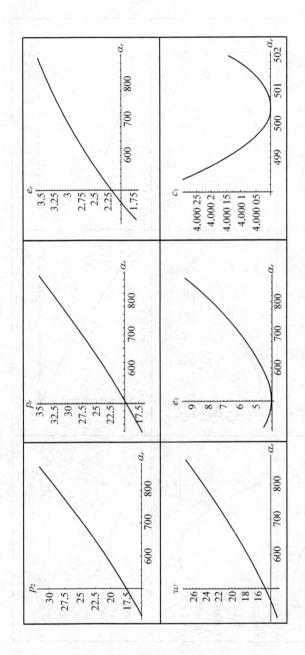

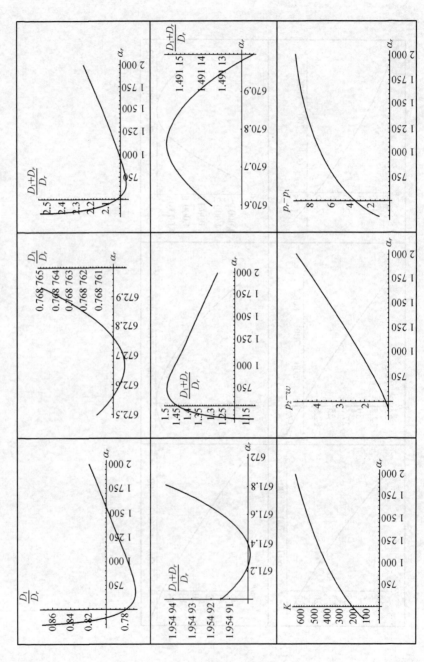

附录 7-9 $g=0.65$ 时的最优变量曲线图

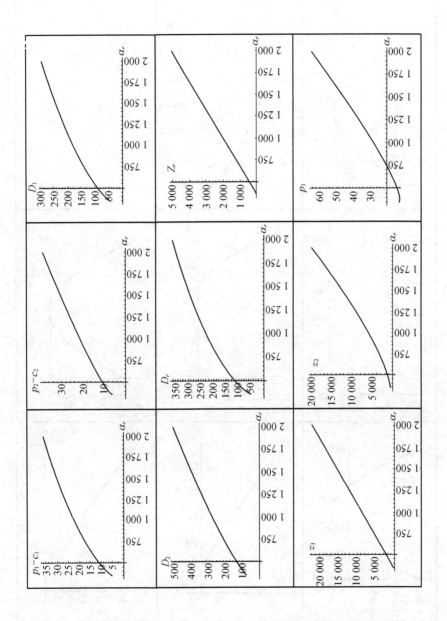

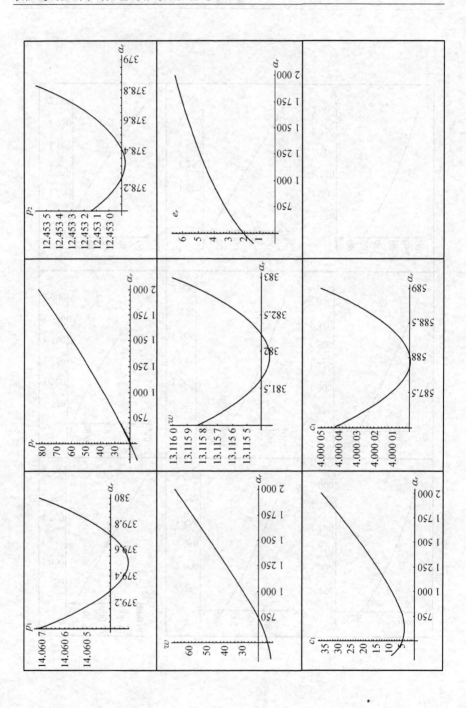

第七章 产能优化与风险防范策略的数值分析

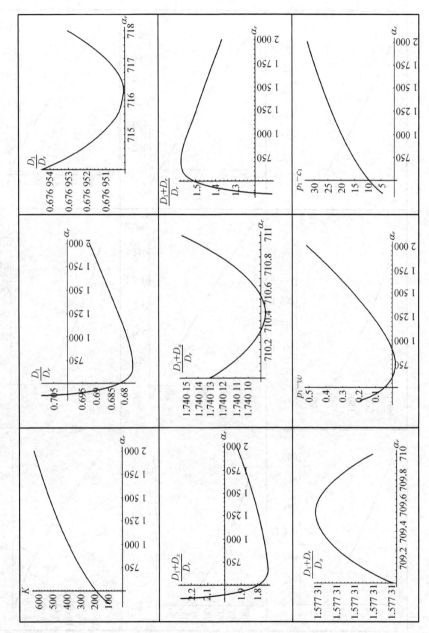

附录7-10 $g=0.572$时的最优变量曲线图

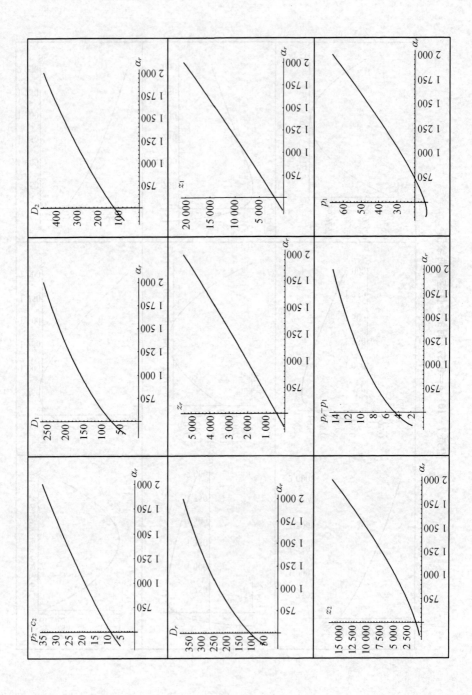

第七章 产能优化与风险防范策略的数值分析

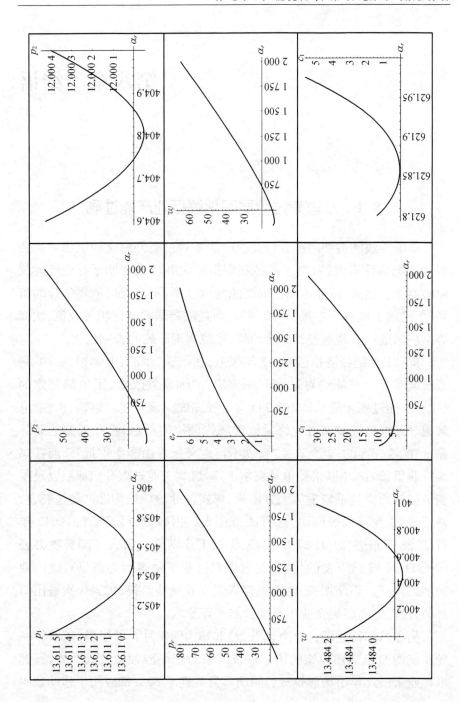

第八章 结语

8.1 从政策法律层面化解行业产能过剩

中国传统制造业内部分行业里产能绝对过剩问题比较突出。需要借助市场规律来调控,电子商务新型市场的崛起更有助于行业产能优化的实施。然而,行业市场上的产能绝对过剩,不能仅仅依靠纯粹的市场(无论线上或线下市场)手段调节,而是需要国家制定相关政策、法律等措施来进行宏观调控和综合治理,才能实现产能的长期优化。

据《21世纪经济报道》2013年报道,在钢铁、水泥、电解铝、船舶、平板玻璃等行业产能绝对过剩问题突出。"国家发改委、工信部制定的《化解产能过剩矛盾总体方案》目前已经完成。该方案对钢铁、水泥、电解铝、船舶、平板玻璃行业将采取市场化调控的手法,企业只要达到环保、节能等标准的,就允许生产,就不再定义是否由国家审批"。而在煤炭行业里,2012年以来受市场需求下降、煤炭工业转型升级滞后以及税费负担与历史包袱较重等因素影响,煤炭行业出现结构性产能过剩、价格下跌、企业亏损等问题,运行困难加大。据《每日经济新闻》2013年11月28日报道,11月27日,国家煤炭工业网原文公布了国务院办公厅于11月18日下发的《关于促进煤炭行业平稳运行的意见》,提出要遏制煤炭产量无序增长、切实减轻煤炭企业税费负担、加强煤炭进出口环节管理、提高煤炭企业生产经营水平等要求。

另在汽车行业里,《上海证券报》2013年12月6日报道,随着新一轮新能源汽车补贴政策的出台以及国家对新能源领域的大力支持,锂电行业未来几年市场前景日趋明朗。目前锂电80%都应用于移动数码产品类,其余则应用于电动车、工业储能、军事等领域。而手机、平板电脑等移动数码类锂电子电池每年都有15%以上的增长率。然而,中国锂电业正遭遇产能严重过剩引致的价格大战。2013年锂电行业内的激烈价格战导致原材料、设备价格骤降,且国内外企业还蜂拥而入抢夺市场,同时政策不明朗、需求低于预期等问题并存,导致锂电企业面临生存窘境。据相关研究指出,中国在全球锂电业市场占据三成左右市场份额,但主要占据低端产品市场,处于大而不强的国际地位,而三星、LG等国际锂电巨头也开始纷纷在中国进行投资,欲抢占市场。因此,在国内价格战正酣和外企虎视眈眈的双重压力下,如何应对竞争是中国锂电企业面临的巨大课题。差异化竞争一定是未来的发展趋势,同质化竞争只会带来恶性竞争和更低的行业利润。

据此,《光明日报》2013年12月6日撰文指出,破解产能过剩的关键是进行产业组织结构优化。解决产能过剩问题,需要多管齐下。既需要短期性的政策措施,如公布淘汰落后产能企业名单,禁止对过剩产能项目新增授信,遏制地方投资冲动并强化行政问责等严格的措施,更需要采取长期性的结构性调整政策。中国产能过剩的根源是过度竞争,产业组织结构不合理,主要产业集中度不高、产品同质、生产规模与范围不合理、企业行为缺乏协同性的必然结果。具体分析如下:

第一,区域间的重复生产与建设,产业与产品结构趋同等,均是产业组织结构缺陷导致的。应该将区域结构与产业结构结合起来研究,且需要有合理的产业组织结构来配合。新兴产业的发展更具有特殊性,以光伏产业为代表,引进利用国外核心技术和关键部件能逾越最初的技术壁垒和规模经济门槛,但进入企业数量过多又缺乏成本优势,在遭遇欧美市场需求不振时,就陷入了过度竞争,因此许多企业破产。

第二,产能过剩与过度竞争互为表里,是产业组织结构缺陷的外在反应。过度竞争是产业组织结构缺陷的产物。过度竞争下,有效需求被高估从而导致生产能力过剩,造成生产者损失;在下一个生产过程,需求又可能因前一个过度竞争过程被低估而减少供给,导致消费者剩余损失。过度竞争还会阻碍价格机制的正常作用,即消费者的搜寻次数会增加,导致消费者能接受的价格就会在平均价格之下。而对生产者而言,其结果必然是库存增加,或通过"降价"来减少库存。过度竞争现象表明,在应该适度集中,体现规模经济、范围经济要求,主要应该通过研发和技术进步进行非价格竞争谋求产业利润的领域,进入的企业数量过多,往往会缺乏在产量、研发、价格、营销等方面能够整合供给与需求、产业与市场关系的具有支配力的若干核心企业。过度竞争是内容、本质,产能过剩是形式、现象。

第三,产业组织结构缺陷恶化了企业的创新氛围,降低了企业通过创新活动不断推进技术进步的能力,造成产业技术结构的低端化。如果企业市场份额过小,利润率较低,则很难产生研发与技术创新能力。这可以在很大程度上解释我国主要产业部门企业研发与技术进步能力不足、创新乏力的深层原因:产业组织的结构性缺陷,进而过度竞争现象的普遍存在,是我国产业技术结构低端化并受制于人的重要经济根源,也迫使我国主要产业部门的大量企业被锁定于"微笑曲线"的底部,在国际市场形势发生大的改变时,往往显得无所适从,并把产能过剩的原因归结为外需不足、内需不振。

8.2 基于相关政策法律化解产能闲置及利用率不足

中国制造业部分行业的产能利用率不足问题突出,直接症状就是产能闲置较多,整体产能闲置率较高,需要制定相关政策法律来调控。以汽车行业为例,《上海证券报》2013年1月24日报道,虽然中国汽车已经连续4年位居全球销量第一,但相关研究报告显示,36家主要乘用车公司总产能4年扩张76%,2013年将达到2 065万辆,2010年仅约1 173万辆。其中自主品牌车企总产能增长76%,从2010年的582万辆增至2013年的1 024万辆。与此同时,乘用车平均产能利用率却大幅跳水,从2010年的110%跌至74.5%,自主品牌产能利用率由100%下降至58%。中国汽车集团正面临"多生孩子多打架"的困境,在产能加速扩大的同时,产能利用率却变低。不少弱势车企产能持续放空,优势企业又因种种原因难以扩大产能。汽车行业目前产能利用率不足

75%,政府政策鼓励车企兼并重组。

同时,2013年1月,工信部、财政部、发改委等部门联合发布《关于加快推进重点行业企业兼并重组的指导意见》,汽车等九大行业被列入兼并重组之列。该《指导意见》明确指出,至2015年,前10家整车企业产业集中度达到90%,形成3—5家具有核心竞争力的大型汽车企业集团。除领先地位较明显的上汽集团、东风汽车集团、长安汽车集团、一汽集团外,其他汽车集团均面临或加速追赶,或作细分市场龙头的选择。《指导意见》进一步明确指出,鼓励汽车企业通过兼并重组方式整合要素资源,优化产品系列,降低经营成本,提高产能利用率,大力推动自主品牌发展,培育企业核心竞争力,实现规模化、集约化发展。

8.3 基于全渠道理念推动行业产能长期优化

全渠道零售是新的利润增长源,有报道称全渠道消费者比在多渠道花费高15%—30%。全渠道的概念前文已经详细解释过。Randy Strang披露,2013年美国88%的线上消费者几乎已放弃实体店购物。千禧一代数字化消费群的壮大、线上竞争的惨烈等,迫使线上零售巨头Amazon与中小型纯线上零售商如Piperlime、Bonobos等纷纷拟增设线下渠道,随传统零售巨头如Macy's等一起,不约而同将商战升级至"全渠道"白热化状态。

因此,当中国零售业正在多渠道、跨渠道酣战正欢时,全渠道(Omni-channel)模式已在美国掀起零售与营销界的革命狂潮,并带动制造业一起,致力于供应链"链牌"最优化,实现长久竞争力和高收益,推动行业供应链产能的长期优化。"多渠道、跨渠道"模式均存在渠道"缝隙","全渠道"则不仅弥合了渠道"缝隙",更致力于提供创新、无缝化的消费者体验(Seamless Experience),以打造出牢固的全渠道零售供应链"链牌"形象。中国的全渠道"链牌"概念正处于萌芽期,然而后发优势极强。借鉴美国的全渠道供应链运作经验教训,不仅有助于推动中国全渠道进程的早日实现,更能促进行业结构优化,产能规模与市场需求更趋于一致,实现行业整体产能优化。

参考文献

[1] Aron M. Levin, Irwin P. Levin, C. Edward Heath. Product Category Dependent Consumer Preferences for Online and Offline Shopping Features and Their Influence on Multi-Channel Retail Alliances[J]. *Journal of Electronic Commerce Research*, 2003, 4(3): 85-93

[2] Aron M. Levin, Irwin P. Levin, C. Edward Heath. A Multi-Attribute Analysis of Preferences for Online and Offline Shopping: Differences across Products, Consumers, and Shopping Stages[J]. *Journal of Electronic Commerce Research*, 2005, 6(4): 281-290

[3] Brynjolfossn E, Smith M D. Frictionless Commerce: A Comparison of Internet and Traditional Retailers [J]. *Management Science*, 2000, 46(4): 563-585

[4] Cattani K, Gilland W, Swanrninathan JM. Boiling Frogs: Pricing Strategies for a Manufacturer Adding a Direct Channel that Competes with Traditional Channel [J]. *Production and Operation Management*, 2006, 15(1): 40-56

[5] Chiang W K, Chhajed D, Hess J D. 2003. Direct Marketing, Indirect Profits: A Strategic Analysis of Dual-Channel Supply-Chain Design[J]. *Management Science*, 49(1): 1-20

[6] Choi TM, Li D, Yan H. Optimal Returns Policy for Supply Chain with E-Marketplace [J]. Int. J. *Production Economics*, 2004, 88: 205-227

[7] Chris Forman, Anindya Ghose, Avi Goldfarb. Competition Between Local and Electronic Markets: How the Benefit of Buying Online Depends on Where You Live [J]. *Management Science*, 2009, 55(1): 47-57

[8] Dong-Qing Yao, Xiaohang Yue, Samar K. Mukhopadhyay, ZipingWang. Strategic Inventory Deployment for Retail and E-tail Stores[J]. *Omega*, 2009, 37: 646-658

[9] Eric Overby, Sandy Jap. Electronic and Physical Market Channels: A Multiyear Investigation in a Market for Products of Uncertain Quality [J]. *Management Science*, 2009, 55(6): 940-957

[10] Haim Mendelson, Tunay I. Tunca. Strategic Spot Trading in Supply Chains[J]. *Management Science*. 2007, 53(5): 742-759

[11] Harish Krishnan, Roman Kapuscinski, David A. Butz. Coordinating Contracts for Decentralized Supply Chains with Retailer Promotional Effort [J]. *Management Science*, 2004, 50(1): 48-63

[12] Jeffrey D. Shulman, Anne T. Coughlan, R. Canan Savaskan. Managing Consumer Returns in a Competitive Environment[J]. *Management Science*, 2011, 57(2): 347-362

[13] Jie Zhang and Michel Wedel. The Effectiveness of Customized Promotions in Online and Offline Stores [J]. *Journal of Marketing Research*, 2009, 46(4): 190-208

[14] Kevin Zhu. Information Transparency of Business-to-Business Electronic Markets: A Game-Theoretic Analysis [J]. *Management Science*, 2004, 50(5): 670-685

[15] Lee H, Whang S. The Impact of the Secondary Market on the Supply Chain[J]. *Management Science*, 2002, 48(6): 719-731

[16] LM Alzola, VP Robaina. The Impact of Pre-sale and Post-sale Factors on Online Purchasing Satisfaction: A Survey [J].

International Journal of Quality &Reliability Management, 2010, 27 (2): 121-137

[17] Maxim Sinitsyn. Price Promotions in Asymmetric Duopolies with Heterogeneous Consumers [J]. Management Science, 2008, 54 (12): 2081-2087

[18] Niels A. H. Agatz, Moritz Fleischmann, Jo A. E. E. van Nunen. E-fulfillment and Multi-channel Distribution-A Review [J]. European Journal of Operational Research, 2008, 187 (2) 339-356

[19] Ofek, Elie, Katona, Zsolt, Sarvary, Miklos. "Bricks and Clicks": The Impact of Product Returns on the Strategies of Multichannel Retailers[J]. Marketing Science, 2011, 30(1): 42-60

[20] Peter C. Verhoef, Scott A. Neslin, Bjrn Vroomen. Multichannel Customer Management: Understanding the Research-shopper Phenomenon[J]. Intern. J. of Research in Marketing, 2007, 24: 129-148

[21] Peter J. Danaher, Isaac W. Wilson, Robert A. Davis. A Comparison of Online and Offline Consumer Brand Loyalty[J]. Marketing Science, 2003, 22(4): 461-476

[22] Randy Strang. Retail without Boundaries [J]. Supply Chain Management Review, 2013, 11: 32-39

[23] Run H. Niu, Xuan Zhao, Ignacio Castillo. Pricing and Inventory Strategies for a Two-Stage Dual-Channel Supply Chain [J]. Asia-Pacific Journal of Operational Research, 2012, 29(1)

[24] Salma Karray. Effectiveness of Coop Advertising Programs in Competitive Distribution Channels [J]. International Game Theory Review, 2007, 9(2): 151-167

[25] Scott A. Neslin, Dhruv Grewal, Venkatesh Shankar, etc. Challenges and Opportunities in Multichannel Customer

Management[J]. *Journal of Service Research*, 2006, 9(2): 95-112

[26] Seifert RW, Thonemann UW, Hausman WH. Optimal Procurement Strategies for Online Spot Markets[J]. *European Journal of Operational Research*, 2004, 152: 781-799

[27] Tsay A, Agrawal N. Channel Conflict and Coordination in the E-Commerce Age [J]. *Production and Operations Management*, 2004, 13(1): 93-110

[28] Venkatesh Shankar, Amy K. Smith, Arvind Rangaswamy. Customer Satisfaction and Loyalty in Online and Offline Environments [J]. *International Journal of Research in Marketing*, 2003, 20(2): 153-175

[29] Viswanath Venkatesh, Ritu Agarwal. Turning Visitors into Customers: A Usability-Centric Perspective on Purchase Behavior in Electronic Channels[J]. *Management Science*, 2006, 52(3): 367-382

[30] Wu DJ. Kleindorfer P. Competitive Options, Supply Contracting and Electronic Markets[J]. *Management Science*, 2005. 51(3): 452-466

[31] Xing, Y., Grant, D. G. Developing a Framework for Measuring Physical Distribution Service Quality of Multi-channel and 'Pure player' Internet Retailers[J]. *International Journal of Retail & Distribution Management*, 2006, 34(4): 278-289

[32] Yooncheong Cho, Il Im, Roxanne Hiltz, Jerry Fjermestad. The Effects of Post-Purchase Evaluation Factors on Online vs. Offline Customer Complaining Behavior: Implications for Customer Loyalty [J]. *Advances in Consumer Research*, 2002, 29: 318-326

[33] 艾兴政,马建华,唐小我. 不确定环境下链与链竞争纵向联盟与收益分享[J]. 管理科学学报,2010,13(7): 1-8

[34] 常志平,蒋馥. 供应链中电子市场与合约市场的协调研究[J]. 华中科技大学学报(自然科学版),2004,32(1):111-113

[35] 陈云,王浣尘,沈惠璋. 电子商务零售商与传统零售商的价格竞争研究[J]. 系统工程理论与实践,2006,1:35-41

[36] 郭琼,杨德礼. 基于期权与现货市场的供应链契约式协调的研究[J]. 控制与决策,2006,21(11):1229-1233

[37] 郭亚军,赵礼强. 基于电子市场的双渠道冲突与协调[J]. 系统工程理论与实践,2008,9:59-66

[38] 韩国高等. 中国制造业产能过剩的测度、波动及成因研究[J]. 经济研究,2011,12:18-31

[39] 胡海清,许垒. 电子商务模式对消费者线上购买行为的影响研究[J]. 软科学,2011,25(10):135-140

[40] 计国君,杨光勇. 顾客体验之于新产品供应链协调的影响[J]. 管理科学学报,2011,14(11):10-18

[41] 梁喜,熊中楷,陈树桢. 零售与租赁混合渠道下的汽车制造商定价策略研究[J]. 管理世界,2009,9:182-183

[42] 李飞. 全渠道零售的含义、成因及对策——再论迎接中国多渠道零售革命风暴[J]. 北京工商大学学报(社会科学版),2013,28(2):1-11

[43] 李静,杨海生. 产能过剩的微观形成机制及其治理[J]. 中山大学学报(社会科学版),2011,51(2):192-200

[44] 李国鑫,李一军,陈易思. 虚拟社区成员线下互动对线上知识贡献的影响[J]. 科学学研究,2010,28(9):1388-1394

[45] 林毅夫等. 潮涌现象与产能过剩的形成机制[J]. 经济研究,2010,10:4-19

[46] 刘晓峰,黄沛. 基于策略型消费者的最优动态定价与库存决策[J]. 管理科学学报,2009,12(5):18-25

[47] 马士华,胡剑阳,林勇. 一种基于期权的供应商能力预订模型[J]. 管理工程学报,2004,18(1):8-11

[48] 彭志强,熊中楷,李根道. 考虑策略性顾客的动态定价和差价返还

机制[J].管理工程学报,2010,24(4):53-57

[49] 盛昭瀚,徐峰.地区差异化背景下制造商双渠道定价策略研究[J].管理科学学报,2010,13(6):1-10

[50] 石晓梅,冯耕中,邢伟,汪寿阳.基于B2B电子交易市场的零售商最优订购策略[J].管理科学学报,2011,4:12-22

[51] 汪贤裕,肖玉明.基于返回策略与风险分担的供应链协调分析[J].管理科学学报,2009,12(3):65-70

[52] 吴萌,高玉林.市场概念研究[J].江汉论坛,2001,10:5-9

[53] 邢伟,汪寿阳,冯耕中.B2B电子市场环境下供需双方博弈分析[J].系统工程理论与实践,2008,7:56-60

[54] 熊中楷,方衍,张聪誉.以旧换新收购方式下的逆向物流网络优化设计[J].中国管理科学,2011,19(6):65-72

[55] 晏妮娜,黄小原.B2B电子市场下供应链期权合同协调模型与优化[J].控制与决策,2007,22(5):535-539

[56] 晏妮娜,黄小原,刘兵.电子市场环境中供应链双源渠道主从对策模型[J].中国管理科学,2007,15(3):98-102

[57] 赵天唯,盖营.电子商务模式发展对策[J].商业研究,2013,3:139

[58] 钟远光,周永务,郭金森.基于供应商视角的提前订货协调研究[J].运筹与管理,2011,20(6):33-38

[59] 钟远光,周永务,李伯勋,王圣东.供应链融资模式下零售商的订货与定价研究[J].管理科学学报,2011,14(6):57-67

[60] 周劲.产能过剩的概念、判断指标及其在部分行业测算中的应用[J].宏观经济研究,2007,9:33-39

[61] 周劲,付保宗.产能过剩的内涵、评价体系及在我国工业领域的表现特征[J].经济学动态,2011,10:58-64

[62] 周炼石.中国产能过剩的政策因素与完善[J].上海经济研究,2007,2:3-10

图书在版编目(CIP)数据

供应链线上线下的产能运作与风险防范/李培勤著. —上海:复旦大学出版社,2014.5
ISBN 978-7-309-10682-4

Ⅰ. 供… Ⅱ. 李… Ⅲ. 供应链管理-研究 Ⅳ. F252

中国版本图书馆 CIP 数据核字(2014)第 103527 号

供应链线上线下的产能运作与风险防范
李培勤 著
责任编辑/黄 乐

复旦大学出版社有限公司出版发行
上海市国权路 579 号 邮编:200433
网址:fupnet@fudanpress.com http://www.fudanpress.com
门市零售:86-21-65642857 团体订购:86-21-65118853
外埠邮购:86-21-65109143
江苏凤凰数码印务有限公司

开本 787×960 1/16 印张 15 字数 205 千
2014 年 5 月第 1 版第 1 次印刷

ISBN 978-7-309-10682-4/F·2049
定价: 35.00 元

如有印装质量问题,请向复旦大学出版社有限公司发行部调换。
版权所有 侵权必究